간디

간디

김기훈 / 편저

간디의 사상이 고대 힌두교 등 인도 전통 고유 사상의 원천에서 대영 독립 투쟁과 내부 정화운동의 사상적 근원과 행동 원리를 도출해 냈다는 것과, 영국과 유럽, 러시아의 사상으로부터 영향을 받으면서도 인도 고전에 깊이 의존하고 있었다는 것도 찾아낼 수 있었다. 특히 힌두교의 주요 경전인 바가바드 기타(Bhagavad Gita)를 기본하는 하는 독특한 사상 체계를 확립한 것이 인상적이었고, 또한 대영국 투쟁을 전개하면서도 영국에 대한 충성과 인도총독과의 대화를 유지하며 때로는 타협도 불사하는 등 매우

여래

편저자는 먼저 마하트마 간디를 연구 집필할 수 있는 바탕이 된 인도 연구의 기회를 마련해 주신 김준엽(金俊燁) 선생님께 깊은 감사를 드린다.

또한 마하트마 간디에 관한 자료를 비롯하여 인도 역사와 인도 철학사의 관련 자료와 그밖의 각종 사전과 참고 자료를 활용할 수 있도록, 물심양면으로 도움을 주신 국회도서관의 정희정(鄭熙靜) 과정과 그밖의 여러 도서관 직원들에게 감사한다. 또한 인도의 몇몇 지명과 인명의 발음에 관해 자문해 주신 주한인도대사관의 아브니쉬 샤르마(Avnish Sharma) 일등서기관에게 사의를 표한다.

그리고 이 연구 집필을 위해 관련 자료를 주면서 항상 격려해 준 반세기의 오랜 벗 이갑섭(李甲燮) 학우를 고맙게 여기면서 그의 서거(2007년 12월 17일 운명)를 깊이 애도하며, 아울러 이 작업을 위해 끊임없이 관심을 가지고 격려해 준 안희준(安熙濬) 동문과 기회있을 때마다 언제나 힘을 실어준 유명춘(柳命春) 향우에게, 그리고 집필에 관해 대화를 나눈 이형(李馨) 학형에 감사한다. 또한 어려운 생활을 안내하면서 집필 작업을 지켜보고 관심을 기울여준 내자에게도 고맙게 생각한다.

　특히 시장성이 없는 이 원고의 출판을 쾌히 응낙해 주고 상재를 위해 원고를 정리 편집한 노고를 마다하지 않은 정창진 사장님께 감사드린다.

2008년 원고 탈고하고
2017년 2월에 머리말 쓰다
편저자 김기훈

012 분열

01

진리 추구

진리 추구

1. 출생

마하트마Mahatma, 위대한 영혼로 불리는 모한다스 카람찬드 간디Mohandas Karamchand Gandhi는 사티아그라하Satyagraha, 진리 추구라는 그의 독특한 사상을 행동으로 실천하면서 인도의 정체성Identity 확립과 인도의 독립운동을 이끈 위대한 지도자였다.

마하트마 간디는 "내가 성취하려고 했던 것은 자아의 완성, 신성을 나에게서 확인하는 것, 모크샤Moksha, 해탈를 이루는 것"이라고 밝히고 "이 목표를 추구하면서 나는 살고, 움직이고, 존재하는 것이다"[1]라고 밝히고 있다. 간디는 인간으로서의 자아실현과 인도인으로서의 재인식과 정체성 확립을 위해 평생을 통해 심혈을 기울였다. 이같은 간디의 사상과 행동은 그가 태어나 자란 가정과 지방의 환경과 밀접한 관련이 있다.

간디는 1869년 10월 2일, 인도 서부 구자라트Gujarat 주의 카디아와르Kathiawar 반도 해안의 작은 마을 포르반다르Porbandar, 하얀마을에서 태어났다. 포르반다르는 지금은 사우라슈트라Saurashtra로 알려져 있지만 그 당시는 슈담마푸리Sudamapuri라는 지명으로 불리기도 했고, 카디아와르 지방의 여러 토호국Princely State[2]들 가운데 하나였다. 이 반도 지역은 위로는 캇츠 만Gulf of Cutch, 아래에는 캄베이 만Gulf of Cambay을 끼고, 서쪽으로는 아랍해에 돌출해 있으며, 북쪽에는 라안 사막Desert of Rann으로 접해 있다.

정치적으로 인도의 여러 후진 지역 가운데 하나였고 수세기 동안 여러 침략자들의 침입로이기도 했다. 이 지역에는 3백여 개의 작은 부족들이 있었다. 이들은 영국이 직접 통치하는 지방만 약간 크고 대부분 소규모로 어떤 부족은 한 마을 정도의 크기밖에 되지 않았다. 지배자는 라나Rana라든가 타코레Thakore 또는 나와브Nawab 등 갖가지 명칭으로 불리는 족장으로 서로 반목했고 분규가 끊이지 않았으며 영국을 두려워하였다.

이 지역 사람들은 모진 풍파를 겪으면서 강인하면서도 착한 성품을 지녔고, 항해와 상업에 능숙했다. 그들의 생활은 어려웠고 분규에 시달리는 독실한 종교인이었지만 다분히 미신적이기도 했다. 서해안의 드와르카Dwarka는 『바가바드 기타』Bhagavad Gita[3]의 주인공 크리슈나Kṛṣṇa가 지배했다고 하는 전설적 왕국의 수도로 힌두교의 여러 성지 중 하나로 간주되어 이 지역 주민들의 신앙심은 매우 깊었다. 또한 힌두교의 바이슈나바Vaisnava[4] 전통과 자이나교Jainism[5], 이슬람교의 수피교Sufism의 유입으로 종교적 경건함이 더해 정통과 관용, 냉담과 동정, 탐닉과 근엄 등 인도 특유의 다양함이 어우러져 있었다.

이같은 사회적 풍토와 종교적 분위기 속에서 간디는 바이샤 카스트[6]의 가정에서 태어났다. 선조들은 식료품 가게를 운영하였고 점점 사회적 지위가 높아졌다. 간디 집안은 바이샤 카스트의 한 분파 모디

바니아Modh Bania에 속해 있었다. 바니아 파는 영민한 사업가라는 별명
이며, 간디Gandhi란 야채장사를 의미한다.

간디의 조부 웃탐찬드 간디Uttamchand Gandhi, 일명 오타 간디Ota Gandhi는
포르반다르의 디완Dewan, 수상이었다. 그는 강직하고 정직하며 두려움
을 모르는, 대담한 성격의 소유자였다. 왕이 사망한 뒤 그같은 성격
때문에 오타는 섭정한 여왕의 노염을 사 인접 주나가디Junagadh로 피신
하였고, 그곳 나와브Nawab, 무슬림 부족장는 그에게 피난처를 제공하였다.

오타 간디는 첫째 부인이 사망하자 재혼하였다. 첫째 부인에게
서 아들 넷, 둘째 부인한테서는 두 아들을 얻었다. 이들 여섯 형제
중 다섯째가 카람찬드 간디Karamchand Gandhi, 일명 카바 간디Kaba Gandhi로 마
하트마 간디의 아버지다. 여섯째가 툴시다스 간디Tulsidas Gandhi이다.
두 형제는 포르반다르의 수상직에 올랐다.

카바 간디는 라자스타니크 법원Rajasthanik Court의 법관이었다. 이
법원은 뒷날 폐쇄되었지만, 당시는 여러 고장 사람들의 분쟁을 해
결해 주는 매우 영향력 있는 기관이었다. 카바는 한동안 라지코트
Rajkot의 수상을 지냈고, 그뒤 반카네르Vankaner의 수상을 역임하기도
하였다. 반카네르는 2만 8천여 명으로 매우 작은 나라였다.

카바 간디는 잇따른 상처로 네 번이나 결혼하였다. 두 번의 결혼
으로 딸 둘을 얻었고 마지막 아내 푸틀리바이Putlibai 사이에 딸 하나,
아들 셋을 두었으며 막내 아들이 모한다스이다. 그는 존경받는 어른
으로 정직하고 용기 있고, 관대했지만 성미가 급한 편이었다. 카바는
청렴했고, 누구에게나 엄하고 공정한 것으로 명성이 자자했다. 국가
에 대한 그의 충성은 잘 알려져 있다.

카바 간디는 재물에 대한 욕심이 없어 적은 재산만 남겼다. 경험밖
에 없는 무학이었다. 기껏 초등학교 5학년 수준의 구자라트어 독본을

읽을 수 있을까 말까하는 정도였다. 역사, 지리에 관해서는 무식하였다. 그러나 풍부한 실무경험으로 복잡한 문제를 해결하고 사람 다루는 데 매우 능숙했다. 종교적인 교양은 별로 없었으나 사원에 자주 참배하였고, 힌두교도 대부분에게 베풀어지는 종교 설교를 듣는 등, 종교적인 수양에 힘썼다. 만년에는 브라흐만 친구의 권유로 『바가바드 기타』를 읽었고, 매일 기도할 때 시구詩句를 소리내어 읊조리곤 했다.

간디의 집안은 비교적 유복한 편이었고 집안에는 주로 종교서적이 많았다. 간디의 큰형 락슈미다스Laksmidas는 라지코트에서 법무사로 일했고, 후에는 포르반다르 정부의 재무관이 되기도 했다. 둘째 형 카르산다스Karsandas는 포르반다르의 경찰관으로 일했지만 수입이 적었다. 두 형은 간디보다 먼저 사망했고, 네 살 위인 누나 랄리아트벤Raliatbehn은 간디보다 오래 살았다.

간디는 모하니아Mohania라는 애칭으로 불리었고 막내아들로 귀여움을 받았다. 아버지는 무서워했지만 어머니는 몹시 사랑했으며 강한 성스러움을 느꼈다. 그녀는 신앙심이 매우 깊었다. 매일 기도하지 않고는 식사를 하지 않았다. 하벨리Haveli 사원에 가는 것이 일상의 의무 가운데 하나였다. 챠투마스Chaturmas, 우기 4개월 동안 금식, 반금식 서약을 거르는 일이 없었다. 챠투마스 동안 해가 나지 않으면 식사를 하지 않는 것이 다반사였다. 한번은 잠깐 해가 나 그것을 확인하기 위해 밖에 나왔을 때 해가 가려지자 식사를 하지 않은 일도 있었다. 그만큼 신심이 깊었다. 하지만 그녀는 즐겁게 말했다.

"상관없다. 오늘은 내가 음식 먹기를 신이 허락하지 않으신다."

그녀는 폭넓은 상식을 가지고 있었다. 나라의 일들을 잘 알고 있었고, 관료 부인들은 그녀의 지성을 높이 인정하고 있었다. 간디는 어머니가 라지코트 왕, 타코레 사헤브의 어머니와 활발하게 토론하는 것을 생생하게 기억했다.

뒷날 간디는 푸나Poona의 예라브다Yeravda 감옥에 있을때 그의 비서
이자 동료인 마하데브 데사이Mahadev Desai에게 "나에게서 어떤 순수성
을 느낀다면 그것은 나의 아버지가 아니라 어머니에게서 받은 것이
다"라고 하였다.

간디는 아버지로부터는 정직과 관대함, 용기 그리고 어머니의 덕
성과 종교심에 깊은 영향을 받은 것으로 보인다.

2. 유년

간디는 유년시절을 포르반다르에서 지냈으며 거기서 초등학교에
입학했다. 구구단 외우는 데 애를 먹었고 지능 발달도 더디었으며 기
억력도 그리 뛰어나지 않았다. 일곱 살 때 아버지가 라자스타니크 법
원의 법관이 되어 포르반다르를 떠나 라지코트로 갔을 때, 그곳 학
교로 전학갔다. 여기서도 그저 평범한 학생이었다. 열두 살이 되었을
때 고등학교에 진학했다. 선생님이나, 동급생들에게 거짓말하는 일은
없었지만, 부끄러움이 많아 잘 어울리지도 못했다. 책과 공부가 그의
유일한 벗이었다. 시간에 맞추어 학교에 가고 학교가 파하면 곧장 집
으로 돌아가는 것이 고작이었다. 수줍음 때문에 그 누구와도 얘기하
기를 꺼렸다. 누군가 자기를 놀리지 않을까 두려웠다. 라지코트에서
알프레드 고등학교Alfred HighSchool에 입학했다.

그 무렵 그는 학교 교과서 외에 다른 책은 좋아하지 않았다. 선생
님이 다그치는 것도 싫었지만 그를 속이는 것도 싫었기 때문이다. 때

로는 내키지 않았지만 학교 공부가 전부였다.

그런 어느 날 아버지가 사 가지고 온 책이 눈에 들어왔다. 슈라바나 피트리박티 나타카Shravana Pitribhakti Nataka: 대서사시 라마야나를 연극화 한 것라는 연극책이었다. 슈라바나의 효도극이었다. 그는 매우 흥미 있게 읽었는데, 마침 그 연극의 순회 공연이 있었다. 그 연극 장면에 주인공이 어깨에 끈으로 장님 아버지를 업고 순례의 길을 떠나는 장면이 있었다. 슈라바나가 죽자 그의 주검을 껴안고 애통해 하는 그 슬픈 부르짖음의 기억은 항상 그의 가슴에 남았다.

또 다른 비슷한 연극이 있었다. 아버지의 허락을 받고 연극을 보러 간 일이 있었다. 하리슈찬드라Harishchandra: 라마야나의 주요 등장 인물. 모진 시련을 겪으면서도 이를 극복하고 진실과 진리를 끝내 지켜 낸 인물의 연극은 그의 마음을 사로잡는다. 하지만 매일 그 연극을 볼 수 없었기에 혼자서 수없이 따라 하였다. 진리를 따라야 하고 하리슈찬드라가 겪었던 모든 시련을 자기도 극복해야 한다는 것이 당시의 이상이었다. 뒷날 그는 하리슈찬드라 설화는 적어도 자신에게는 실재였고, 만약 그 연극을 다시 읽는다면 예전과 같은 감동은 여전할 것이라고 하였다.

간디는 어머니의 종교적 신앙심뿐만 아니라 인도 전통 설화가 그의 사상 형성의 배경이 되었고, 특히 힌두교의 종교적 신심이 그의 마음 속에 자리잡기 시작하였다.

3. 결혼

그가 13세 때 같은 마을 고쿨다스 나칸지Gokuldas Nakanji 상인의 딸 카스투르바이Kasturbai와 결혼했다. 당시 조혼早婚은 풍습이었다. 그는 세번째 약혼자와 결혼했는데, 둘은 이미 죽었기 때문이다. 세번째 약혼은 간디가 7세 때였다. 본인의 의사와는 상관없이 집안 어른들이 편의상 또는 경제적 이유로 혼사를 결정하였다. 힌두교도는 과도한 혼인 비용으로 가산을 탕진하기 일쑤였다. 의상과 장식물을 장만하고 피로연 음식을 준비하는 데 엄청난 비용이 들었고 수개월에 걸쳐 준비했다. 부인들은 목이 쉬도록 노래를 불러야 하고 지쳐서 앓기도 한다. 이웃 사람들에게 폐를 끼치지만 그들 자식들의 혼인 잔치도 시끄럽고 어수선할 뿐만 아니라 잔치 뒤에 생기는 오물과 쓰레기에 치이게 될 것이기 때문에 그 모든 북새통을 조용히 참아낸다.

간디 가족은 이런 폐단을 감안하여 비용도 적게 들고 보다 조용히 혼사를 치르기로 했다. 라지코트에서 혼인식이 있는 포르반다르로 가는 도중 간디의 아버지가 탄 마차가 전복되어 큰 부상을 입었지만 참석하여 혼인식은 예정대로 거행하였다. 간디는 신부를 맞이하여 처음에는 서먹했지만 금방 친하게 지냈다. 그리고 남편으로서의 권위를 내세우는 데는 오랜 시간이 걸리지 않았다.

결혼 당시 부부 생활을 소개한 소책자가 나돌았다. 그는 이 책을 처음부터 끝까지 읽고 남편으로서의 의무로 처에 대해 평생 충실하게 순결을 지켜야 한다고 생각하였다. 간디는 이 교훈을 깊이 새겼다. 진실에 대한 열정이 그 자신의 타고난 본능이었고, 처에 대한 부정은 있을 수 없었다. 그러나 그는 "내가 처에 대한 순결을 맹세한다면 처도 나에게 순결을 맹세해야 한다"고 생각했고 그런 생각이 그로 하여금 질투심 많은 남편으로 만들었다. 처의 순결을 의심할 어떤 이유도 없었지만 처를 항상 살폈고, 그의 허락없이는 아무 데도 갈 수 없었다. 그로 인해 언쟁도 있었고, 그가 간섭할수록 그녀는 마음대로 행동하였고 싸웠다. 그들은 말도 없이 냉랭하게 지내는 것이 일상이었다. 그의 제동에도 불구하고 그녀는 마음대로 나다녔다. 그들의 부부 생활이 단조롭고 괴롭기만 한 것은 아니었다. 그는 이상적인 아내로 만들려고 하였다. 그의 강한 바람은 그녀가 순수한 삶을 살도록 하고 그가 배운 것은 그녀도 배우도록 하였고 그녀의 생활과 생각을 자기와 같게 만들려는 것이었다. 그녀는 학교를 다니지 않았다.

간디는 아내를 깊이 사랑하였다. 항상 그녀를 생각했고 떨어져 있는 것은 견딜 수 없었다. 남늦게까지 잡담하며 욕정에만 빠져 공부를 소홀히 했다면 병들거나 일찍 죽었을지도 모른다. 그는 아침마다 일어나 자신이 해야 할 일들을 충실히 했으며, 결국 여러 유혹에서 벗어났다. 성적 탐닉에서 벗어날 수 있었던 또 하나의 이유는 힌두 사회의 관습이다. 어린 부부는 오랫동안 같이 있게 하지 않았다. 결혼한 어린 소녀는 일 년 중 6개월은 친정에서 보내야 했고 그의 처도 마찬가지였다. 그래서 그들이 5년 동안 같이 산 것은 3년이 넘지 않았다. 별로 환영받지 못한 관습이었지만 그에게는 도움이 되었다.

간디는 아내에 대한 욕정으로 마음의 여유가 없었지만 글은 가르치려고 노력했다. 그녀는 공부를 싫어하였다. 그곳의 관습은 어른들 앞에서 같이 있지 못하며 얘기도 할 수 없었다. 그녀를 가르친다는 것이 여간 힘든 일이 아니었다. 그러나 끝내 그녀는 쉬운 글을 익히고 단순한 구자라트어는 이해할 수 있게 되었다. 순수한 사랑 앞에 불가능은 없다고 생각하였다.

4. 학창 시절

고등학교 시절 간디는 열등생은 아니었다. 선생들의 사랑을 받았다. 5~6학년 때는 각각 4~10루피의 장학금을 받기도 했다. 그것을 행운으로 여겼다. 장학금은 누구에게나 주어지는 것은 아니었고 카디아와르 소라드Sorath 출신 가운데 가장 우수한 학생을 대상으로 주었다. 당시 소라드 출신은 그리 많지 않았고, 별로 뛰어나지 않은 학업 성적으로 장학금을 받을 때면 의례히 놀라곤 했다. 그러나 품행은 단정하였다. 사소한 실수를 하거나 선생님이 나무랄 것같은 느낌이거나 실제로 나무라면 스스로 견디기 어려워하였다.

7학년 때의 일이다. 상급생들에게 체조와 크리켓은 필수과목이었지만 그는 둘다 싫어했다. 수줍음으로 운동을 한 적이 없었다. 그때는 운동이 교육과는 아무런 관련이 없다고 생각하였다. 뒷날 그는 체육도 다른 교육과 마찬가지로 교육과정에 들어 있어야 한다고 생각하였다. 당시는 체육시간에 빠지는 것이 나쁜 것이 아니라고 생각했다.

또다른 이유는 아버지의 간호였다. 수업을 마치면 집으로 돌아와 아버지를 간호했다. 교장 선생님에게 체육 시간을 면해 주기를 청했지만 허락받지 못했다. 하루는 토요일 오전 수업을 마치고 집에 갔다가 오후 4시에 체육 시간이라 학교에 가야 했다. 날씨가 흐려 늦게 도착했는데 아무도 없었다. 다음날 결석한 것을 안 선생님은 벌금을 내도록 했다. 그는 마치 자신이 선생님에게 거짓말한 것처럼 알고 있는 것에 몹시 괴로워했다. 어떻게 결백을 증명할까 궁리해 보았지만 뾰족한 방법이 없었다. 괴로워 울부짖었다고 한다. 진실한 사람은 아무리 사소한 일이라도 세심한 주의를 기울여야 한다는 것을 이때 알았다. 아버지가 선생님에게 간디가 자신을 돌봐주기를 바란다는 편지를 보낸 다음에야 체육 시간을 면제받을 수 있었다.

간디는 결혼 생활로 학년이 일 년 늦었는데 선생님은 월반으로 메우도록 해주었다. 공부를 잘하는 학생에게 주는 특전을 그에게도 준 것이다. 4학년부터는 모든 학과목이 영어로 진행되어 난감하였다. 그는 새로운 과목인 기하가 어려웠고 영어로 진행되어 더 힘들었다. 때로는 실망하여 다시 3학년으로 되돌아 갈 생각도 하였다. 하지만 선생님이 월반을 권한 것은 그가 공부를 잘하는 것으로 평가했기 때문이다. 하지만 불명예스러울까 하는 두려움으로 그냥 있기로 했다. 유클리드 기하학의 제3명제를 배우게 되면서, 기하가 극히 단순하다는 것을 터득하게 되었다. 그 이후로 기하는 쉽기도 하고 재미있는 과목이 되었다.

하지만 산스크리트는 어려웠다. 이 과목도 4학년 때부터 시작되었다. 6학년이 되자 낙담하였다. 선생님이 너무 엄하고 주입식 교육에 치중했다. 학생들 사이에 페르시아어가 쉽고 페르시아어 선생님은 학생들을 잘 가르쳐 준다는 소문에 페르시아어 수업에 가보았다. 그랬더니 산스크리트 선생님이 그를 불러 말했다.

"너는 어찌하여 바이슈나바의 자손이라는 것을 잊었느냐. 너의 종교의 언어를 배우다가 말려고 하느냐. 어려움이 있다면 왜 나에게 오지 않느냐. 나는 모든 힘을 다해 너희들에게 산스크리트를 가르쳐 주고 싶다. 용기를 잃지 말아라."

이러한 선생님의 말에 부끄러웠다. 그는 선생님의 온정을 외면할 수는 없었다. 뒷날 그는 이 산스크리트 선생님에 대한 감사함을 잊지 않았다. 그때 조금밖에 배우지 않았지만 그나마도 공부하지 않았다면 뒷날 힌두교 성전에 관심을 갖게 되지 못했을지도 모른다고 고백하였다.

그는 회고록에서 모든 인도 고등 교육 과정에 힌디어, 산스크리트어, 페르시아어, 아랍어, 영어가 각 지방어와 함께 포함되어야 한다고 주장하였다. 한 언어를 알면 다른 언어들은 쉽게 터득할 수 있다는 것이다. 사실 힌디Hindi · 구자라트Gujarati · 산스크리트Sanskrit는 한 언어로 간주되며, 페르시아 · 아랍어 역시 한 언어로 볼 수 있다. 페르시아어는 아리안Aryan 계통에 속하고 아랍어는 셈Semitic 계통이지만 두 언어는 이슬람교의 대두와 더불어 크게 발전했기에 밀접한 관계가 있다. 우르두Urdu어는 별도의 언어로 생각하지 않는데, 그것은 힌디어 문법과 단어는 주로 페르시아어와 아랍어이기 때문이다. 마치 고급 구자라트어와 힌디어, 벵골어Bengali 또는 마라타어Marathi를 배우려면 산스크리트를 배워야 하듯, 고급 우르두어를 배우려면, 페르시아어와 아랍어를 배워야 한다는 것이다.

5. 아버지의 죽음

고교 시절 별로 친한 친구가 없었다. 친구가 둘 있었지만 한 친구는 헤어졌고, 한 친구는 무슬림인 셰이크 메타브Sheikh Mahtab로 상당히 오랫동안 우정을 나누었다. 형의 동급생이자 친구였던 그를 사귀면서 성실한 벗으로 생각했다. 집안 식구들은 좋지 않은 친구라고 했지만 간디는 그의 결점을 고칠 것이며 그가 자신을 나쁜 길로 빠지게 하지는 않을 것이라고 장담했다.

그는 선생님들을 비롯해 많은 라지코트의 명사들과 학생들이 고기를 먹는다며 기회있을 때마다 육식을 권했다. 그는 정말 건강하였으며 그처럼 되고 싶은 강한 충동도 느꼈다. 간디는 잘 뛰지도 못했고 겁쟁이였다. 도적, 유령, 뱀이 두려워 밤에는 밖에 나갈 엄두도 내지 못했고, 불을 켜놓지 않고는 잠을 잘 수 없었다. 친구는 이런 것을 잘 알고 자신은 그런 것들이 두렵지 않으며 그것은 육식 때문이라고 했다. 구자라트의 시인 나르마드Narmad의 파격적인 시는 그 지역 학생 사이에 회자되었다.

저 억센 영국인을 보라.
왜소한 인도인을 지배한다.
고기를 먹는 그는
2미터 남짓의 큰 키다.

이 모든 것들이 간디를 압도했다. 육식은 자기를 강하고 용기 있게 하고, 온 국민이 육식을 한다면 영국을 이길 수 있을 것이라 생각하여 실험을 시작하기로 하였다. 하지만 아무도 모르게 해야 했다. 그곳의 육식에 대한 혐오는 인도에서 가장 강했다. 결국 양고기를 먹었지만 맛은 전혀 알 수 없었고 밤에는 악몽에 시달렸다. 그 친구와 함께 간헐적으로 육식하기를 근 일 년 동안 했지만, 고기를 먹은 날에는 으레 어머니에게 거짓말을 해야만 했다. 결국 그는 자신의 부모를 속이고 거짓말하는 것은 육식을 하는 것보다 더 나쁘다고 생각하고, 부모님이 생존해 계신 동안에는 육식을 하지 않기로 하였다. 하지만 친구와의 교제는 끊지 않았다.

한번은 친구가 간디를 사창가로 데려갔다. 죄악의 구렁텅이에 빠질 뻔 했으나 신神의 자비로 구원되었다. 그는 여인 곁에 앉았으나 가만히 있기만 하자 모멸감을 느낀 여인이 욕설을 퍼부으며 나가라고 했다. 부끄러워 땅속이라도 들어갔고 싶었다. 하지만 자신을 구원해 주신 신께 감사할 따름이었다. 그는 이런 일들을 통해 삶에 대한 깊은 회의와 사색을 하기 시작하였다.

아내와 싸우게 된 이유가 여러 가지 있지만 그 중 하나가 그 친구와의 교제 때문이었다는 것을 느꼈다.

"나는 성실하면서도 질투심이 많은 남편이었다. 이 친구가 아내에 대한 나의 의심을 부채질하곤 했다. 그의 말을 곧이곧대로 듣고 난폭하게 아내에게 고통을 준 죄악은 결코 스스로 용서할 수 없는 일이다. 하지만 아내는 남편을 의심하더라도 참고 지낼 것이지만 남편이 아내를 의심한다면 아내는 파멸할 것이다. 힌두교도인 아내는 법정에서 이혼 소송을 제기할 수 없다. 나는 내 아내를 절망 속으로 몰아 넣는 것을 결코 잊을 수 없으며 절대로 내 자신을 용서할 수 없다."

이렇게 자신의 행동을 후회하고 반성하면서 아내에 대해 새롭게 생각하게 된다.

"의심의 폐해는 내가 아힘사Ahimsa: 불살생, 비폭력를 그 모든 면에서 이해하게 됐을 때 비로소 뿌리 뽑을 수 있었다. 그때 나는 브라마차리아Brahmacharya: 금욕, 청정행의 훌륭함을 알았고, 아내는 남편의 노예가 아니라 그의 반려자이자 조력자이고, 남편의 모든 즐거움과 슬픔을 같이 나누는 동반자로 남편과 마찬가지로 아내도 자신의 길을 택할 수 있는 자유가 있다는 것을 인식하게 되었다."

또 한때는 친척과 같이 담배를 피웠다. 흡연이 좋아서가 아니라 입으로부터 둥근 연기를 뿜어내면 재미있을 것 같다는 단순한 호기심 때문이었다. 숙부가 그렇게 담배를 피웠다. 그런데 돈이 없어 숙부가 버린 꽁초를 주워 피웠다. 인도산 궐련을 사기 위해 하인의 용

돈을 훔쳤다. 그러나 어른들이 있는 곳에서는 담배를 피울 수는 없었고, 또 그같은 구차한 흡연에 만족할 수가 없어 견딜 수 없었다. 결국 모두 다 싫증이 나 간다는 그 친척과 자살하기로 결심하였다.

독이 있는 다투라Dhatura, 식물의 일종으로 흰독말풀의 씨로 독이 있음를 얻기 위해 숲속을 뒤져 찾아냈다. 저녁 무렵이 좋을 것 같아 친척과 케다르지 사원Kedarji Mandir으로 가서 의식의 예를 올려 합장했지만 용기를 잃었다. 곧바로 죽지 않는다면 그리고 자살해서 얻을 것은 무엇이고 자립하지 못하더라도 참는 것이 낫지 않을까 생각했다. 그렇게 생각하며 씨를 두세 개 삼켰지만 더 이상 먹을 수 없었다. 둘다 죽음이 두려워 이번에는 람지 사원Ramji Mandir으로 가 자살할 생각을 가라앉히기로 했다. 자살이란 생각보다 그리 쉬운 일은 아니라는 것을 깨달았다. 그 뒤로는 누군가 자살하겠다는 말을 들어도 그리 대수롭지 않게 생각하게 되었다. 자살까지 생각하게 된 뒤로는 담배꽁초를 피우는 일도, 하인의 동전을 훔치는 일도 그만두기로 하였다.

15세 때 형의 금팔찌에서 팔찌 조각을 훔쳤다. 형은 순금팔찌를 끼고 있어 거기서 조각을 떼어 내는 것은 쉬운 일이었다. 그것으로 형이 지고 있는 빚을 청산해 주었다. 하지만 견딜 수 없었다. 다시는 훔치지 않기로 결심하고 아버지에게 그 사실을 밝히기로 했다. 참회의 글로써 아버지께 용서를 빌기로 했다. 몸져 누워 있던 아버지는 일어나 다 읽고서는 눈물을 흘리며 잠시 생각에 잠겼다가 눈물에 젖은 참회의 반성문을 아무 말도 하지 않고 찢어버렸다. 아버지가 흘린 눈물로 마음이 깨끗해졌고, 죄를 씻어준 것으로 여겼다.

간디는 '자비의 화살을 맞은 자만이 자비의 힘을 안다'고 노래한 찬가를 인용하여 사랑의 경험을 강조한다. 그 일은 자신에게는 아힘사의 실질적인 가르침이었다. 그는 아버지가 심하게 나무라고 때리며 화를 낼 것으로 생각했지만 아버지는 놀랍게도 평온했다. 그것은 그가 진실로 참회하였기 때문이라고 믿었다. 그의 진실한 참회가 진정한 회개가 된 것이었다. 그 고백은 아버지로 하여금 간디를 완전히 신임하게 되었다. 그때는 아버지의 사랑 이외에 그 어떤 것도 느끼지 못했지만, 뒷날 그것은 순수한 '아힘사'였다는 것을 알게 되었다. 그 같은 아힘사가 모든 것을 포용하게 될 때, 그것이 접하는 모든 사물을 변화시킬 것이며 그 힘은 무한하다.

뒷날 인도독립운동을 이끌 때 간디가 비폭력을 강조한 것은 사티아그라하와 함께 아힘사에 바탕을 두고 있으며, 바로 아버지의 사랑을 통한 아힘사를 실감하고 마음속 깊이 새긴 것이다.

간디의 아버지에 대한 사랑과 공경은 한없이 깊었다. 온갖 정성을 다해 아버지를 간병했고, 밤마다 다리 마사지를 거르지 않았다. 학교에 다니며 아버지를 돌보는 것이 그의 일과의 전부였다. 그 무렵 아내는 임신중이었고 16세였다.

밤마다 아버지를 마사지 해드리고 있었지만 마음은 침실을 맴돌고 있었다. 임신중인 아내와는 관계를 하면 안 되지만 마사지를 하지 않는 날에는 아버지께 인사를 드리고 곧장 침실로 향했다. 아버지의 임종이 가까워지자 라지코트에 있는 삼촌이 와서 아버지 침상 곁에 있었고, 밤에도 아버지 옆을 지켰다. 운명의 밤은 아무도 몰랐다. 밤 10시 30분인가 11시쯤, 간디는 마사지를 하고 있었는데, 삼촌이 가서 자라고 하여 홀가분해진 마음으로 곧장 침실로 갔다. 그는 자고 있는 아내를 깨웠다. 그러나 5~6분 정도 지났을 때 "아버지가 위독하다"며 하인이 문을 두들겨 놀랐다. 침대에서 뛰쳐 나와 "그게 무슨 말이냐"고 물었더니 "돌아가셨다"는 것이다. 1885년이었다.

간디는 수치심을 깊이 느끼며 슬픔에 잠겼다. 아버지의 임종을 지키지 못한 자신이 한심스러웠고, 성욕에 눈멀어 아버지의 임종을 지키지 못한 일로 괴로웠다. 아버지에 대한 헌신이 끝없고 이를 위해 만사를 제쳐 놓았지만 그 위급한 순간에 성적 욕망에 사로잡혔던 것은 결코 용서받을 수 없는 일이라고 참회하였다. 또한 관능적 욕구의 굴레에서 벗어나는 데는 상당히 오랜 시간이 걸렸고 호된 시련을 겪고 나서야 극복할 수 있었다. 특히 아내가 낳은 아이가 3~4일 만에 숨을 거두고 만 것을 회상하면서 결혼한 이들은 자신의 사례를 경고로 삼으라고 권한다.

6. 종교관

간디는 하벨리 사원에 자주 갔지만 흥미는 느끼지 못했다. 번쩍이는 장식과 허식이 싫었다. 그곳에서 얻지 못한 것을 가정부이자 자신의 유모였던 람바Rambha로부터 얻었다. 그녀의 자신에 대한 애정 어린 보살핌을 생생하게 기억하고 있다. 그의 유령이나 귀신에 대한 공포를 다스리기 위해 라마나마Ramanama[7]를 계속해서 외우며 기도하라고 했다. 그녀를 신뢰했던 그는 그녀의 말대로 유령과 귀신에 대한 공포감을 없애기 위해 라마나마를 염송하였다.

또 아버지와 함께 대서사시 『라마야나』를 들었다. 그것을 들려준 사람은 마하라자 라다Ladha였다. 그는 병석에 계신 아버지를 위해 저녁마다 툴시다스Tulsi-das의 『라마야나』를 들려주었다. 라다는 『라마야나』의 주인공 라마에 대해 깊은 신앙을 가지고 있었고, 라마의 이름을 딴 기도문 '라마나마'를 암송하여 잃었던 건강을 되찾았다고 항상 자랑했다. 그가 아름다운 음정으로 시구들을 읽으면 본인뿐만 아니라 듣는 이도 무아경에 빠지곤 했다. 13세에 불과했지만 라다의 낭송에 심취되었다. 이때 그는 『라마야나』에 강한 애착을 갖게 되었다.

수개월 뒤 라지코트에 와서는 라마야나 낭독은 하지 않았다. 그러나 에카다쉬Ekadashi, 음력 반달의 11번째 날에는 『바가바드 기타』를 읽었다. 가끔 낭송회에 참가했으나 낭독자가 신통치 않아 지루했다. 뒤에야 『바가바드 기타』가 종교적 열성을 불러 일으킬 수 있는 책이라는 것을 알게 되었다. 또 그가 21일간의 단식을 하고 있을 때 말라비야 Madan Mohan Malaviya가 들려주는 것을 듣고는 그처럼 신앙심 깊은 이에게서 진작 들었으면 좋았을 걸 하고 후회하였다.

라지코트에서 간디는 힌두교의 모든 종파에 대해 이해할 수 있는 토대를 마련하였다. 자이나교 승려들이 간디의 집을 자주 방문했고 자이나 교리에서 벗어나 간디 집안의 음식을 받아 가기도 했다. 그들은 종교 문제와 세상일에 관해 아버지와 이야기를 나누었다. 그밖에도 그의 아버지는 무슬림과 파르시Parsi, 8세기 이슬람의 박해를 피해 페르시아에서 인도로 도피한 조로아스터 교도의 후예도 친구로 사귀고 있었고, 그들이 자신들의 신앙에 관해 이야기를 하면 아버지는 언제나 존경하며 들었고 때로는 흥미를 갖고 듣기도 했다. 간디는 아버지를 간호하고 있었기에 그 곁에서 이들의 대화를 들을 수 있는 기회가 있었다. 이같은 여러가지 일들이 자신에게 모든 신앙에 대한 이해를 가져다 주었다.

다만 기독교만은 예외였다. 당시 기독교 전도사들이 학교 근처에서 힌두교와 힌두교 신들에 대해 비난을 일삼았다. 그는 이를 견딜 수 없었다. 단 한 번 그 설교를 들은 적이 있었을 뿐 다시는 듣지 않았다. 그 무렵 잘 알려져 있는 힌두교도 명사가 기독교로 개종했다는 얘기를 들었다. 세례를 받고는 소고기와 술을 마셔야 하며, 유럽식 복장을 하였다는 소문이 돌았다. 이런 일들이 그에게 거부감을 일으켰다. 그는 사람으로 하여금 소고기와 술을 마시게 하며 자신의 의상도 바꾸도록 강요하는 종교란 결코 그 이름값을 하지 못한다고 분명히 생각했다. 또한 그 개종자는 자기 선조의 종교, 관습, 조국을 욕하기 시작했다는 것도 들었다. 이 모든 것들이 그로 하여금 기독교에 대해 혐오하게 하였다.

그에게 뿌리깊이 내린 것은 덕성이 사물의 근본이고 진리는 모든 덕성의 본질이며, 바로 그 진리가 자신의 유일의 목적이었다. 이 목적은 점점 확대되었고, 진리에 관한 자신의 정의定義는 더욱 넓어져 갔다. 또한 간디의 마음과 가슴을 사로잡은 것은 구자라트의 한 시였다. 그 가르침은 자신을 인도하는 원리가 되었다.

  한 잔의 물을 받으면
  풍성한 음식으로 보답하고
  친절한 인사를 받으면
  정성을 다해 머리숙여 답례하고
  한 푼의 돈을 받으면
  금으로 되돌려 주고
  그대의 목숨을 구해 주었다면
  목숨을 아끼지 마라.

  그리하여 이같은 현자의
  말과 행동을 존중하고
  아무리 작은 봉사를 받아도
  열 배로 보답하라.

그러나 참으로 고결한 사람은

모든 사람을 똑같은 사람으로 알고,

저지른 악에 대해

선으로 기꺼이 보답하라.

간디의 독특한 종교관의 형성과 함께 '진리'의 존재를 깨달아 이를 자신의 '유일의 목적'으로 설정했다는 것은 매우 중요하다. 이는 후일 사티아그라하라는 간디 특유의 사상체계 확립의 밑바탕이 되었던 것이라고 하겠다.

7. 유학

1887년에 대학 입학 자격 시험에 합격했다. 가정 사정이 어려워 바브나가르Bhavnagar에 있는 사말다스 대학Samaldas College에 입학했다. 학비가 적게 드는 대학을 택하였다. 모든 것이 어려웠고 강의는 흥미 있었지만 따라갈 수가 없어, 한 학기만 마치고 포기하였다.

때마침 집안의 오랜 조언자인 마브지 데이브Mavji Dave가 그의 집을 방문했다. 아버지가 돌아가신 뒤에도 교류를 계속하고 있었다. 간디가 대학에 다닌다는 말을 듣고 그는 "누가 카바 간디의 뒤를 이어 포르반다르의 수상직을 계승할 것이냐"며 자신이 다음에 방문했을 때는 간디가 영국행을 준비하고 있다는 말을 듣고 싶다고 했다. 이 말은 그에게 희망을 주었다. 큰형은 동생의 유학 비용을 어떻게 마련할 것인가를 궁리하고 있었지만 어머니는 망설였다. 어머니는 베차라지 스와미Becharaji Swami하고도 의논했다. 원래 같은 카스트였으나 자이나교의 승려가 되었고, 그 뒤에도 왕래를 계속했다. 그는 간디로부터 세 가지 맹세를 받고 허용하자고 제의했으며 그가 지켜 보는 가운데 술, 여자, 육식을 하지 않기로 맹세했다. 이 서약이 있자 어머니는 그의 영국행을 허락하였다.

당시 라지코트에서 영국 유학이 그리 흔한 것은 아니었다. 간디는 큰형의 축복을 받으며 봄베이뭄바이의 옛지명로 갔다. 큰형이 여비와 학비를 마련해 주기로 약속했다. 아내와 생후 2~3개월밖에 안 된 아이를 뒤로 하고 영국행에 올랐다.

영국행을 기다리던 중 간디와 같은 카스트들이 그의 영국 유학을 문제삼았다. 아직까지 모드 바니아 카스트에서 영국에 간 사람은 없었다. 카스트 회의가 열렸고 간디의 출석을 요구했다. 모임에서 카스트 대표의 반대에도 간디는 자신의 결심을 굽히지 않았고, 그를 카스트에서 추방한다고 했지만 이 결정은 그에게 그 어떤 영향도 주지 않았고 큰형도 마찬가지였다.

간디는 네 사람의 소개장을 가지고 갔다. 메타 박사Dr.P.J.Mehta, 달파트람 슈클라Dalpatram Shukla, 란지트신지 왕자Ranjitsinhji, 다다바이 나오로지Dadabhai Naoroji[8]이었다.

1888년 19월 말경 사우샘프턴Southampton에 도착했다. 누군가가 런던의 빅토리아 호텔이 좋다고 했다. 사우샘프턴에서 전보를 쳤더니 메타 박사가 찾아와 주었다.

그는 경비가 많이 드는 호텔보다 영국인 가정집을 권해 그렇게 하였다. 하지만 모든 것이 생소했다. 그들의 생활양식, 주거 등 모두 이상하였다. 채식에도 어려움이 따랐다. 채식이라고는 하지만 싱겁고 맛이 없었다. 진퇴양난이었다. 견디기 어려웠지만 인도로 돌아간다는 것은 생각할 수도 없는 일이었다. 이미 왔으니, 3년은 견디어야 한다고 스스로 다짐했다. 다시 메타가 추천하는 집으로 옮겼다. 주인은 자상했다. 약 1개월이 지나 메타와 슈클라의 주선으로 웨스트 켄싱턴West Kensington의 가정집으로 다시 거처를 옮겼다. 차차 자리를 잡게 되었다. 아직은 정규 공부를 시작하기 전이었고, 슈틀라의 권고로 신문을 읽기 시작했다.

거처가 안정되자 채식 음식점을 찾아 나섰다. 집 주인이 알려 준 채식 식당을 겨우 찾아냈다. 식당에 들어서자 문 옆에 전시되어 있는 책들을 보다가 그 가운데 솔트Salt의 『채식주의를 위하여』Plea for Vegetarianism라는 책을 사 가지고 식당에 들어갔다. 영국에 온 뒤 처음으로 마음에 드는 식사를 하였다. 이 책을 통하여 채식주의자임을 천명하였고 어머니 앞에 서약했던 그날을 되새기며 스스로 축복하였다. 진리를 위해 그리고 자신이 행한 서약을 지켜 그동안 육식을 금했던 것을 스스로 자랑스럽게 여겼다. 이제 그는 채식주의자가 되기로 결정했고 그뒤 줄곧 채식주의 보급을 자신의 사명으로 삼게 되었다.[9]

8. 영국 생활

간디는 영국에서 생활하면서 영국 신사가 되도록 노력했다. 봄베이에서 맞춘 양복은 영국에서는 맞지 않다고 생각하여 새로 맞추었고 19실링이나 되는 실크 모자도 샀다. 이에 만족하지 않고 당시 런던 유행의 첨단을 걷는 본드Bond라는 거리에서 10파운드나 되는 야회복 정장도 마련했다. 회중시계 금줄은 형이 보내 주었다. 인도에서 거울은 사치품이지만 매일 아침 10분 동안 머리를 다듬고 손질해 단정하게 매무새를 갖추었다. 그밖에도 사교댄스, 프랑스어, 연설법 등의 교육을 받을 필요가 있다는 말을 듣고는 이를 배웠다. 이외에도 바이올린과 연설 연습도 하였다. 그러나 3개월이 지나면서 모두 부질없는 일이라는 생각이 들어 다 그만두었다. 영국 신사가 되기 위한 그런 행동보다는 학생이니만큼 공부에 전념해야 한다는 생각이 떠올랐고, 법조계에 들어가려면 자격을 갖추어야 한다고 생각하였다.

그는 생활비를 줄이기 위해 버스비, 우편료, 신문값 등 그밖에 아주 적은 비용도 매일 취침 전에 빠짐없이 기록했다. 그 습관은 굳건히 자리잡았고, 뒷날 수십만 루피에 달하는 공공자금을 운영할 때 지출의 엄격한 절약이 가능했으며 적자를 내지 않고 모든 운동을 지도할 수 있었다. 검소한 생활로 경비를 절반으로 줄였다. 걸어서 30분에 도착할 수 있는 곳에 방을 얻어 교통비를 절약했고 하루에 13~16km을 걸어다녔다. 이같은 걷기로 건강을 유지할 수 있었다. 변호사 시험은 그다지 어렵지 않아 그다지 조급하지 않았다. 그러나 영어가 실력이 늘지 않아 걱정이었다.

변호사 자격뿐만 아니라 인문학 분야의 학위도 필요하다고 생각했다. 옥스포드와 캠브리지 대학의 과정에 관해 알아보니 모두 학비가 많이 들고 체류 기간도 훨씬 길어진다는 것을 알게 되었다. 한 친구가 권하기를 그런 대학에 합격하려면 런던대학 입학자격시험에 합격해야 한다고 했지만 과목을 듣고는 놀랐다. 라틴어와 제2 외국어가 필수였다. 라틴어가 문제였다. 그러나 그 친구는 강력한 권유를 받아들여 아무리 어려워도 라틴어를 배우기로 하였다. 외국어로는 프랑스어를 선택했다. 시험 준비를 위해 사설학원에 다녔다. 시험은 6개월마다 실시되었다. 그로서는 5개월의 시간밖에는 없었다. 거의 불가능한 일이었다. 주어진 시일 내에 다른 과목 이외에 라틴어, 프랑스어와 씨름할 여력이 없었다. 결국 라틴어는 낙제했다. 유감이었으나 실망하지 않았다. 라틴어에 취미를 가지게 되었고, 프랑스어는 다음에보다 좋은 성적을 얻을 거라 확신하였다. 과학분야의 새로운 과목을선택했다. 열역학과 광학이었다. 생활은 더욱 간소화하고 경비도 줄여 1실링 3펜스라는 적은 돈으로 하루를 생활할 수 있도록 했다. 간단한 식사 등 검소한 생활로 많은 시간을 쓸 수 있게 되어 공부에 집중했고 드디어 시험에 합격하였다.

한편 채식은 철저히 지켰다. 채식주의에 관한 서적을 탐독하며 채식가들과 교류하며 채식의 식이요법을 스스로 실험하기도 하였다. 여러 가지 실험을 통해 간다는 맛을 아는 것은 혀가 아니라 마음이라는 것을 알았다. 그는 몸을 지탱해 주는 것만 먹어야 한다고 생각하고 홍차나 커피 대신에 코코아를 먹었다. 저녁 한 끼에 1~2실링이나하는 비싼 식당보다는 6페니만으로 저녁을 먹을 수 있는 식당을 주로이용했다. 일부 채식주의자의가 계란을 먹는 것은 살생이 아니라는주장을 받아들여 계란도 먹었지만 어머니와의 서약을 떠올리고는 바로 포기하였다.

그러면서 그는 맹세에 대한 해석 문제를 진지하게 생각하였다. 사실 서약이나 맹세의 해석은 분쟁의 원인이 되어 왔다. 아무리 명백한서약이라도 그 서약문을 자신의 목적에 맞도록 뒤집고 왜곡하기 일쑤이다. 모든 계층이 그렇다. 이기심은 그들의 눈을 멀게 하고, 본인뿐만 아니라 세계와 신神을 기만하게 된다. 그러므로 서약을 한 자는정직하게 서약을 해석해야 하며 해석이 다를 경우 약한 자의 해석을받아들여야 한다. 이를 지키지 않으면 불공정과 분쟁을 야기시킨다.그것은 불성실에 뿌리를 둔 것이다. 진리를 추구하는 사람만이 원칙을 따른다. 그러므로 어머니의 육식에 관한 해석이 자신에게는 유일한 진실된 해석이고 자신의 보다 넓은 경험, 또는 보다 나은 지식이 가르쳐 준 해석은 진실된 것이 아니었다.

간디는 영국에서의 실험은 절약과 위생의 관점에서 행한 것이라고 하였다. 이 문제에 관한 종교적 측면은 남아프리카에 가기 전까지는 고려되지 않았지만 그 모든 실험의 씨는 영국에서 뿌려진 것이었다. 당시 영국에서 채식주의는 일종의 새로운 신앙이었고 간디도 그랬다. 그는 자신이 사는 지역에서 채식 클럽을 만들었고 한동안 클럽은 유지되었으나 수개월 후 해산되고 말았다. 간디가 그곳을 떠났기 때문이다. 그러나 이 잠깐 동안의 경험은 단체를 조직하고 운영하는 데 있어 약간의 훈련이 됐다고 회고하였다.

9. 수줍음

간디는 채식자협회의 집행위원회 위원으로 선출되었고 회의에 참석했지만 항상 침묵을 지켰다. 그가 침묵을 지킨 것은 말하고 싶지 않아서가 아니라 어떻게 표현해야 할지 몰랐기 때문이었다. 다른 사람들은 모두 자신보다 유식해 보였다.

심각한 문제가 토의 의제가 되었다. 협회 회장은 힐스Hills였다. 청교도로 협회는 그의 재정 지원에 의존하고 있었다. 집행위원회의 위원 대부분은 그의 직원들이었다. 채식가로 명망이 높은 알린슨Dr. Allinson 박사도 집행위원회 위원이었는데 그는 산아제한운동의 옹호자이자 활동가였다. 힐스는 산아제한은 도덕을 뒤흔드는 것이라 생각하여 협회는 식이요법뿐만 아니라 도덕적으로도 앞장서야 한다고 생각하였다. 그래서 알린슨을 제명해야 한다고 했고, 제명하자는 동의가 제기되었다. 간디는 알린슨의 산아제한에 관한 견해는 위험하며, 힐스는 청교도로서 그를 반대할 만하다고 생각하였다.

하지만 알린슨이 청교도의 윤리에 어긋난다고 그를 제명한다는 것은 부적절하다고 생각하였다. 그것은 협회가 명시해 놓고 있는 목적과는 아무런 관련이 없다고 생각했다. 채식주의자라면 누구든 도덕관과는 관계없이 협회의 회원이 될 수 있다는 생각이었다. 간디는 자신의 견해를 밝혀야겠다고 생각했지만 어떻게 할 것인가가 문제였다. 발언할 용기가 나지 않아 서면으로 그의 생각을 나타내기로 결심하고 회의에 참석했다. 그것을 읽는 것조차 용기가 나지 않아 회장은 딴 사람을 시켜 읽도록 했다. 결과는 알린슨의 패배했다. 간디는 자신이 지는 쪽 편에 든 것을 알았다. 그러나 그는 그 이유가 옳았다는 생각으로 위안을 삼았다. 이 일이 있은 뒤 집행위원을 사임하였다.

간디는 마즈무다르와 함께 벤트너Ventnor라는 곳에 간 일이 있었다. 『식이법의 윤리』The Ethics of Diet의 저자 하워드Howard도 같은 휴양지에 머물고 있었다. 간디와 서전트는 그를 만났고, 그는 채식주의 증진 모임에 나와서 연설해 주도록 초청했다. 연설문을 준비해 읽는 것도 괜찮을 것이라고 생각했다. 그래서 연설문을 열심히 준비하여 읽으려고 일어섰으나 읽을 수가 없었다. 눈앞이 흐려지고 온 몸이 떨렸다. 연설문은 단 한 장에 지나지 않는다. 마즈무다르가 대신 읽어주었다. 그의 연설은 훌륭했고 갈채를 받았지만 부끄러웠다.

간디는 영국에서 대중연설을 해 보려고 마지막으로 노력한 것은 고향으로 떠나기 전날 저녁이었다. 그는 채식주의자들을 홀봄 식당으로 저녁에 초대했다. 만찬은 즐거움이고 서양에서는 만찬을 예술로 발전시켰다. 갈채와 음악, 연설을 곁들인다. 그곳에서 간디는 자기의 연설 차례가 왔을 때 연설하기 위해 일어섰다. 아주 짧게 연설을 하리라 준비했지만 첫마디 이상을 할 수 없었다. 결국 자신의 "초대에 응해 주신 데 대해 감사한다"라고 하고는 주저앉아 버렸다. 간디는 남아프리카에 가서야 그같은 수줍음을, 비록 완전히 극복할 수는 없었지만 이겨내게 되었다.

간디는 때로는 웃음거리가 되기도 했는지 모르지만 자신의 체질적인 수줍음이 불이익이 되지는 않았다고 고백한다. 사실은 그와 반대로 자신에게는 이로웠다. 그는 자연스럽게 생각을 가다듬는 습관을 형성하게 되었다. 자신의 생각과는 관계없이 입으로나 또는 펜으로 하는 실수를 없도록 해주었다. 자신의 경험에 따르면 침묵이야말로 진리 신봉자의 도반이었다.

10. 종교관

영국에 체류한 지 2년째 되는 해 연말, 두 사람의 신지론자神智論者[10]를 만났다. 형제로 둘 다 미혼이었다. 그들은 에드윈 아널드Edwin Arnold[11]가 영어로 번역한 『하늘의 노래』The song celestial를 읽고 있었고, 원전을 함께 강독하자고 했다. 간디는 산스크리트로어도, 구자라트어로도 이 신성한 서사시를 읽은 적이 없어 부끄럽게 여겼다. 『바가바드 기타』는 읽은 적이 없지만 같이 읽기로 하고 산스크리트어에 대한 지식은 빈약하지만 원전은 이해할 수 있을 것으로 생각했다. 번역이 미진한 대목을 지적할 수는 있는 정도라고 여겼다. 제2장의 시구는 그의 기억에 아직도 남아 있다.

> 관능의 대상을 생각하면 거기에 집착이 생긴다. 매력에서 욕망이 생기
> 고 욕망은 강한 열정을 불태우게 되고, 열정은 무분별을 낳는다. 그러
> 면 사고가 흐려져 이상은 사라지고, 마음은 약화되어 끝내는 목적도 마
> 음도 그리고 인간도 모두 사라진다.

『바가바드 기타』는 간디에게 더 없이 중요한 것으로 다가왔다. 그
는 언제나 진리에 관한 가장 훌륭한 책으로 생각하였다. 『바가바드
기타』는 우울해질 때마다 많은 위안과 도움을 주었다. 그는 여러 영
역본을 읽었지만 아놀드의 번역본을 가장 좋아했다. 원전에 충실하여
번역본으로 여겨지지 않을 정도의 작품으로 생각되었다. 수년이 지난
뒤에는 매일 읽게 되었다.

신지론자 형제는 간디에게 아널드의 『동방의 빛』을 읽도록 권했
다. 그때까지만 해도 그는 아널드를 『하늘의 노래』의 저자로만 알고
있었다. 간디는 『바가바드 기타』의 번역서 『하늘의 노래』에 못지 않
게 『동방의 빛』도 흥미있게 읽었다. 한번 읽기 시작하자 그 책에서
손을 놓을 수 없었다. 그들은 그를 블라바츠키 회관에서 블라바츠키
Blavatsky 여사와 베전트 여사Besant[12]를 소개해 주었다. 베전트 여사는
바로 그 무렵 신지협회The Theosophical Society의 회원이었다. 간디는 그들
의 논쟁과 대화를 흥미롭게 지켜 보았다. 이들 신지론자들은 간디에
게 협회에 가입할 것을 권유했지만 공손하게 거절하였다.

블라바츠키의 『신지학 입문』The Key to Theosophy은 간디에게 힌두교
에 관한 책을 읽도록 하는 욕구를 불러 일으켰다. 특히 힌두교는 미
신으로 가득 차 있다는 기독교 전도사들이 강조한 것들이 그릇된 것

임을 깨닫게 해주었다.

　그 무렵 그는 채식주의 하숙집에서 만난 기독교인의 권유로 『성경』을 읽었다. 『구약성서』의 창세기만을 읽고 나머지는 읽지 못했지만 『신약성서』는 다른 인상을 받았고, 특히 '산상수훈'은 가슴에 와닿았다. 간디는 『성경』과 『기타』를 비교해 보았다.

　"그러나 나는 너희에게 이르노니 악한 자를 대적하지 말라. 누구든지 네 오른편 뺨을 때리거든 왼편도 돌려대며, 또 너를 송사하여 속옷을 가지고자 하는 자에게 겉옷까지도 가지게 하라."「마태복음」 5. 39~40

　『성경』의 이 구절에서 헤아릴 수 없이 깊은 감명을 받았으며 그와 함께 구자라트의 시인 사말 박티Shamal Bhati가 쓴 서사시에 나오는 구절을 연상하였다

　"물 한 대접을 받으면, 좋은 음식을 제공하라."

　당시 그는 『바가바드 기타』와 『동방의 빛』 그리고 산상수훈의 가르침 이 셋을 하나로 통합했으면 했다. 그같은 자기 포기야말로 종교의 최고로 자신의 마음을 강하게 움직였다. 『성경』을 읽고는 간디는 다른 종교 선각자의 생애를 공부하고 싶은 욕구가 생겼다. 어떤 친구가 칼라일Thomas Carlyle[13]의 『영웅숭배론』Heroes and Hero-Worship를 읽어보라 하여, 「영웅으로서의 예언자 마호메트」에 관한 장을 읽었다.

　이같은 종교와의 만남은 그 정도였다. 그는 무신론을 극복한 지 오래지만, 당시 세간의 주목을 받고 있는 베잔트 여사가 무신론에서 유신론으로 전향해 신지론자가 됐다는 사실이 그로 하여금 무신론에서 더 멀어지게 하는 자극제가 되었다. 베잔트 여사의 『나는 어떻게 신지론자가 됐는가』How I Become a Theosophist를 숙독하였다.

　간디의 종교관은 시련을 겪으면서 더욱 깊어져 갔다. 힌두교와 세

계의 다른 종교에 대한 지식을 얻기는 했지만 피상적일 뿐 시련이 닥쳤을 때 자신을 구하기에는 충분치 않다는 것을 알게 되었다. 종교에 관한 지식은 경험과는 달리 시련이 닥치는 순간 무용지물이 된다는 것을 알았다. 그는 영국에 와서야 그것을 알게 되었다.

간디는 신의 도움으로 시련을 이겨낸 경험을 말하고 있다.

그의 기억으로는 영국 체류의 마지막 해인 1890년에 포츠머스Portsmouth에서 채식주의자 회의가 있었다. 이 회의에 간디와 인도인 친구 한 사람이 초대받았다. 포츠머스는 항구 도시이다. 그곳에는 매춘부는 아니지만 도덕성이 결여된 여인들이 많이 있었다. 간디는 그런 집 중 한 집에 머물게 되었다.

오후 늦게 회의를 마치고 돌아와 저녁을 먹은 뒤 모두 앉아 브리지 놀이를 시작했다. 브리지 놀이를 하면서 물론 농담도 오갔으나 차차 간디의 친구와 주인이 음탕스런 얘기를 하기 시작했다. 간디는 그 친구가 그런 농담을 잘하는지 몰랐다. 간디 역시 참여했다. 음탕스런 얘기가 한계를 넘었을 때, 하느님의 경고가 들렸다. '어찌하여 그대에게 이 악마가 왔는가. 어서 떠나라, 빨리.' 부끄러웠다. 그는 경고를 받아들여 도망치다시피 그 자리를 박차고 나왔다. 간디가 부인 이외의 여인에게 성욕이 일어난 것은 그때가 처음이었다. 밤새 한잠도 못잤고 다음 날 저녁 포츠머스를 떠났다.

그 무렵 그는 종교 또는 신의 본질을 알지 못했으며 신이 인간에게 어떻게 작용하는지도 몰랐다. 막연하지만 그때 신이 자신를 구해 주었다고 이해하였다. 이 말은 뒷날 자신에게 깊은 의미를 지닌 것이라는 것을 알게 되었다. 희망이 모두 없어졌을 때 어느 곳인지는 모르지만 여하튼 도움이 온다는 것을 알게 되었다. 예배나 기도는 미신이 아니다. 그것은 먹는다든지, 마신다든지, 앉는다든지 또는 걷는

다든지 하는 행위보다도 훨씬 더 현실적인 행위였다. 그에게는 예배, 기도만이 현실적이며 그밖의 것은 현실이 아니라 해도 결코 과장이 아니었다. 그같은 예배나 기도는 현실의 도피가 아니다. 그것은 말로만 하는 것이 아니라 가슴 깊이 우러나오는 것이었다.

우리가 사랑만 남기고 그밖의 모든 것을 마음에서 다 비운다면, 그리고 우리가 적절한 은율로 화음을 유지한다면, '보이지 않는 음악 속에 깊은 불안이 지나가 버리고 만다.' 지도자는 말이 필요없다. 기도 그 자체는 어떤 감각적인 노력과는 다른 것이다. 그러므로 기도야말로 열정에서 가슴을 진정시키는 결코 실패하지 않는 수단이라는 데 대해 조금도 의심하지 않는다. 그러나 기도는 완전한 헌신과 자신의 포기가 결부되어야 한다고 강조하였다.

1. 간디의 자서전은 처음 두 권(1927년, 1929년)으로 발행되었다. 원문은 구자라트어로 되어 있고, 마하데브 데자이가 구자라트어를 영어로 번역하여 두 권을 한 권(1940년)으로 엮었다. 편저자가 참고한 자서전은 나바지반 재단과의 계약으로 출판하였다(Beacon press). 초판은 1957년도이며 편저자는 5판(1962년)을 참고하였다.
2. 인도의 토호국(土候國)은 princely staite라 하며, 번왕국(藩王國)이라 번역한다. 영국령에 속하지 않지만 영국의 지도와 감독 아래 현지의 전제 군주가 통치하였다. 번왕국의 수는 대략 6백 개, 면적은 독립 전인도의 45%를 차지하였다.
3. 『마하바라타』는 바라타 왕조의 대서사시란 말이다. 『바가바드 기타』는 이 서사시의 제 6권에 속하며, 전사 아르쥬나 왕자와 그의 마부인 크리슈나(비슈누신의 화신)와의 대화 형식으로 되어 있다.
4. 바이슈나바파는 비슈누(세계의 보호자, 유지자)를 최고의 신으로 숭배하는 힌두교의 한 종파로 간디의 가문은 이 파에 속한다. 바이슈나바파는 비슈누파라고도 한다. 비슈누 신을 숭배하며 그의 화신인 라마와 크리슈나를 숭배한다.
5. 불교와 비슷한 시기에 일어난 종교. 자이나란 승리자란 뜻이다. 자이나교의 실질적인 창시자는 마하비라이다. 크샤트리아 계급으로 불교의 개조 석가모니와 동시대 사람이다.
6. 인도에서 카스트에 해당되는 말은 자티(고유 특징을 가진 집단)이다. 카스트(혈통, 계보)는 크게 네 계급으로 나뉜다. 브라만(승려), 크샤트리아(귀족, 무사), 바이샤(평민, 상인), 수드라(수공업자, 노동자)이다. 각 계급들은 직업, 음식, 풍속에 오염되어 있으며, 각각의 오염도가 다르다고 한다. 가장 불결한 직업을 가진 사람들은 수드라 밑의 불가촉민이다. 이들을 하리잔(신의 아들)이라 하는데 이는 간디가 붙여준 이름이다.
7. 인도의 대서사시 『라마야나』의 주인공이 라마이다. 그는 비슈누 신의 7번째 화신으로 알려져 있다.
8. 인도의 민족주의자. 영국의 인도 경제정책에 대한 비평가로 잘 알려져 있다.

봄베이의 엘핀스톤 대학을 졸업한 뒤 영국으로 건너갔다. 1974년 인도 구자라트주 바로다의 총독이 나오르지를 주정부 총리로 임명했으나, 자신의 행정개혁안이 받아들여지지 않자 2년 만에 사임했다.

9. 솔트의 『식이법의 윤리』에서 피타고라스, 예수로부터 현대에 이르는 많은 철학자와 예언자들이 채식을 했다는 것을 알았다. 또한 알린슨 박사의 채식을 통한 치료법에 매료되어 그것을 실천하였다.

10. 신지학이라는 용어는 그리스어 '테오스(theos: 신)'와 '소피아(sopia: 지혜)'라는 단어에서 유래했으며, 보통 '신의 지혜'로 번역한다. 근대의 신지학은 러시아 태생의 헬레나 페트로브나 블라바츠키가 만든 신지학협회를 제창한 이론들과 대체로 동일시되어 왔다.

11. 영국의 시인이자 학자. 『동방의 빛』(1879)으로 가장 잘 알려져 있다.

12. 영국의 사회개혁가, 신지론자. 1880년대 말 조지 버나드 쇼의 영향으로 페이비언 사회주의자가 되었다. 1889년에는 무신론자에서 신지론자가 되었고, 신지학회의 창설에 참여하였다.

13. 영국의 역사가이자 수필가. 주요 저서로 『프랑스 혁명』(1837), 『영웅숭배론』(1841), 6권으로 이루어진 『프리드리히 대왕이라 불리는 프로이센 왕 프리드리히 2세의 역사』 등이 있다.

02

인종 차별

인종 차별

1. 귀향

영국에서 변호사 자격을 취득한 뒤 인도로 귀향하였다. 봄베이에서 변호사업을 시작했으나 잘 되지 않았다. 남아프리카의 소송 사건을 의뢰하는 요청이 있어 이를 수락했는데, 남아프리카에서는 유색인종이라는 이유로 객차의 승차를 거부당하는 수모를 겪으면서 인종 편견의 현장을 경험한다. 현지 인도인의 사회·경제·정치 상태, 영국 식민주의의 실상을 피부로 느끼게 되었고 소송사건이 끝난 뒤 현지 인도인들의 요청으로 그들의 고충을 해결해 주기로 했다. 한 소송 사건에서 인도인에게 유리한 판결을 얻어내는 데 성공한 간디는 인도인의 선거권 박탈 법안 반대 투쟁에 앞장선다. 사회운동과 함께 수도자와 같은 생활을 하면서 '진리의 실험'에 들어선다. 남아프리카에서 영국의 인종 차별에 맞서 인도인의 권리를 확보하기 위한 투쟁을 벌인다. 간디는 여기에서 '사티아그라하'를 구상, 저항운동의 이념적 바탕을 마련했다. 남아프리카에서 정립한 진리의 추구는 간디의 인도

정체성 확립과 인도 독립운동의 행동 원리로 굳건히 자리잡게 된다.

그는 회고록에서 영국의 변호사 자격 취득 과정을 상세히 설명하고 있다. 영국에서 학생이 변호사가 되려면 두 가지 조건을 충족시켜야 한다. 하나는 학기를 채우는 것이고, 또 하나는 시험에 합격하는 것이다. 학기의 채운다는 것은 한 학기에 약 24회 개최되는 '만찬' 가운데 적어도 6번은 참석해야 한다는 것을 말한다. 만찬에서는 정해진 시간에 보고를 하고, 만찬이 끝날 때까지 자리에 있어야 한다. 각자 식사를 하고 포도주를 선택할 수 있었다. 요금은 2~3실링으로 인도 돈으로는 2~3루피로 그리 비싼 편은 아니었다. 술값이 음식값보다 비싸다는 것과 술을 마시는 데 그렇게 많은 돈을 낭비한다는 것이 이상스러웠다. 가끔 이 만찬에서 간디는 아무것도 먹지 않기도 했으나 차차 먹게 되었고, 나중에는 추가로 요구하는 용기도 갖게 되었다.

만찬에는 현직 판사와 변호사도 참석하는데 이들의 식사는 학생들 것보다 훨씬 좋았다. 파르시 채식주의자와 간디는 채식 식단을 주문했다. 이러한 만찬 행사가 학생들로 하여금 변호사의 자격을 갖추는 데 왜 필요한지는 알 수 없었고, 나중에도 알지 못했다.

공부는 쉬운 편이었다. 변호사들은 익살스럽게 '만찬 변호사'로 불리우기도 했다. 시험은 사실상 아무런 의미가 없다는 것을 잘 알고 있었다. 그 당시의 변호사 시험 과목은 로마법과 영국 관습법 두 가지였다. 학생들 대부분 약 2주 가량 로마법에 관한 설명만 듣고도 시험에 합격했을 뿐만 아니라, 영국 관습법도 2~3개월 동안 보고는 시험에 합격하였다. 문제는 쉬웠고 시험관은 관대하였다. 로마법 시험 합격자 수는 95~99%였고 최종 합격자 수는 75% 이상이었다. 낙제의 두려움은 별로 없었다. 모두들 시험이 어렵다고는 생각하지 않았다.

간디는 영국 관습법을 9개월 동안 상당히 힘들여 공부해야만 했다. 브룸Broom의 『관습법』은 방대하나 흥미있어 상당히 많은 시간을 들여 읽었다. 스넬Snell의 『형평법』도 흥미 있었지만 이해하기 힘들었다. 화이트White와 투더Tudor의 『주요 판례집』은 판례에 관해 설명하였는데 배울 것이 많았다. 또한 윌리암William의 『부동산론』, 굿디브Goodeve의 『동산론』도 흥미 있게 읽었고, 특히 윌리암의 책을 좋아했다. 매인Mayne의 『힌두법』은 인도에 돌아와서도 다시 흥미롭게 읽었다.

그는 1891년 6월 10일에 변호사 자격을 취득했고, 다음날 고등법원에 등록을 마쳤다. 그리고 12일에 인도로 떠났다. 법률 공부를 하고 변호사 면허도 갖게 되었지만 무력함과 두려움이 끝이 없었고 변호사를 할만한 능력이 있는지 회의적이었다. 변호사 자격을 취득하는 것은 쉽지만 실제로 변호사를 한다는 것은 어려운 일로 여겨졌다. 법률책은 읽었지만 개업은 어떻게 하는지 또 어떻게 이용할 수 있는지 알 수 없었다. 라틴어 법언法諺[1]과 관련 있는 주요 판례를 모두 읽어보았지만 실제로 이를 적용할 자신감이 없었다.

인도 법률에 관해서 공부한 것은 없었고, 힌두법과 이슬람법도 아는 것이 없었다. 고소장 작성법도 배우지 않았고, 실로 막막하였다. 간디는 법정에서 뛰어난 변론을 한다는 페로제샤 메타Pherozeshah Mehta[2]에 관해 얘기를 들은 적이 있었다. 자신으로서는 그와 같은 법률가로서의 재능을 가지기란 거의 불가능하다는 생각이 들었고, 변호사로 과연 생계를 꾸려갈 수 있을지 불안감에 빠져 있었다. 법률 공부를 하면서도 이런 의문과 불안감으로 고민하였다. 친구들에게 그런 어려움을 고백했더니 한 친구가 다다바이 나오로지Dadabhai Naoroji에게 조언을 구하라고 하였지만, 그런 위대한 인물을 만나 폐를 끼치는 것은 적절한 일이 아니라고 생각하였다. 그가 연설할 때면 먼발치에서 들는 것만으로도 만족했다.

프레데릭 핀커트Frederick Pincutt를 만나보면 어떠냐는 권고도 있었다. 보수주의자였으나 인도 학생에 대한 그의 애정은 순수하였다. 많은 학생들이 그의 의견을 들으려 했고, 간디도 면담을 신청했는데, 마치 친구처럼 맞아주었다.

"누구나 다 페로제샤와 같은 사람이 돼야 한다고 생각합니까? 페로제샤라든가 바드루딘Badruddin3같은 사람은 매우 드물지요. 변호사가 되는 데는 특출한 기술이 필요한 것은 아닙니다. 성실과 근면함만 있으면 됩니다. 그런데 어떤 책들을 읽었는지 말해 줄 수 있을까요?"

별로 독서량이 많지 않다고 말하자 핀커트는 실망한 듯 보였지만, 곧 즐거운 표정으로 미소를 띠며 말했다.

"그대의 불안감을 압니다. 독서가 부족하군요. 인도 변호사로서는 필수불가결한 세계에 관한 지식도 없습니다. 그대는 인도 역사조차도 읽지 않았군요. 인도 변호사는 인간의 본성을 알아야 합니다. 사람을 보고 그 사람의 성격을 읽을 수 있어야 합니다. 그리고 인도인은 누구나 인도 역사를 알아야 합니다. 변호사와는 관계가 없지만 그런 지식을 가져야 합니다. 보아 하니 그대는 케이Kaye와 맬리슨Malleson의 『세포이 반란』4도 읽은 것 같지 않군요. 꼭 읽도록 하십시오."

간디는 절망과 희망이 뒤섞인 가운데 봄베이에 도착하였다.

2. 실패

봄베이 항구의 파도도 거칠었지만 이미 아덴Aden에서부터 줄곧 파도가 높았다. 6~7월 아랍해는 의례히 그러했다. 거의 모든 선객은 배멀미를 했으나 간디만은 그러지 않았고 난간에 서서 거친 물결을 바라보면서 파도의 물보라를 즐기고 있었다. 거친 파도는 마치 자신의 마음 같았다. 변호사 개업을 두고 무력감에 빠져 있었다.

큰형이 부두에 마중 나왔다. 간디는 먼저 어머니를 만나기를 원했지만, 그녀는 이미 세상을 떠났다. 큰형은 슬픈 소식을 뒤늦게 알려 주어 추모식을 행하였다. 영국에서 받을 그의 충격을 고려해 알리지 않았던 것이었다. 커다란 충격이었지만 이겨내야 했다.

메타는 간디에게 친구 몇을 소개해 주었다. 그 가운데 그의 동생 레반샹카르 자그지반Shri Revanshankar Jagjivan과 그의 동업자이자 시인인 라이찬드Raychand였다. 25세가 안 되는 젊은이지만 종교에 대한 폭넓은 지식과 깊은 정신적 지혜를 갖췄다. 그는 이렇게 노래했다.

나는 일상의 행동 하나마다
내가 신을 볼 때만 내 자신
축복을 받는다고 생각한다.
바로 신이야말로
묵타난드의 삶을 지탱해 주는
유대인 것이다.

그는 보석 감정가로 매출액은 수십만에 달했다. 그 어떤 것도 그에게는 문제가 되지 않는다. 그의 내면은 신神을 만나고자 하는 열정으로 가득했다. 간디는 그와 어떤 관계도 없었지만 매우 친밀한 관계를 가졌다. 그를 만나면 심각한 종교적 대화에 이끌렸다. 그후 간디는 많은 종교 지도자와 여러 신앙의 지도자를 만났지만, 라이찬드처럼 깊은 인상을 주는 사람을 만나지 못했다. 그에 대한 존경심에도 불구하고 그를 구루Guru, 스승로 모시지는 않았다. 그는 여전히 영적 스승을 찾고 있었다. 간디는 힌두 교리에 대한 믿음과 자아실현을 추구하고 있었다. 스승 없이 참진리를 찾는 것은 불가능하다고 것은 일리가 있다고 생각하였다. 간디의 생애에 가장 큰 인상을 남긴 당대의 사람을 꼽으라면 셋을 든다. 라이찬드, 톨스토이[5]의 『하느님의 나라는 너의 안에 있다』*The Kingdom of God is within you*를 통해 그리고 러스킨Ruskin[6]의 『나중에 온 이 사람에도』*Unto This Last*에 의해서이다.

큰형은 그에게 기대가 컸다. 부와 명성을 바라고 있었다. 맏형은 마음이 넓었고, 관대해 친구가 많았다. 그들의 소개로 간디가 소송사건을 많이 맡기를 기대하였다. 간디의 변호사 개업을 위해 모든 노력을 기울였고, 경비가 많아지는 것에도 구애받지 않았다. 큰형은 또한 간디가 카스트에서 추방당한 일을 수습하였다. 카스트에서 추방되면 처가를 포함한 모든 친척 등 그 누구도 받아들이지 못하며, 그들의 집에서는 물 한 모금도 마시지 못한다. 간디는 그를 추방한 쪽에서 자기를 받아들이기를 원하지는 않았지만 그들로부터 곤욕을 당하지는 않았다. 그들은 애정과 관용의 태도를 보이고 있는 것을 느꼈고 심지어 간디가 하는 일을 돕기까지 했다. 간디는 이 모든 일들이 자신의 무저항에 기인한 것이라는 확신을 갖게 되었다.

간디는 가족 생활에도 세심한 배려를 기울였다. 가족 문제를 소홀히 한 것도 후회하였다. 아내와의 관계는 원하는 대로 되지 않았다. 아내에게 글을 가르치려고 결심했으나, 성적 욕망이 이를 가로막았고 자신의 잘못으로 아내는 어려움을 겪었다. 한때는 아내를 친정으로 오랫동안 보내 놓았으며, 불쌍히 여긴 뒤에야 다시 받아들였다. 뒤늦게 이 모든 것이 자신의 어리석음이었다는 것을 깨달았다.

한편 큰형의 애들과 자신의 아이들을 가르쳤다. 형의 도움도 있었고 간디의 개인적인 지도로 어느 정도 성공하였다. 간디는 아이들을 매우 좋아했고 뒷날에도 줄곧 농담을 주고받으며 함께 지냈다.

또 오토밀을 먹고 홍차와 커피 대신 코코아를 마시도록 했으며 장화와 구두도 신도록 하였다. 지출이 많아졌다. 매일 새로운 물건이 들어왔지만 비용이 문제였다.

라지코트에서 개업한다는 것은 정말 우스꽝스러운 일이었다. 유능한 인도 변호사처럼 소송사건을 잘 다루는 지식과 경험도 없고, 영국 변호사로서는 인도 변호사 수임료의 10배를 받아야 한다. 과연 그에게 그런 변호료를 주면서 사건을 부탁하는 바보스러운 의뢰인은 있을 것 같지 않았다. 만약 온다 해도 자신의 무경험에 오만과 허위까지 덧붙일 것이니, 이를 어떻게 감당할지 의문스러웠다. 친구들은 한동안 봄베이에 가서 법정 경험을 쌓는 것이 어떠냐는 제의에 봄베이로 갔다. 그러나 4~5개월이 지나자 봄베이에 더 이상 살 수 없었다. 수입이 전혀 없었다. 간디는 변호사라는 직업이 어쩐지 좋은 직업은 아니라는 생각이 들기도 했다.

경비는 매월 늘어만 갔다. 그렇다고 변호사 개업을 준비했지만 사건을 맡을 용기도 나지 않았다. 이루 말할 수 없이 무력감을 느낄 때, 마미바이Mamibai: 봄베이 지방에 많은 힌두교의 상인의 하나 상인의 소송을 맡게 되었다. 그것은 아주 간단한 사건이었다. 사건 소개자에 사례금을 주어야 한다고 했지만 거절하였다. 변호료로 30루피를 청구하였다. 이 사건은 하루 이상 걸리지 않을 것 같았다. 간디는 변호를 위해 법정에 나갔고 원고의 증인에 대해 반대 신문을 하기 위해 일어났지만 가슴이 철렁거리고 머리가 어지러워 법정 전체가 흔들리는 것처럼 느꼈다. 어떤 질문을 해야할지 생각이 나지 않았다. 재판관과 변호사들이 아마 웃었을지도 모른다. 그는 눈앞이 캄캄하여 주저앉고 말았다. 이 사건을 담당할 수 없다고 말하고 중개인에게는 파텔에게 가는 것이 좋겠다고 하고서 변호료를 되돌려 주었다. 간디는 의뢰인이 어떻게 되었는지 알지 못한 채 법정를 빠져 나왔다. 오직 수치스러웠고 소송 사건을 다룰 용기가 생길 때까지는 아예 사건을 맡지 않기로 다짐했다. 남아프리카에 갈 때까지 법정에 나가지 않았다. 자기에게 소송사건을 의뢰할 바보는 없을 성 싶었고, 맡긴다면 오직 패소할 뿐이라고 생각하였다.

봄베이에서는 다른 일거리가 생겼다. 포르반다르에서 한 가난한 무슬림이 토지를 몰수당한 일로 그를 찾아 왔다. 소송 사건으로는 잘될 것 같지 않아 청원서를 써 주기로 했다. 초안을 만들어 친구들에게 읽어 주었더니 잘 됐다고 하였다. 어느 정도 만족감을 느꼈고 청원서를 쓰는 능력은 충분하다고 생각하게 되었다. 청원서를 만들어 준다면 일거리가 많아져 사업이 잘되지 않을까 하는 생각도 들었지만 큰 벌이가 될 것 같지는 않았다.

그래서 교사 직업을 찾아 보기로 했다. 영어 지식은 상당한 수준이었기에 대학시험 준비를 하는 학생들에게 영어를 가르치면 되겠다고 생각했다. 마침 신문에 난 광고를 보고 응모 신청을 냈고 들뜬 마음으로 면접을 보러 갔다. 교장은 간디가 그 학교 졸업생이 아니라는 이유로 거절했다.

큰형도 걱정이 많았다. 둘은 봄베이에서 더 이상 있을 수 없다는 결론에 이르렀다. 라지코트에 정착하기로 하였다. 형이 청구서, 청원서 등을 만들어 주는 일거리를 맡아다 줄 수 있을 것 같았다. 간디는 봄베이에서 6개월을 보낸 뒤 작은 사무실 문을 닫았다. 봄베이에 있을 때 고등법원에 매일 나갔지만 별로 배운 것은 없었다.

3. 현실

실망한 간디는 봄베이를 떠나 라지코트로 가서 사무실을 차렸다.
일이 상당히 잘되기는 했다. 청구서, 청원서, 진정서를 만들어주면서
한 달에 평균 300루피의 수입을 올렸다. 자신의 능력보다는 큰형의
영향력이 컸다. 이미 자리잡은 큰형의 변호사 친구가 있었다. 중요한
청원서는 모두 그에게 넘겨 주었다. 간디는 가난한 의뢰인을 위해 청
원서를 대필해 주는 정도였다. 라지코트에서는 봄베이에서 고집스레
지켰던 사례금을 주지 않기로 했던 원칙을 지키지 않고 일반 관행과
타협하였다. 두 곳의 관행은 달랐다. 봄베이에서는 사건 소개인에게
사례하게 되어 있으나, 라지코트에서는 일거리를 준 인도 변호사에게
주어야 한다. 영국 변호사들은 봄베이처럼 라지코트에서도 예외없이
일정 비율을 사례금으로 지불해야 한다는 얘기가 납득이 가지 않았
지만 큰형의 말을 받아들이기로 했다. 스스로 자신을 속인 것 같았지
만 드디어 빚 안 지고 살아가기 시작했다.

큰형은 라나사헤브Ranasaheb가 포르반다르의 가디Gadi, 수상로 취임하
기 전 그의 비서 겸 고문관으로 재직한 일이 있었다. 그때 큰형이 자
신의 지위를 악용했다는 혐의를 받았다. 이 문제가 영국 정무관Political
Agent[7]에게 넘겨졌다. 그 정무관은 간디가 영국에 있을 때 알고 지냈고
우호적이었기에 형은 그 정무관에게 잘 말해주어 자신의 혐의를 풀
어 주도록 하였다. 간디는 별로 탐탁하게 생각하지 않았다. 영국에서
조금 알고 지냈다고 이를 이용해서는 안 된다고 생각하였다. 만약 형
에게 정말 혐의가 있다면 자신이 무슨 소용이 있겠는가. 결백하다면
적절한 절차로 청원을 내면 될 것이라고 생각하였다.

내키지 않았지만 정무관를 만났다. 자존심을 상하면서 타협한다는 생각이 들었지만 면담을 신청하여 승락을 받았다. 간디는 예전에 알고 지냈던 것을 그에게 상기시켰지만 곧 카디아와르는 영국과 다르다는 것을 알았다. 그는 공사를 분명히 구분했다. 그도 간디를 알지만 친분을 이용하지 말고, 적법한 절차를 통해서 하라고 하였다. 그래도 간디가 말을 하자 그는 비서를 불러 강제로 사무실에서 내쫓았다. 화가 치민 간디는 쪽지로 그의 무례함에 대해 고발할 것이라고 했더니, 마음대로 하라는 답변만 받았다.

간디는 이 답장을 호주머니에 넣고 기운없이 돌아왔다. 자초지종을 형에게 얘기했다. 큰형은 실망이 컸다. 간디는 그의 친구들에게 사정 얘기를 했다. 영국 관리를 어떻게 고발하는지를 몰랐기 때문이다. 페로제샤 메타가 때마침 사건을 맡아 라지코트에 와 있었다. 인도 변호사를 통해 그의 도움을 청했더니 그는 이곳에서 잘 지내려면 모욕을 참으라고 하였다.

그 권고가 독약처럼 썼지만 이를 악물어야 했다. 간디는 모욕을 참으며 스스로 다짐했다.

'다시는 그같은 잘못된 자리에 있지 않을 것이며 결코 그같은 방법으로 친분을 이용하지 않을 것이다.'

그 뒤로는 그런 결심을 깬 일이 없었다. 이 일로 인해 당한 충격은 자신의 인생 행로를 바꾸었다.

카디아와르는 작은 부족들의 연합체였기에 자연히 정쟁이 끊임없이 속출하였다. 부족간의 하찮은 이해관계로부터 관리들의 권력 쟁탈 음모가 다반사였다. 부족장들은 이간질과 아첨꾼들에게 둘러싸여 있었다. 그들은 사히브의 서기들에게도 아부하고 있었다. 영국 관리의 서기는 상전의 눈과 귀였을 뿐만 아니라 통역까지 했기에 상전 이상이었다. 서기의 뜻이 곧 법이고 그의 수입은 영국 관리보다 많은 것으로 소문이 자자하였다. 이런 분위기는 간디에게는 해독을 끼치는 것으로 여겨졌고 그런 독성이 자신에게 스며들지 않도록 하는 것이 그로서는 끝없는 문제였다. 간디는 몹시 우울해졌고 형도 동생의 기분을 잘 알고 있었다. 간디가 확실한 직업을 확보한다면 그같은 음모술수의 분위기에 구애받지 않고 지낼 수 있을 것이라고 생각했다.

그러나 모사를 꾸미지 않고는 행정관료직이나 재판관직에 오른다는 것은 생각조차 할 수 없는 일이었다. 간디는 영국 정무관과 다툰 일로 변호사 활동에 지장을 받기도 했다.

4. 남아프리카

어느날 포르반다르의 한 이슬람교 회사에서 큰형에게 '남아프리카 법원에 4만 파운드의 소송을 하고 있는데 변호사를 그곳에 보내줄 수 있겠냐'는 편지가 왔다. 형은 바로 간디에게 의향을 물었다.

이 제의를 받은 간디는 자신이 단지 상담만 하면 되는지, 아니면 법정까지 가야 하는지를 알 수가 없었다. 하지만 마음이 끌렸다. 형은 다다 압둘라 회사Daola Abdulla of Co의 동업자 압둘라 카림 자베리Sheth Abdulla Karim Jhaveri를 만나 자세한 사항을 협의하도록 하였다.

압둘라는 별로 어려운 일은 아니며, 기간은 1년 정도이고, 보수는 105파운드라고 했다. 간디는 새로운 경험을 하게 되는 기회에 마음이 끌렸다. 또한 가계에 보탬이 될 거라고 생각하고는 주저하지 않고 제안을 받아들였고 남아프리카로 갈 준비를 했다.

남아프리카로 떠나면서 간디는 그전에 영국으로 갈 때 겪었던 이별의 쓰라림을 느끼지는 않았다. 다만 아내와 떨어져 있어야 하는 것이 힘들 뿐이었다. 영국에서 돌아온 뒤 아이 하나를 더 얻었다. 남아프리카에 대한 매력에 끌려 간디는 이별을 견딜 수 있었다. 일 년 내에 다시 만날 거라는 위로의 말을 아내에게 남기고 봄베이로 향했다.

　　1893년 4월, 간디는 봄베이를 떠나 남아프리카로 가는 항해길에 올랐다. 첫 기항지는 라무Lamu였다. 다음 기항지는 몸바사Mombasa였고 이곳에서 8~10일쯤 있다가 다른 배로 갈아타게 되어 있었다. 몸바사까지 오는 동안 선장과 간디는 친해졌다. 선장은 영국인 한 사람과 간디를 초청하여 함께 보트를 타고 육지로 나갔다. 간디는 이 육지행이 무엇을 의미하는지 전혀 몰랐다. 그들은 호객꾼의 안내로 사창가로 갔으며 각자 방에 들어 갔다. 간디는 묵묵히 서 있었다. 불쌍한 여인이 간디를 어떻게 생각했는지는 오직 신만이 알 것이라고 생각했다. 선장이 불렀을 때 간디는 그대로 나왔다. 간디는 처음에는 수치스럽게 느꼈지만, 곧 두려운 생각이 들었고 이에 따라 수치심이 사라졌으며 여인을 보았을 때 마음이 전혀 움직이지 않은 것에 대해 신神에게 감사드렸다.

　　다음 기항지는 모잠비크Mozambique였고 그곳을 출발하여 나탈Natal에 도착한 것은 5월말경이었다. 남아프리카 나탈의 항구는 더반Durban이며 나탈 항으로 알려져 있기도 하다. 압둘라가 마중 나와 있었다.

　　회사에 도착하자, 압둘라는 간디가 가지고 온 편지를 읽고 당혹감을 감추지 못했다. 인도 지사가 압둘라와 상의 없이 일을 추진하였던 것이다. 특별한 일은 없었다. 그들의 송사는 트란스발Transvaal에서 다루도록 되어 있었다. 즉시 간디를 그곳에 보내야 할 일도 없었다. 피고들은 프리토리아에 있었고 모르기는 해도 간디에게 부적절한 수작을 부릴지도 모른다고 압둘라는 생각하고 있었던 것 같다. 모든 일을 압둘라의 서기들이 다하고 있으니 만큼 문제의 송사와 관련해서 간디에게 일거리를 맡기지 않을 수도 있었다. 그렇게 되면 무슨 일을 할 수 있을지 모르는 일이었다. 서기들은 잘못을 저지르면 벌을 줄 수도 있었다. 간디 자신도 잘못이 있으면 역시 그러지 않을까 짐작해 보기도 했다. 이 사건에 관해 일거리가 맡겨지지 않는다면 그로서는 그저 소일을 할 수밖에 없게 된다.

압둘라는 문맹이었지만 많은 경험을 갖고 있었다. 은행 간부나 유럽 인사들과의 관계 등 사업상 거래를 할 때나 영국 관리들과 접촉할 때도 자기 생각을 설명하는 데 언어상으로 아무런 불편이 없었다. 인도인들은 그를 매우 존경한다. 그의 회사는 인도 회사 중 가장 큰 회사들 가운데 하나였다. 이런 이점에도 불구하고 한 가지 결점이 있었다. 천성적으로 의심이 많았다. 그는 이슬람교를 자랑하고 이슬람 철학에 관해 논하기를 좋아했다. 아랍어는 모르지만 코란과 이슬람교 문헌에 대한 그의 지식은 상당한 수준이었다. 간디는 그와 접촉하면서 이슬람교에 관한 실제 지식을 상당히 터득할 수 있었다. 서로 가까이 지내게 되고 종교 문제에 관해 오랜 시간 토론하기도 했다.

간디가 도착한 지 2~3일 지난 뒤 그는 더반 법정으로 안내하였다. 여러 사람에게 간디를 소개시켰고 그의 고문 변호사 곁에 앉도록 하였다. 재판장이 간디를 줄곧 주시하다가 터번을 벗으라고 했지만 이를 거부하고 법정을 나와버렸다. 압둘라는 간디에게 인도인에 대해 법정에서 터번을 벗도록 하는 이유를 설명했다. 무슬림의 복장을 하고 있는 사람은 터번을 써도 되지만 그밖의 인도인들은 법정에 들어서면 규칙상 벗도록 되어 있다는 것이다.

인도인들이 여러 집단으로 분열되어 있다는 것도 알았다. 그 하나는 무슬림 상인 집단으로 그들은 스스로 '아랍인'으로 자처하고 있었다. 다른 한 집단은 힌두교 서기들이며 그밖에 파르시 서기였다. 힌두교 서기들은 '아랍인'들과 운명을 같이하지 않으면 설 자리가 없다. 파르시 서기들은 자신들을 페르시안이라고 부른다. 이들은 서로 어느 정도 관계를 갖고 있다. 그러나 최대 집단은 타밀족Tamil, 텔구족Telugu, 북인도인North Indian 등 계약 노동자와 자유 노동자로 구성되어 있다. 계약 노동자란 5년간 일하기로 계약하고 나탈에 온 인도인들이다. 이들은 이곳에서는 기르미트Girmit에서 온 기르미트야Girmitiyas로 불린다. '기르미트'는 영어의 'agreement'라는 말이 와전된 것이다.

이들은 다른 집단과는 달리 단지 사업상의 관계만 있을 뿐이다. 영국인은 이들을 쿨리Coolies라 불렀다. 인도인 대부분은 노동자 집단에 속해 있기 때문에 인도인 모두가 '쿨리'라고 불리었고 또는 새미Samis라고도 불렀다. 새미란 타밀인 대부분의 이름 끝에 붙여 있어 그렇게 말했다. 그것은 곧 산스크리트의 '스와미'Swami이며 '주인'master이라는 경칭을 의미한다. 인도인들은 새미라고 부르면 분노하지만 그럴 때마다 재치 있게 말한다. "당신이 나를 '새미'라고 부르는데 그 말은 '마스터주인'라는 뜻이라는 것을 모르고 있는 거요. 나는 당신의 주인이 아니라는 말이오!"

어떤 영국인은 이에 움츠러들지만 다른 영국인들은 화를 내고 욕을 퍼붓기도 한다. 어떤 때는 때리기도 한다. '새미'라면 바로 모욕의 말로 여기기 때문이었다. 주인이라는 의미로 해석해 주었는데, 그것이 모욕이 된다니 어처구니 없는 일이다.

간디는 쿨리 변호사로 불리었다. 상인들은 쿨리 상인으로 알려지고 있었다. 쿨리라는 말은 이처럼 모든 인도인에 대한 일반적인 호칭이었다. 무슬림 상인들은 화를 내며 자신은 쿨리가 아니라 '아랍인'

이라든가 또는 상인이라고 항변했다. 예의바른 영국인이면 사과하기도 한다. 그래서 터번을 쓰는 문제는 매우 중요하였다. 인도인은 터번을 벗도록 하는 것이 의무로 되어 있다는 것은 모욕을 참는 일이 된다. 그래서 간디는 인도 터번과 고별하고 영국 모자를 쓰기로 했다. 그러면 모욕을 당하지 않게 되고 불쾌한 논쟁에서 벗어날 수 있을 것이라고 생각했다. 그러나 압둘라는 만약 간디가 모자를 쓴다면 웨이터로 보게 될 거라며 말렸다.

인도인 계약 노동자는 세 가지 부류가 있었다. 힌두교도, 이슬람교도, 기독교도 등 셋이다. 기독교도들은 대부분 기독교로 개종한 계약 노동자로 온 인도인들의 자손들이다. 1893년 당시만 해도 그 수가 많았다. 그들은 영국 복장을 하고 있었고 대부분 호텔 웨이터로 일하면서 생계를 꾸려 갔다. 압둘라가 영국 모자를 빗대어 말린 것은 이들을 지칭한 것이었다. 호텔에서 웨이터로 일하는 것은 격이 낮은 것으로 생각하고 있었고 많은 이들도 그런 생각을 갖고 있었다.

간디는 터번 사건에 관한 신문의 기고를 통해 법정에서 터번 쓰는 것을 옹호했다. 이 문제를 두고 신문지상에서는 많은 논란이 벌어졌고 어떤 기고자는 간디를 '달갑지 않은 방문객'이라고 했다. 그래서 이 터번 문제는 남아프리카에 도착한 지 며칠도 안 돼 간디를 위해 예기치 않은 광고를 해준 셈이 되었다. 간디를 지지하는 사람이 있었는가 하면 무모한 만용이라고 비난하는 사람도 있었다. 간디는 남아프리카에 체류하는 동안 끝까지 터번 쓰기를 지켰다.

간디는 더반에 있으면서 기독교 인도인과도 만났다. 법정 통역관 폴Paul은 천주교도였다. 그와 친하게 지냈다. 나중에 고인이 된 수반 고드프리Subhan Godfrey하고도 교우관계를 가졌다. 고드프리는 남아프리카 대표단의 일원으로 1924년 인도를 방문했던 제임스 고드프리James

Godfrey의 아버지다. 고드프리는 신교전도단에서 일하는 교사였다. 그 무렵 루스톰지Rustomji와 아담지 미야칸Adamji Miyakhan도 만나게 된다. 이 친구들 모두는 서로 사업관계가 아니면 만난 일이 없었다가 간디와 더불어 친밀하게 지내게 되었다.

간디가 이처럼 교우관계를 넓히고 있던 중 다다 압둘라 회사 변호사로부터 편지가 왔다. 소송 준비를 진행해야 된다면서 압둘라가 직접 프리토리아로 오던가 그렇지 않으면 대리인을 보내달라는 내용이었다. 압둘라는 이 편지를 주면서 프리토리아로 가지 않겠느냐고 물었다. 간디는 사건을 파악한 다음에 결정하겠다고 하고 이 사건 내용을 검토하기 시작하였다.

잔지바르에 며칠 동안 정박해 있을 때 그곳 재판 과정을 보기 위해 법정에 간 일이 있었다. 변호사가 증인을 신문했고 회계 장부의 입출금 내용에 관해 질문을 하였다. 하지만 도무지 무슨 말인지 알 수 없었다. 회계에 대해서는 배운 일이 없었다. 그런데 이곳 소송의 내용은 주로 회계와 관련된 것이었다. 회계를 아는 사람만이 이 사건을 알고 설명할 수 있었다. 서기는 열의를 가지고 설명했지만 간디로서는 혼란스러웠다. 피 노트P. Note가 무엇인지도 몰랐다. 사전을 찾아도 그런 말은 없다. 서기는 피노트란 약속어음이라고 설명해 주었다. 간디는 회계장부에 관한 책을 사서 공부했다. 약간 자신이 생겼고 사건 내용을 이해하게 되었다.

간디는 프리토리아로 갈 준비가 됐다고 하자 압둘라는 변호사에게 편지를 보내 숙소를 마련해 주기로 했다. 이에 간디는 그러겠다고 하고 가능하면 법정 밖에서 사건을 해결하도록 하겠다고 했다. 소송 상대방은 그의 친척이었다.

하지 칸 무함마드Haji Khan Muhammad는 압둘라의 가까운 친척이었다.

해결이 가능하다는 말에 압둘라는 놀란 모양이었다. 간디는 더반에 머문 지 6~7일이 되었고 압둘라와 서로 알고 이해하게 되었다. 그는 법정 밖에서 해결하면 좋지만 친척이라 서로를 잘 알고, 테브가 쉽게 동의할 사람이 아니라며 우려를 표했다. 간디는 테브에게 양해를 구하여, 불필요한 소송으로 많은 시간을 허비하지 않는 것이 좋을 것이라고 넌지시 권고만 하겠다고 말했다.

일등석이 예약되어 있었다. 침대가 필요하면 5실링을 더 지불하면 되었다. 압둘라가 침대칸을 예약하도록 했으나 5실링을 절약하기 위해 거절하였다. 압둘라는 돈을 아끼지 말고 필요하면 쓰라고 했다.

기차는 저녁 9시경 나탈의 수도 마리츠버그Maritzburg에 도착했다. 이 정거장에서 침대를 배정받도록 되어 있었다. 역 직원이 와서 침대를 원하느냐고 물었지만 필요없다고 하자 가버렸다. 그런데 한 승객이 간디를 위아래로 훑어 보더니 간디가 유색인종Coloured[8]이라는 것을 알아차리고는 기분이 언짢아진 모양이다. 그가 나가더니 역 직원 두 사람과 함께 되돌아 왔다. 그들 모두 가만히 있었지만 다른 직원이 와서는 화물칸으로 가라고 했다. 간디는 일등표를 가지고 있다고 했지만 그들은 막무가내로 화물칸으로 가라고 했다. 간디는 그렇게 못하겠다고 했다. 결국 경찰관이 와서 간디의 손을 붙들고 밀어냈다. 여행 가방도 끌어내렸다. 간디는 다른 칸으로 가기를 거부했고 기차는 떠났다. 내팽겨진 가방은 바닥에 그대로 두고 손가방만 가지고 대합실에 가서 앉았다. 여행 가방은 철도 직원이 맡아주었다.

그때는 겨울이었다. 남아프리카 고원지대의 겨울은 매우 추웠다. 마리츠버그는 높은 고도에 있어 추위가 몹시 심했다. 외투는 가방 속에 있었으나 또 다시 모욕당할까봐 가방을 달라고 하지 않았다. 앉아서 떨고 있었다. 대합실에는 전등도 없었다. 한밤중에 한 승객이 말을 걸어 왔지만 대꾸할 기분이 아니었다.

여기서 간디는 자신의 해야 할 일에 대해 생각하기 시작했다. 자신의 권리를 위해 투쟁해야 할 것인가. 아니면 인도로 되돌아 갈 것인가. 모욕을 무릅쓰고 프리토리아로 가서 소송 일을 끝낼 것인가. 맡은 일을 다하지 않고 인도로 되돌아 간다면 비겁한 자가 될 것이다. 자신이 당한 일은 오직 유색인종에 대한 깊은 편견의 한 단면에 지나지 않은 것이다. 가능하면 이 병폐를 뿌리뽑기 위해 어떤 고난도 이겨내야겠다고 생각하였다. 잘못은 반드시 고쳐야 하며 유색인종에 대한 편견을 없애기 위해 필요한 모든 노력을 기울여야 한다고 결정하고 다음 프리토리아행 기차를 타기로 결심했다.

다음날 아침 간디는 철도회사 총지배인에게 장문의 전보를 치고 동시에 압둘라에게도 알렸다. 압둘라는 즉시 책임자를 만났다. 그는 철도역 직원들의 행동이 정당했지만, 역장에게 간디가 목적지까지 안전하게 도착하도록 돌보아 주라는 지시를 내렸다고 하였다. 압둘라는 마리츠버그의 인도인 상인들과 그밖의 다른 지역의 친구들에게 전보를 쳐서 간디를 만나 잘 보살펴주도록 당부했다. 상인들이 정거장으로 마중나와 간디를 만났다. 그들은 자신들이 겪고 있는 인종차별을 말하고는 간디가 당한 일은 흔한 일이라고 하였다. 또한 일등칸이나 이등칸에 타고 여행하는 인도인은 철도직원과 백인들에게 괴롭힘을 당하는 것을 각오해야 한다고 하였다. 그날은 이런 얘기를 들으면서 하루를 보냈다.

밤 열차가 도착했다. 간디의 자리가 예약되어 있었다. 이제는 더반에서 예약을 거절했던 침대표를 마리츠버그에서 구입했다. 기차는 찰스타운Charlestown으로 향했다.

5. 고난의 연속

　기차는 다음날 아침 찰스타운에 도착했다. 그 무렵에는 찰스타운과 요하네스버그를 연결하는 철도가 없어 역마차를 타야 했다. 역마차는 밤중에 스탠더톤Standerton에서 멈추었다. 간디는 역마차 승차권을 가지고 있었다. 마리츠버그에서 하루 동안 머물러 여행을 중지했지만 취소되지는 않았다. 압둘라가 찰스타운에 있는 역마차 사무소에 전보를 쳐 놓았다.

　그러나 정류장 사무소 직원은 간디가 이방인인 것을 알고 표가 취소되었다고 거짓말하였다. 간디는 정당함을 내세웠다. 정류장 직원은 자리가 없다는 핑계를 댔지만 속내는 달랐다. 간디도 승객이니만큼 역마차 안 좌석에 앉혀야 하는데, 그는 '쿨리'인 데다 이방인이니 백인들과 함께 앉히는 것은 적절치 않다고 생각한 것이다.

　마차를 운행하는 마부가 앉는 마부대馬夫臺에는 마부석 양쪽에 자리가 있고 그 한 자리에 차장이 앉도록 되어 있었다. 그런데 차장은 마차 안에 들어가 앉고 그 자리에 간디가 앉도록 하였다. 그건 분명 부당한 짓이고 모욕이지만 참기로 했다. 억지로 안에 들어가 앉을 수도 없었다. 항의하면 그를 태우지 않고 마차는 떠날 지도 모른다. 그러면 하루를 더 소비하게 된다. 신만이 그 다음날 어떤 일이 벌어질지 알 따름이다. 괴로워도 조심스레 마부 옆자리에 앉았다.

　3시쯤 역마차는 중간 정류장에 도착했다. 이제는 차장이 간디가 앉은 자리에 앉고자 하였다. 담배도 피우고 맑은 공기를 마시고 싶었던 것 같았다. 그는 마부로부터 더러운 마대를 하나 얻어다가 발판에 펼쳐 놓고는 간디에게 앉으라고 말했다. 간디로서는 견딜 수 없는 모욕이었다. 겁에 질린 목소리로 말했다.

"내가 마차 안에 앉아야 함에도 굳이 여기에 앉도록 한 것은 바로 당신이 아니오. 나는 그 모욕을 참았소. 이제는 당신이 나를 당신 발 밑에 앉으라고 하는군요. 그렇게는 못하겠소."

이렇게 항변하자 그 사나이는 간디에 다가와 뺨을 때렸다. 그리고는 간디의 팔을 붙들고 끌어 내리려고 했다. 간디는 마부대의 난간을 붙들고 매달려 결코 그것을 놓지 않겠다고 마음먹었다. 그는 간디에게 계속 욕을 퍼부으면서 끌어 내리려고 때리는 광경을 승객들은 보고만 있었다. 그러나 간디는 계속 매달려 있었다. 그는 힘이 강했고 간디는 약했다. 승객 몇 사람이 마음이 흔들려 측은한 생각이 들었던지 간디를 그 자리에 있게 하던지 아니면 안으로 들어와 앉도록 하라고 외쳤다. 하지만 차장은 무슨 상관이냐고 소리지르고는 약간 멋쩍은 듯 풀이 죽어 때리는 것을 멈췄다. 간디의 팔은 놓았으나 욕을 계속하고는 마부대의 다른 옆자리에 앉아 있는 호텐토토Hottentot: 남아프리카의 한 종족 하인 보고 발판에 앉으라고 했다. 그 자리가 비자 거기에 앉았다. 승객들이 모두 자리에 돌아갔고 호루라기가 울려 역마차는 흔들거리며 출발하였다.

간디는 화가 나 가슴이 뛰었고 과연 살아서 목적지까지 갈 수나 있을지 걱정이었다. 그 사내는 때때로 간디를 노려보고 손가락질하면서 협박했다. 간디는 말없이 앉아 신의 가호만 빌었다. 어두워진 뒤 역마차는 스탠더톤에 도착했다. 인도인 얼굴을 보고 간디는 안도의 숨을 내쉬었다. 인도인 친구들이 마중나와 있었다.

간디는 매우 고맙게 여겼다. 일행과 함께 이사 하지 수마르Isa Haji Sumar의 회사로 갔다. 이사와 그 서기들이 간디를 둘러싸고 앉았다. 간디는 그동안의 일들을 얘기했다. 그것을 듣고 그들은 매우 유감이라하며 그들이 겪은 쓰라린 경험을 말하며 간디를 위로하였다.

간디는 자신이 겪은 일을 역마차 회사에 편지로 알렸다. 차장이 행한 위협에 관심을 기울이도록 강조하였다. 또한 다음날에는 다른 승객들과 함께 마차에 앉아가도록 보장해 주기를 요청했다. 역마차 정류소 사무소는 다른 사람이 안내하는 보다 큰 역마차로 갈 것이며, 다른 사람들과 함께 앉아 갈 것이라는 답변을 해주었다. 약간 안심이 되었다. 자신을 폭행한 자에 대해 고소할 것은 그만두기로 했고 그 일은 그것으로 끝났다. 다음날 목적지에 무사히 도착했다.

스탠더톤은 조그마한 마을이었고 요하네스버그는 대도시였다. 압둘라가 그곳에도 전보를 쳐놓았고 간디에게 무하마드 카삼 캄루딘 Muhammad Kasam Kamruddin의 회사 이름과 주소를 알려 주었다. 회사 직원이 마중 나왔지만 서로를 찾지 못해 그는 호텔로 갔다. 몇몇 호텔 이름은 알고 있었다. 승합 마차를 타고 그랜드 내셔날 호텔로 가자고 하였다. 호텔에 도착하여 방을 달라고 하자 데스크 직원은 한동안 쳐다 보더니 점잖게 방이 없으니 가라고 했다. 호텔에서 나와 간디는 마차꾼에게 무하마드 카삼 캄루딘의 회사로 가자고 했다.

압둘 가니Abdull Gani가 기다리고 있었고 친절하게 맞이했다. 그는 호텔에서 있었던 얘기를 듣더니 웃으며 호텔에서 받아주리라고 생각했냐고 물었다. 왜 안 되느냐는 간디의 물음에 그는, 며칠 있으면 알게 될 거라 하고는 덧붙여, 돈을 벌기 위해 모욕을 당해도 참아야 여기서 살 수 있다고 했다.

그는 간디에게 그런 얘기와 함께 남아프리카에 있는 인도인들이 겪고 있는 실상을 들려 주었다.

"내일 프리토리아에는 삼등칸을 타고 가야 합니다. 트란스발 지방의 상태는 나탈보다 훨씬 나쁩니다. 일등표와 이등표는 인도인에게는 절대 팔지 않습니다."

"그 문제를 두고 끈기 있게 노력해 볼 수는 없었던가요."

"우리가 대리인들을 보내곤 하지만 우리들은 일등칸이나 이등칸을 타려고 하지 않습니다."

간디는 철도 규정을 구해 읽어보았다. 빠져나갈 구멍이 있었다. 트란스발의 낡은 법규 용어는 정확하지도 치밀하지도 않았으며 철도 규정은 더욱 그러했다. 간디는 가니에게 일등칸을 타고 갈 것이며 안 되면 마차로 가겠다고 하였다.

가니는 시간과 돈이 더 든다고 주의를 환기시키고는 간디의 제안에 동의하고 역장에 메모를 보내기로 했다. 간디는 메모에 자기는 영국 변호사라는 것을 밝히고 항상 일등칸을 타고 여행했으며 빨리 프리토리아에 가야 하므로 직접 기차역에서 표를 받겠다고 했다. 역장의 답변을 기다리지 않은 것은 분명 안 된다고 답변이 올 것이 뻔했기 때문이었다. 특히 역장은 간디를 쿨리 변호사로 생각할 것이 분명했다. 그래서 영국 정장을 하고 매표소에 직접 가서 일등 차표를 달라고 할 생각이었다. 간디는 넥타이에 프록 코트를 걸치고 기차 삯을 매표창구에 놓고는 일등 차표를 달라고 했다. 매표원이 물었다.

"당신이 바로 메모를 보낸 사람입니까?"

"그렇습니다. 프리토리아에 오늘 도착해야 합니다."

그는 미소를 머금고 기차표를 끊어 주며 말했다.

"나는 트란스발 사람이 아니라 화란인이요. 당신의 기분은 알 만하고 동정이 갑니다. 승차권은 드리도록 하지요. 단 한 가지 조건이 있습니다. 차장이 삼등칸으로 가라고 할텐데 이 일을 두고 나를 들먹이지 마시오. 말하자면 철도회사에 소송을 제기하지 않도록 하는 것 말입니다. 안전한 여행이 되기를 바랍니다. 당신은 신사요."

간디는 감사하다고 말하고 그의 말을 지킬 것을 확약했다. 가니가 전송하러 정거장에 나왔다. 기차표를 산 것을 놀라워 하며 차장과 백인 승객들이 가만히 있을 지 걱정스워 했다.

간디는 일등칸에 자리를 잡았고 차장이 기차표를 점검하러 왔다. 간디가 일등칸에 앉아 있는 것을 보고는 화를 내면서 삼등칸으로 가라고 했다. 간디는 기차표를 보여 주었다. 차장은 계속해서 삼등칸으로 가라고 하자 그 칸의 유일한 영국인 승객이 같은 칸에 타고 있는 것을 상관하지 않는다며 간디를 그냥 두라고 했다. 저녁 8시경 기차는 프리토리아에 도착했다.

6. 정착

고생 끝에 프리토리아에 도착했지만 아무도 나오지 않아 당황했다. 호텔은 받아주지 않을 것이라고 생각하니 막막하였다. 여객들이 다 나간 뒤 개찰원에 차표를 주고는 또 모욕을 당하지 않을까 두려웠지만 용기를 내어 호텔이나 하룻밤 묵을 만한 곳이 있는가 물었다. 그는 친절하게 대답했지만 별 도움이 되지 않았다. 그러자 옆에 있던 흑인이 자신이 아는 호텔 주인은 방을 줄 거라며 동행하자고 하였다. 좀 의심스러웠지만 그의 말을 따르기로 했다.

그는 존스턴가족호텔로 데려 갔다. 주인은 하루만 묵도록 했고 식사는 방에서 하라고 했다. 방에 들어가 앉아 저녁을 기다리며 생각에 잠겨 있었다. 호텔에는 손님이 별로 많지는 않았다. 한참 후 주인이 직접 와서 다른 손님들에게 식당에서 같이 식사를 할 수 있도록 양해를 구했으니 식당으로 가자고 했다. 그에게 고맙다고 하고 식당에서 저녁식사를 하였다.

다음 날 아침 간디는 변호사 베이커Baker 씨를 찾아 갔다. 압둘라가 그의 사람됨을 얘기해 준 바 있다. 베이커는 친절하게 맞이해 주었고 간디에게 여러 가지를 물었다. 간디는 자신에 관해 모든 것을 설명해 주었다. 다 듣고나서 그가 변호사로서 할 일은 없을 것이고 필요하면 도움을 받겠다고 하면서 유색인종에 대한 편견이 심한 곳이라 자신이 소개하는 집에서 하숙을 하라고 하였다.

베이커는 변호사 겸 목사였다. 그는 넉넉하게 생활하고 있었다. 뒷날 변호사는 그만두고 전도사를 하면서 지냈고 간디와 계속 서신을 주고받았다. 그의 편지는 항상 기독교적 관점에서 쓰고 있었다.

여주인은 좋은 분이었다. 간디를 위해 점심으로 야채를 준비해 주었다. 간디는 이제야 가족과 함께 집에 안락하게 지내게 된 기분이었다. 그리고 나서 압둘라가 소개장을 써준 친구를 만나러 갔다. 그로부터 얘기를 들어 남아프리카에 있는 인도인이 겪고 있는 고난에 관해 많은 것을 알게 되었다. 그는 자기와 같이 있어야 한다고 권했지만 고마움을 표하고 이미 숙소를 정했다고 히였다. 그는 무엇이든 필요하면 언제든지 말하라고 친절하게 대했다. 집으로 돌아와 방에 서 깊은 생각에 잠겼다. 지금 당장 그로서는 할 일은 없었다. 압둘라에게 이런 사정을 알렸다.

베이커의 기도회 참석 권유를 받은 다음 날 기도회에 갔다. 그곳에서 해리스, 갭, 코츠 그리고 그밖의 여러 사람을 소개받았다. 이들의 모임에는 찬송가는 없었다. 매일 특별한 것을 소원하는 기도를 올린 뒤 각자 점심식사를 하러 갔다. 하리스와 갭은 노처녀였고 코츠는 퀘이커 교도였다. 두 노처녀는 함께 살고 있었고 일요일마다 그들의 집으로 초대했다. 간디는 일요일마다 일주일 동안 쓴 종교일지를 코 츠에게 보여 주고 그동안 읽은 책에 관해 토론하였다. 코츠는 마음에 있는 모든 것을 털어 놓는 진솔한 젊은이였다. 서로 친해지면서 그는 간디에게 자기가 선정한 책을 주기 시작했고 간디의 서가에는 그 책 들로 가득차게 되었다.

1893년에 간디는 이런 책들을 많이 읽었다. 회고록에서 모두 기 억하지는 못했지만 파커Parker의 『주석서』*The Commentary*, 피어슨Pearson의 『참된 증거』*The Many Infallible Proofs* 그리고 버틀러Butler의 『종교의 비유』 *The Analogy*는 기억하고 있었다. 이 책들 가운데 버틀러의 『종교의 비 유』는 간디에게 매우 깊은 감명을 주었으나 좀 어려워 여러 번 읽어 야만 이해할 수 있었다. 이 책은 무신론자를 개종시킬 목적으로 쓰여 졌다. 신의 존재를 증명하려는 것은 그에게는 의미가 없었다.

코츠는 간디에게 매우 깊은 애정을 가지고 있었다. 그는 간디가 목에 걸고 있는 바이슈나바 목걸이[9]를 보고는 미신이니 그 목걸이를 없애라고 하였다.

간디는 어머니가 자신을 사랑하는 마음으로, 자신의 행운을 기원 하며 준 것이라 아무런 이유 없이 목걸이를 없앨 수 없다고 하였다.

그는 간디의 이러한 설명을 받아들이지 않았다. 그는 간디의 종교 관을 전혀 존경하지 않았기 때문이다. 그는 마치 간디를 무지의 늪에 서 구원해 주어야 한다는 사명감을 가진 것 같았다. 그는 간디에게 오직 진리를 말하고 있는 기독교를 받아들이지 않는 한 간디에게는 구원은 불가능하며 예수께 기도하지 않고는 죄도 씻을 수 없고, 구원 도 없으며 어떤 선행도 소용없다는 것 등을 확신시키려고 하였다.

코츠는 간디에게 많은 책을 소개했던 것과 마찬가지로 기독교인 친구들을 소개했다. 코츠를 통해 여러 사람들과 접촉한 것은 대체로 좋은 일이었지만 간디는 이들을 만나기 전에 모든 기독교도가 그 같은 속죄를 믿는 것은 아니라는 것을 알고 있었다. 코츠도 하나님을 두려워하였다. 그는 순수했고 자기 정화의 가능성을 믿고 있었다. 간디가 만난 두 노처녀도 이같은 믿음을 가지고 있었다.

7. 종교 생활

베이커는 간디를 생각하여 웰링턴 집회에 데리고 갔다. 신교도들은 종교적 계발啓發, 즉 자아정화自我淨化를 위해 2~3년마다 이런 모임을 갖는다. 이를 부흥전도집회라고 부르기도 한다. 웰링톤 집회는 이런 성격의 모임이었다. 집회장은 앤드류 머리Andrew Murry 목사였다. 베이커는 간디로 하여금, 이 집회를 통하여 기독교를 받아들이기 바랐다. 그의 궁극적 희망은 기도의 효력이었다. 신은 열심히 드리는 기도에 응답한다는 것이 그의 굳은 믿음이었다. 간디는 그의 기도의 효력에 관한 설명을 편견없이 주의깊게 들었고 만약 하나님의 소명을 느낀다면 자신이 기독교를 수용하지 못할 이유가 없을 거라고 생각하였다. 마음속 깊이 울려오는 소리를 따르고자 다짐한 지 오래였다. 간디는 기쁜 마음으로 이를 받아들였다. 이를 어기는 행동을 한다는 것은 어려운 일이며 또한 고통이라 느꼈다.

웰링톤 집회는 독실한 기독교인들의 모임이었다. 머리 목사도 만나 보았다. 간디는 자신을 위해 많은 사람들이 기도하는 것을 보았고, 그들이 부르는 찬송가 중 몇 가지는 좋았고 감미로웠다. 집회는 3일 동안 계속되었다. 간디는 여기에 참석한 사람들의 열성, 신앙심,

기도, 예배를 이해할 수 있었고, 높이 평가했지만 자신의 종교를 바꾸어야할 하등의 이유가 없었다. 그로서는 기독교도인 되어야 천당에 간다든가 구원을 얻는다고 믿는 것은 불가능하였다. 이를 기독교인 친구들에게 솔직하게 얘기를 했더니 그들은 충격을 받았다. 그러나 어쩔 수 없었다. 예수는 신의 유일의 화신이고 예수를 믿는 자만이 영원한 생명을 얻는다는 것을 믿을 수 없었다. 신이 만약 아들을 두었다면 우리 모두가 그의 아들이다. 예수가 신과 같거나 또는 신 자신이라면 모든 사람은 신과 같고 신이 될 수 있을 것이다.

또한 예수가 대속자代贖者이며 성스러운 교사라는 것은 인정할 수 있지만 가장 완전한 인간으로 태어났다고 받아들일 수는 없었다. 십자가에서의 그의 죽음은 인류의 위대한 모범이지만 거기에 신비로운 기적과 같은 것은 받아들일 수 없었다. 희생이라는 점에서는 힌두교가 기독교보다 훨씬 뛰어나다고 보았고 자신으로서는 기독교가 완전한 종교라든가 가장 위대한 종교라고 생각한 일은 없었다.

기독교도 친구들이 간디를 기독교로 개종시키려고 애썼던 것과 마찬가지로 이슬람교도들 또한 그러했다. 압둘라는 계속 이슬람교를 공부하도록 했고, 이슬람교의 좋은 점을 말했다. 간디는 라이찬드에게 편지로 자신의 고민을 호소하였다. 또한 인도에 있는 다른 종교 권위자들과도 서신 교환을 하였다. 라이찬드의 답장은 간디에게 약간의 평온을 되찾게 해 주었다. 라이찬드는 인내심을 가지고 힌두교를 보다 깊이 연구하도록 권유하였다.

한편 영국에 있는 기독교도 친구들과도 서신을 교환했다. 그 가운데 한 사람이 애드워드 메이틀랜드Edward Maitland를 소개해 주었고 그와도 서신을 나눴다. 그는 안나 킹스포드Anna Kingsford와 공저한 『완전한 길』The Perfect Way을 보내 주었다. 이 책은 당시 기독교 신앙에 반대한 내용이었다. 그는 또 『새성경해석』*The New Interpretation of the Bible*도 보내왔다. 모두 좋아했다. 톨스토이의 『신의 왕국은 너의 안에 있다』는 간디를 압도했다. 이 책은 간디에게 평생 잊지 못한 책들이었다. 이 책의 깊은 도덕성 그리고 진실성 때문에 코츠가 보내 주었던 그 모든 책들이 퇴색되었다.

간디는 애드워드 메이틀랜드와는 상당히 오랫동안 서신 교환을 했으며 라이찬드와는 죽을 때까지 계속하였다. 간디는 라이찬드가 보내준 인도 고전도 읽었다.

간디는 기독교 친구들이 간디에게 바랐던 길을 택하지는 않았으나 그들이 자신에게 깨우쳐 준 종교 문제에 대한 탐구에 관해 그들에게 신세진 것을 잊지 않았다.

8. 실상

프리토리아에서 테브는 압둘라가 나탈에서 누리고 있는 것과 같은 위치에 있었다. 그의 도움 없이는 그 어떤 공적인 활동도 할 수가 없었다. 간디는 프리토리아에 도착한 바로 첫 주에 그를 만났고 프리토리아에 있는 인도인 모두와 만나고 싶다는 의향을 밝혔다. 이곳 인도인의 실태를 연구하고 싶다고 하고 도와줄 것을 부탁하였더니, 그는 흔쾌히 승낙하였다.

간디는 먼저 프리토리아에 있는 모든 인도인의 모임을 열도록 하고, 그들에게 트란스발에서 자신들의 처지에 대해 말하도록 하였다. 집회의 참석자들 대부분 무슬림 상인들이었고 힌두교도도 있었지만 소수에 불과했다. 이 모임에서 간디는 연설을 하였다. 그것은 생애 처음으로 행한 대중 연설이었다. 연설 주제는 사업에 있어 진실성을 지키는 문제에 관한 것이었다. 간디는 평소에 상인들은 의례히 사업에서 진실성이란 불가능하다고 것을 듣고 있었다. 그는 그렇지는 않다고 생각하였고, 그런 생각은 평생 변함이 없었다. 상인들은 진실성은 사업과는 관계가 없으며 진실은 종교의 문제라면서 사업과 종교는 전혀 다른 것이라고 주장했다. 간디는 그들이 지녀야 할 책임 의식을 깨우쳐 주었다. 진실성을 지켜야 하는 것은 외국에서는 더욱 필요하다고 설득하였다. 이곳 인도인 몇 사람의 행동은 곧 조국 수백만 동포의 행동을 가늠하는 척도가 된다는 취지였다.

그밖에도 인도인들의 생활습관이 비위생적이라는 것을 알고 있었던 터라 위생 문제에 주의를 기울이도록 했다. 또한 힌두교도를 포함한 모든 종교간 차나 출신의 차별을 버려야 할 필요성을 역설하였다. 인도인 이주자의 어려움과 관련, 당국에 대표자를 보내도록 하기 위해 협회를 만들 것을 제의했다. 또한 시간이 나는 대로 봉사를 하겠다고 하였다.

간디의 연설에 이어 토론이 있었다. 그들 가운데 영어를 아는 사람이 극소수라는 것을 알게 되었다. 이곳에서는 영어가 필요하므로 시간적 여유가 있는 사람들을 위한 영어 강좌를 열겠다고 하였다. 강좌가 열리지는 않았지만 세 사람이 틈틈이 배우기를 원했다. 그들 중 둘은 무슬림이었는데 한 사람은 이발사였고 한 사람은 서기였다. 힌두교도는 조그마한 상점 직원이었다. 그들 모두 향학열向學熱이 높은 것은 아니었지만 둘은 약 8개월 만에 상당한 진척을 보였다. 회계장부를 기재하고 통상적인 거래 서신을 할 수 있게 되었다. 이발사는 손님들과 손쉽게 영어로 얘기할 수 있는 능력만 터득하면 된다고 생각했던 것 같다. 영어를 잘 공부한 결과 두 사람은 수입을 늘릴 수 있는 능력을 갖추게 되었다. 간디는 그들을 만나 영어를 가르친 것에 만족했다. 그 덕분에 간디는 프리토리아에서는 자신을 모르는 인도인은 없었고 그들의 개인적 사정을 모르는 인도인도 없었다.

이에 자극을 받아 간디는 프리토리아의 영국 정무관 제코버스 웨트Jacobus de Wet를 잘 알아 두어야 겠다고 마음먹었다. 그는 인도인에 대해 동정심은 갖고 있었지만 별 영향력이 없었다. 그러나 그는 간디에게 힘 닿는 대로 인도인들을 돕겠다며 자기를 만나고 싶으면 언제든지 찾아와도 좋다고 하였다.

간디는 철도 당국자와의 면담과 서신을 통해, 철도 규정에 따른다고 해도 인도인이 여행 때 겪는 차별의 불편은 정당화될 수 없다고 하였다. 이에 품위 있는 복장을 한 인도인에게는 일등칸과 이등칸의 기차표를 발행하겠다는 답변을 받았다. 하지만 품위 있는 복장을 결정하는 것은 매표 창구 직원의 판단에 달려 있어 그 답장이 적절한 해결책과는 거리가 멀었다.

한편 영국 정무관과 테브는 간디에게 인도인의 사정을 다룬 신문들을 보여 주었다. 이 신문들을 통해 오렌지자유국Orange Free State에서 인도인들이 얼마나 가혹하게 추방되었는지 알게 되었다. 프리토리아에 있는 동안 간디는 트란스발과 오렌지자유국에 있는 인도인들의 사회·경제·정치 사정을 깊이 연구하였다. 이때의 연구가 얼마나 중요한 것인지 그때는 알지 못했다. 소송 문제가 마무리되면 바로 인도로 돌아 갈 생각을 하였지만 신은 그를 다른 길로 인도하셨다.

오렌지 자유국에서 인도인들은 1888년 혹은 전에 제정된 특별법에 의해 모든 권리를 박탈당했다. 이곳에 머물려면 호텔 웨이터로 일하거나 또는 다른 하찮은 일을 하는 길밖에는 없었다. 상인들은 형식적인 보상만 받고 추방당했다. 그들은 대표자 모임을 갖고 청원을 했으나 허사였다. 트란스발에서는 1885년에 보다 엄한 법률이 제정되었다. 그 법률이 1886년에 약간 수정되었는데, 모든 인도인은 트란스발에 입국할 때는 3파운드의 인두세를 지불해야 한다는 내용이었다. 또한 인도인은 지정된 지역 이외에는 토지를 소유하지 못하도록 하고 있었지만 실제로 소유권은 인정되지 않았고 선거권도 없었다. 이 모든 것은 아시아인 특별법에 규정되어 있는 것이고 아시아인에 대해서는 유색인종에 적용되는 법률 또한 준수하도록 되어 있었다. 인종 차별법에 의해 인도인은 인도人道에서는 걷지 못하게 되어 있고 저녁 9시 이후로는 허가없이 문밖으로 나돌아 다닐 수 없도록 규제하고 있었다. 이 규정은 인도인에 관한 한 자의적으로 강제되고 있었다. 아랍인으로 행세하는 사람들은 혜택을 입었다. 이 면제는 경찰의 호의에 달린 것이었다.

간디는 코츠와 함께 종종 산책을 하였고 밤 10시 이전에 집에 돌아오는 일은 드물었다. 경찰에게 체포될 수 있었다. 코츠는 간디보다도 더 신경이 쓰였다. 그는 흑인 하인에게는 통행증을 발행했지만 간디에게 통행증을 발행하려니 난감하였다. 그것은 주인과 하인의 관계가 아니니만큼 부정행위가 되기 때문이다. 그래서 코츠는 간디를 주 대표 검사 크라우제Krause에게 데려 갔다. 그는 통행증을 마련해 주는 대신 경찰의 관여 없이도 언제든지 24시간 집 밖에 나다닐 수 있는 권한을 부여하는 통행증명서를 써 주었다. 간디는 항상 밖에 나다닐 때는 이것을 간직하였지만 활용한 적은 없었다.

어느날 간디는 대통령 저택 부근 거리를 지나 공터 평지로 산책하곤 했다. 크루거 대통령President Kruger[10]의 저택이 있었다. 그다지 크지도 않고 정원도 없는 검소한 건물로 그 이웃집들과 별 차이가 없었다. 크루거 대통령의 검소한 생활은 널리 소문이 나 있었다. 집 앞에 경찰이 순찰하고 있는 것만이 이 집이 어느 관료의 집이라는 것을 말해주고 있을 뿐이다. 순찰을 도는 경관이 수시로 바뀌곤 했다.

어느 날 이 거리에서 순찰관 한 사람이 간디에게 아무런 경고도 없이 인도에서 나가라며 밀치고 발로 차 길거리로 내몰았다. 간디는 당황했다. 경관의 행동을 항의하려고 하고 있던 차에 마침 코츠가 바로 그곳을 말을 타고 지나가다가 그 광경을 보았다.

이 일로 그는 소송을 제기하라고 했지만 간디는 개인적인 불만으로 소송을 제기하지 않는다고 하였다. 그는 경관을 나무랐다. 그 경관은 간디에게 정중하게 사과하였다.

이 일이 있고 나서 이 길을 다시는 가지 않았다. 다시 그런 수모를 당하면 소송을 제기해야 하니 그런 일을 해야 할 필요가 있겠는가 생각하고 다른 길을 택했다.

이 일로 간디는 인도인 이주자들에 대한 이해가 보다 깊어졌다. 인종 차별 규정를 가지고 영국 관리를 만나야 하고 필요하다면 소송도 제기하도록 하기 위해 이 문제를 인도인 이주자들과 논의했고, 이들의 어려운 사정을 깊이 있게 연구하게 되었다.

9. 중재

다다 압둘라의 소송은 작은 사건이 아니었다. 소송 금액이 4만 파운드나 됐다. 사업 거래에서 문제가 생겼고 회계상으로 복잡한 문제였다. 소송 당사자들은 가장 유능한 변호사와 법률 고문에게 의뢰해 놓고 있었다. 간디에게 이 사건은 배움의 좋은 기회였다. 그에게 원고의 소송 서류 작성 준비와 소송을 뒷받침하는 사실에 대한 면밀한 조사가 맡겨졌다. 그가 준비한 서류를 담당 변호사가 어느 정도 받아들이고, 어느 정도 거부하는가 그리고 변호사가 준비한 요약문을 법률 고문이 얼마나 활용하는가 등이 교육이 되었다. 간디는 이러한 일련의 소송 준비를 보면서 소송 절차에 대한 이해력을 증진시키게 되었고 또한 증거를 정리하는 능력도 갖추게 되었다. 그는 이 소송에 깊은 관심을 가지고 거래와 관련된 모든 서류를 읽었다. 의뢰인은 탁월한 능력을 가지고 있었고, 간디를 절대적으로 신뢰하고 있어서 일하기는 쉬웠다.

또한 부기에 관해서도 공부했다. 구자라트어로 되어 있는 거래 서신을 번역하면서 영어 번역 능력도 향상되었다. 프리토리아에서는 종교 문제에 깊은 관심을 갖게 되었고, 공적인 업무에도 관여하여 많은 시간을 할애했지만 그보다는 소송의 준비가 제일 큰 관심사였다. 법률의 관련 조항을 읽기도 하고 필요하면 판례를 찾아보았다. 그 결과 그는 쌍방의 모든 서류를 다 파악하여 당사자들도 알지 못하는 사건 관련 사실을 파악할 수 있었다. 그는 고인이 된 핀커트Pincutt의 사실이 법률의 4분의 3이라는 말을 회상하였다. 남아프리카의 유명한 변호사 레오날드Leonard도 역시 그 말을 분명히 지지하였다. 간디가 맡고 있는 이 사건은 그의 의뢰인 쪽이 정당한 것인 데도 법률상으로는 그렇지 않은 것 같았다. 즉 법률상으로는 자신의 의뢰인에게 불리하였다.

다다 압둘라의 소송을 준비하면서 간디는 사실이 가장 중요하다는 것을 미처 생각하지 않았다는 것을 뒤늦게 알게 되었다. 사실은 진실을 의미하며 진실을 고집하면 법률은 당연히 우리 편일 것이라고 생각했다. 그러나 소송이 장기화되면 원고도 피고도 모두 다 파산할 것이 분명했다. 이 사건이 얼마나 오래갈 지는 아무도 모른다. 법정 밖에서까지 싸움이 계속되도록 허용한다면 갈등은 무한정 계속될 것이고 모두에게 해가 될 것이다. 따라서 가능하면 즉시 사건을 종결시키기를 바랐다.

간디는 생각끝에 테브에게 중재에 응하도록 계속 요구하였고, 그에게 자기의 법률 고문을 만나보도록 권했다. 그리고 그에게 양 당사자가 신임하는 중재자를 지정하면 사건은 빨리 해결된다고 하였다. 변호사들의 수임료가 많아지고 있어 시간을 끌면 비록 소송 의뢰인들이 다 거상이기는 하나 그들 재산을 모두 탕진하게 될 것만 같았다. 그들은 이 소송에만 주의를 집중하여 다른 일을 할 겨를이 없을 정도였다. 시간이 갈수록 감정의 골만 깊어갔다. 간디는 이 일이 지겹게 여겨지기도 했다. 양측 변호사는 각각 그 의뢰인을 지지하여 법적인 관점을 들추어 자문하기 마련이었다. 또한 승소한다 해도 소요된 모든 비용을 회수할 수 없다는 것을 알게 되었다. 법정 수수료 규정에 따르면 소송 당사자 간에 허용되는 비용에는 일정한 한계가 없었다. 의뢰인이 변호사에 지불하는 수임료는 매우 높았다.

간디로서는 참기 어려웠다. 그는 자신이 할 일이 양자가 서로 타협하도록 주선해 주는 것이라 생각하였다. 모든 노력을 기울여 타협을 위해 노력했다. 결국 테브가 동의하게 되었다. 중재자가 지명되었고 중재자 앞에서 사건을 논의하였다. 결과는 압둘라의 승리로 매듭지어졌다. 그러나 간디로서는 미흡하였다. 간디의 의뢰인인 압둘라가 즉각 중재 결과를 집행하도록 요구하기라도 한다면 테브 셰드로서는 당장 지불해야 하는 액수 전부를 감당하기란 불가능하였다. 그가 파산 선고를 받는 것을 원하지 않았다. 한 가지 방법이 있었다. 그로 하여금 분납하도록 하는 것이다. 간디로서는 양자로 하여금 중재에 대한 합의보다도 분할 지불에 동의하도록 양보를 얻어 내는 것이 훨씬 더 어려웠다. 어쨌든 양측은 결과에 만족했고 양쪽 모두에 대한 세간의 평이 높아졌다.

간디는 매우 기뻤다. 그는 법의 진정한 활용을 배웠다. 인간의 선한 면을 발견했고 사람의 마음속 깊이 파고 드는 것을 배웠다. 변호사의 참된 기능은 양 당사자를 서로 화합시키는 것이라는 것을 생생하게 깨달았다. 이 교훈은 그후 20년 동안 수많은 사건을 당사자끼리 타협하도록 중재하는 데 대부분의 시간을 보냈다. 그렇게 함으로써 아무것도 잃은 것은 없었으며 돈도 자신의 영혼도 잃지 않았다.

10. 투쟁의 시발

소송을 매듭 짓자 프리토리아에 더 있을 이유가 없었다. 더반으로 돌아가 고향으로 돌아 갈 준비를 시작했다. 압둘라는 송별회를 하지 않고 간디를 떠나 보낼 사람이 아니었다. 간디를 주빈으로 정중히 초청하여 시드넘Sydenham: 나탈 주 더반 근처의 해수욕장에서 환송회를 열었다. 그곳에서 하루 더 머물도록 일정을 잡았다.

간디는 몇 가지 신문을 들추어 보다가 신문 귀퉁이에 '인도인 선거권'이라는 제목의 짤막한 기사를 보았다. 기사는 당시 입법의회에 상정되어 있는 법안에 관한 것이었다. 법안은 나탈의회의 의원 선출에 있어 인도인의 선거권을 박탈하려는 것이었다. 간디는 이 법안을 모르고 있었고 환송회에 모인 이들도 마찬가지였다. 간디는 이 법안에 관해 압둘라에게 묻자 정치에 대한 자신의 무력감을 드러냈다. 간디는 젊은 사람들이 왜 도와주지 않느냐고 물었다. 압둘라는 절망하다시피 말했다.

"그들은 우리들과 가까이 지낼 생각을 하지 않아요. 실은 우리도 그들을 별로 인정하려고 하지 않습니다. 그들 대부분 기독교여서 정부의 지배를 받는 백인 서기들의 수중에 있거든요."

간디는 그들도 같은 인도인이라고 주장하고 나서야 하는 것이 아닌가 하는 생각이 들었다. 이것이 기독교 교리가 의미하는 것인가. 그들은 기독교인이 되었기에 인도인이라는 것을 포기했다는 것인가 라는 생각이 스치자 실망스러웠다.

하지만 고향으로 막 돌아갈 참이었고 이 문제에 관해 말하기를 주저했다. 다만 압둘라에게 만약 법안이 확정되어 법률이 되면 그 법률은 우리의 자존심을 뿌리채 흔들 거라고 하였다.

"그럴 겁니다. 선거권 문제를 말해드리지요. 우리는 아무것도 몰랐습니다. 실은 당신도 잘 아는 우리의 변호사 에스콤비Escombe가 우리에게 그 문제를 제기했어요. 그래서 이 문제를 알게 되었습니다. 에스콤비는 입법의회 선거에서 부두 관리인과 대결하게 되었는데 그 부두 관리인이 에스콤비 지지자의 투표권을 빼앗아 자신을 패배시킬지 모른다고 두려워하고 있었지요. 그래서 에스콤비는 우리에게 도움을 청해 우리들이 스스로 투표자로 등록해서 그에게 투표했던 것입니다. 하지만 선거권이라는 것이 우리들을 위해서는 당신이 말하는 것처럼 그렇게 가치가 있는 것은 아니었다는 것을 지금 당신은 보고 있지 않습니까. 우리는 당신이 말하는 것을 이해합니다. 그런데 당신은 무엇을 주장하고 싶습니까."

다른 하객들이 간디와 압둘라의 대화를 주의깊게 듣고 있었다. 그 가운데 한 사람이 출발을 취소하고 이곳에 잠시 머무르면서 이 일을 해결해야 한다고 하였다. 모두 찬성하자 압둘라가 말했다.

"나는 그를 붙들 수 없습니다. 당신들도 마찬가지이지만 우리 모두가 그를 설득하여 머물도록 합시다. 그런데 여러분은 그가 변호사라는 것을 잊어서는 안 됩니다. 그에 대한 수임료는 어떻게 할까요."

수임료 운운하는 것이 거슬려 듣고 있던 중 간디가 개입하였다.

"압둘라 씨, 수임료는 문제가 안 됩니다. 공공公共사업에 수임료란 있을 수 없습니다. 나는 봉사자로서 이곳에 머물 수 있습니다. 그리고 나는 여러분을 잘 알지 못하고 있습니다. 하지만 여러분들이 협력만 한다면 나는 한 달 이상 머물러 있을 용의가 있습니다. 다만 나에게 수임료는 주지 않아도 되지만 우리들이 생각하고 있는 일은 처음부터 일정의 기금 없이는 해 나갈 수 없습니다. 전보도 쳐야 할지 모르고 간행물도 내야 하며, 방문도 해야 하고 지방의 변호사와 협의도 해야 할지 모릅니다. 나는 이곳 법률을 모르기 때문에 참고로 삼기위해 법률 서적이 필요할 것 같습니다. 이 모두 돈이 없이는 일할 수 없습니다. 한 사람이 이 일을 위해 비용을 감당하기는 어려울 것입니다. 많은 사람이 나서서 도와야 합니다."

그러자 한 목소리로 모두의 대답이 울려 퍼졌다.

"알라 신은 위대하고 자비롭습니다. 돈은 들어올 것입니다. 당신이 필요로 한만큼 들어올 것입니다. 원컨대 머물러 있도록 하십시오. 모두 다 잘 될 것입니다."

그리하여 송별회는 운영위원회가 되었다. 만찬회를 끝내고 귀가할 것을 권하고, 간디는 혼자서 앞으로 해 나갈 일의 윤곽을 마음속에 그려보았다. 투표 등록 명단에 있는 사람들의 이름을 알아 내고 한달 동안 머물기로 작정했다. 신은 간디에게 남아프리카에서 삶의 터전을 마련하도록 했고 민족적 자존을 위한 투쟁의 씨를 심었다.

1. 법에 관련된 지혜를 함축하여 표현한 속담. 영어권에서는 라틴어로 된 법언을 많이 사용한다.
2. 구자라트 사람으로 당시 인도 법조계의 일인자로 알려졌다. 웅변을 잘하기로 유명했다.
3. 웅변으로 유명한 변호사. 인도국민회의의 지도자.
4. 모두 6권으로 구성되어 있다. 2권은 케이가 나머지는 맬리슨이 집필했다. 1889년부터 1893년에 걸쳐 출판되었다.
5. 레프 니콜라 예비치 톨스토이Lev Nikolayevich Tolstoy. 러시아의 위대한 소설가이자 시인, 개혁가, 사상가.
6. 영국의 사회 비평가.
7. 영국은 인도의 토후국들을 정복한 다음 직할지역과 보호지역을 두었다. 보호지역에는 전권을 부여한 정무관을 두어 지배했다.
8. 남아프리카의 인종 차별 정책은 오래되었고, 간디가 인도에 오기 전부터 인종 차별이 법률로 규정되어 있었다.
9. 힌두교도가 신성시하는 툴라시Tulasi 나무를 가지고 염주 구슬모양으로 만든 목걸이로 바이슈나파를 나타내는 상징이다.
10. 케이프 식민지의 화란계 이민자의 아들로 트란스발 공화국 건국자.

03

남아프리카
저항운동

남아프리카 저항운동

1. 청원운동

간디는 인도인 거주자들의 간청을 받아들여 나탈에 머물기로 하였다. 그는 "최선을 다해 일하고 천명을 기다린다Man proposes, God disposes"라는 속담으로 남아프리카에서의 새로운 삶을 시작하게 된 심정을 토로했다.

1893년 당시 나탈의 인도인 사회에서 가장 뛰어난 지도자는 무하마드 다다Muhamad Dada였다. 압둘라의 집에서 열린 모임에서 그는 사회를 맡았다. 회의는 선거법을 반대하기로 결의하였다. 자원봉사자들이 속속 등록을 마쳤다. 나탈에서 출생한 인도인 청년들은 대부분 기독교였지만 이 모임에 참석하도록 초청을 받았다. 더반 법정 통역인 포올Paul 그리고 기독교학교장 고드프리Godfrey도 참석했다. 이들이 많은 기독교 청년들을 자원봉사자로 등록시켰다. 이 지방의 상인들도 많이 등록하였고 파이르시인 루스톰지Rustomji도 참가했다. 서기들도 왔었다. 다다 압둘라 회사의 직원들과 그밖의 큰 회사들의 직원들도 기꺼이 동참하였다. 인도인들의 지위 향상을 위해 지위 고하를 막론하여 모국의 봉사자가 되었다.

인도인 선거권을 박탈하는 법안은 통과될 것으로 보였고, 이미 2차 심의에 들어가 있었다. 한 의원이 연설에 나서서 이 중요한 법안에 대해 인도인이 아무런 반대 의사를 표하지 않는다는 사실이 곧 인도인들은 선거권을 갖는 데 적절치 않다는 것을 말하는 증거라고 주장하였다.

간디는 이 모임에서 상황을 설명했다. 그리고 가장 먼저 의회 의장에게 그 법안 심의의 연기를 요청하였다. 같은 전보를 수상 존 로빈슨John Robinson과 다다 압둘라의 친구 에스콤비에게도 보냈다. 의장은 심의를 연기한다는 회답을 보내 왔다. 이는 인도인들을 기쁘게 했다. 의회에 제출할 청원서를 작성하고 되도록이면 많은 사람들의 서명을 받기로 했다. 이 모든 일은 밤을 새워야 했다. 영어를 아는 자원 봉사자 그리고 몇몇 참가자들이 밤새워 일했다. 아서Arthur는 노인이지만 필체가 좋아 주문注文을 썼다. 다섯 부를 마련해 봉사자들은 자신들의 자가용 마차나 또는 자비로 마차를 빌려 청원서에 서명을 받으러 다녔다. 이 일들은 신속하게 이루어졌고 청원서는 송달되었다. 신문들이 호의적인 평가를 담은 기사를 썼다. 의회에서는 청원이 논의되었지만 법안은 통과되고 말았다.

인도인들은 법안이 통과될 줄 알았지만 이 반대 운동이 인도인 사회에 새로운 활력을 불어 넣었으며 그들은 하나됨을 느꼈다. 또한 인도인 공동체의 상업적 권리뿐 아니라 정치적 권리를 위해서도 투쟁해야 한다는 신념을 굳히게 되었다.

그 당시 영국의 식민지 담당 국무장관은 리폰Ripon이었다. 리폰에게도 청원서를 보내기로 결정했다. 이 일은 적은 일이 아니었고 하루

만에 이루어질 수 있는 것도 아니었다. 지원자들의 등록을 받았고 그들은 모두 이 일을 적절히 분담하기로 하였다. 간디가 이 청원서를 작성하기로 했지만 상당히 어려운 일이었다.

2주일 만에 1만 명의 서명을 얻었다. 아직도 인도인들은 이런 공적인 일에는 생소하다는 것을 감안할 때 나탈 전지역에서 이만큼 많은 수의 서명을 얻었다는 것은 대단한 일이었다. 특히 유능한 자원봉사자를 이 일을 위해 선정해야만 했다. 이 청원을 완전히 이해하는 사람이 아니면 단 한 사람도 서명을 받지 않기로 결정했기 때문이다. 마을들은 서로 멀리 떨어져 있었다. 서명을 받는 일은 수많은 지원자들이 심혈을 기울여서 전념할 때만이 신속히 이루어질 수 있는 것이었다. 이를 그들은 해낸 것이다. 모두 열성을 가지고 자신에게 맡겨진 일을 훌륭하게 해냈다. 간디는 그 당시의 일을 회상하면서 무하마드, 루스톰지, 미야칸Miyakhan 그리고 지라Jira를 머리에 떠올렸다. 그들은 가장 많은 서명을 받았다. 모두 사랑의 노동을 하였고 어느 한 사람도 자신이 사용한 비용을 청구하지 않았다. 다다 압둘라의 집은 즉시 임시 숙소이자 공공 사무소가 되었다. 간디를 돕는 수많은 사람들 그리고 그밖의 많은 사람들이 그곳에서 식사를 제공받기도 했다. 모든 조력자들이 상당한 비용을 내놓기도 했다.

청원서가 드디어 제출되었다. 1천 장의 복사본이 인쇄되어 배포되었다. 인도 대중이 처음으로 나탈의 사정을 접하게 되었다. 간디는 청원 복사본을 자신이 알고 있는 모든 신문사와 출판사에 보냈다. 「타임스 오브 인디아」Times of India는 청원서를 머리기사로 보도하고 청원의 내용을 강력히 지지했다. 청원 복사본은 영국의 여러 정당의 기관지와 잡지사, 출판사에도 보냈다. 「런던 타임즈」London Times도 인도인의 주장을 지지했고 이에 인도인들은 그 법률안이 폐기될 수 있으리라는 희망을 갖기 시작했다.

간디는 이제는 나탈을 떠날 수 없게 되었다. 인도인 친구들은 그를 둘러싸고 영구히 이곳 나탈에 남기를 끈덕지게 졸랐다. 생계를 해결해야 했다. 그가 공공의 일에 보수를 받을 수 없다고 거절하자, 약 20명의 상인이 그들의 법률 업무를 맡기기로 결정하고 1년에 300파운드를 주기로 했다. 이외에도 다다 압둘라는 간디가 떠날 때 주려고 했던 위로금 대신 필요한 가재도구를 선물했다.

2. 인종 차별

간디는 최고재판소에 변호사의 인가를 받기 위해 신청서를 냈다. 이미 봄베이(현재의 뭄바이) 고등법원의 인가 등록증을 가지고 있었다. 봄베이 고등법원에 등록하면서 영문 영국 변호사 자격증서는 그곳에 제출해 놓았다. 인가 신청에는 두 사람의 보증서를 첨부하도록 되어 있었다. 유럽인의 보증서가 나을 거라 생각하여 압둘라를 통해 알게 된 나탈의 유명한 유럽인 상인 두 사람의 보증서를 얻어 냈다. 신청서는 변호사협회의 회원을 통해 접수해야만 했고 원칙적으로는 검찰총장이 그 신청서를 제출하도록 되어 있었다. 이미 알고 지내고 있는 에스콤비는 다다 압둘라 회사의 법률 고문이기도 하여 그를 찾아가 부탁했다. 그는 기꺼이 간디의 신청서를 제출해 주기로 했다. 에스콤비가 바로 검찰총장이었기 때문이다.

그러나 나탈변호사협회는 간디의 신청에 놀라 간디의 인가를 반대하였다. 영국 변호사 자격증 원본이 신청서에 첨부되어 있지 않다는 이유였다. 나탈은 유럽인들의 기업체로 인해 발전했기에 유럽인이 법조계 전반을 장악할 필요가 있었다. 유색인종이 변호사가 된다면 그들이 차차 유럽인 변호사보다도 많아져 끝내 유럽인들을 보호하기 힘들다고 예상하였다. 변호사협회는 저명한 변호사를 내세워 변호사협회의 간디 신청에 대해 반대했지만 최고재판소는 변호사협회의 반대를 기각시켰다. 그리고 판사는 간디가 쓰고 있는 터번을 벗어라고 하였다.

간디는 자신의 한계를 알게 되었다. 하급 지방법원에서 고집했던 터번을 이곳에서 벗고 말았다. 압둘라와 친구들은 그 일을 두고 실망하였다. 그들은 법정에서 변론을 할 때에도 터번을 쓰는 권리는 지켜져야만 한다고 생각했던 것이다.

간디는 그들에게 그 이유를 설명하였다.

"로마에 가면 로마의 법을 따르라 했습니다. 만약 인도나 영국 재판관이 터번을 벗으라고 한다면 그 말을 거부하는 것은 정당하지만 나탈 법정의 변호사로서 나탈 법정의 관행을 무시한다는 것은 잘못된 일이 될 것입니다."

그는 이 일을 통해 진리에 대한 고집 자체가 타협의 미덕을 가르쳐 주었다고 술회하였다.

뒷날 이 정신이 사티아그라하의 본질이라는 것을 알게 되었다. 그것이 자신의 일생을 위험에 빠트리게 하기도 하고, 친구들에게 실망을 주기도 하였다. 진리는 돌처럼 딱딱하지만 꽃잎처럼 부드럽기도 한 것이라 생각했다.

대부분의 신문들이 변호사협회의 반대를 규탄했으며 협회가 그를 시기한다고 비난했다. 그 덕에 그는 나탈에서 쉽게 일할 수 있었다.

3. 나탈인도인회의 창설

간디에게 나탈에서의 변호사 업무는 부업이 된 셈이다. 나탈에 있기 위해서는 공적인 일에 집중해야 할 필요가 있었다. 선거권 박탈 법안의 반대를 위해서는 청원서 제출만으로 충분하지 않았다. 인도 인들을 위한 상설 조직체가 필요하다고 생각하고 친구들과 의논하여 상설 조직을 만들기로 했다. 이 조직의 명칭을 정하는 문제가 쉽지 않았다. 특정 정당의 이름은 곤란했다. 회의라는 말이 떠올랐다. 간디가 알기로 이 명칭이 영국에서는 별로 평판이 좋지 않은 보수 진영을 연상시켰지만, 인도에서 창설된 인도국민회의Indian National Congress[1]는 바로 인도의 생명, 그 자체로 여겨지고 있었다. 그래서 나탈에서도 이를 따르기로 하였다. 나탈인도인회의Natal Indian Congress로 하기로 했고(1894. 5. 22.) 드디어 나탈인도인회의가 탄생하였다. 그날 다다 압둘라 회사의 사무실에는 사람들로 가득 찼다. 회의 명칭은 참석자 모두가 찬성하였다.

나탈인도인회의의 헌장은 간단했으나 회원 자격은 엄격했다. 한달에 5실링을 내는 사람만 회원이 되도록 하였고, 부유층은 회비를 더부담하도록 했다. 압둘라와 다른 두 친구가 2파운드를 내기로 했다. 간디도 1파운드를 내기로 했다. 1파운드가 적은 액수는 아니었다. 그밖에도 기부금이 들어왔다.

하지만 더반 이외의 지방에 있는 회원을 찾아가 회비를 걷는 것은 힘들었고, 한동안의 열의가 나중에는 사라져 더반의 회원들조차도 독촉을 받고서야 회비를 내곤 했다. 회비를 걷는 것은 서기가 된 간디가 맡았지만, 회비 걷는 일이 쉽지 않았다. 월별 대신 년간 회비를 내도록 하였다. 그뒤로는 회비 징수가 상당히 쉬워졌다. 애당초 간디는 돈을 빌려서까지 공적인 일을 하지는 않기로 마음먹었기에 기금이 마련되지 않으면 일을 하지 않았다. 그래서 나탈인도인회의는 부채를 진 일이 없었다.

기금 모집만이 할 일은 아니었다. 회합은 한 달에 한 번이었고 필요하면 임시회의를 열었다. 회의 진행 절차를 알려주고 모든 문제를 토의하였다. 참가자들은 토론에 대한 훈련을 받지 않아 처음에는 무척 힘들었지만 시간이 갈수록 대부분이 공공문제에 관해 생각하고 대중 앞에서 말하는 습관를 터득하게 되었다.

또한 동료들에게 반드시 영수증을 받도록 하였고 모든 지출은 회계장부에 기록하도록 했다. 1894년분 회계장부는 나탈인도인회의의 기록과 함께 보관되었다. 용의주도하게 보관되는 회계 기록은 어떤 조직에서도 필요한 것이다. 그것이 없으면 그 조직의 평판이 나빠지기 마련이다. 정확하게 기록, 보관되는 회계장부가 없으면 순수성을 가지고 진실을 유지하기는 불가능하다고 보았다.

후원단체로 식민지출생인도인민족협회The Colonial-born Indian National Association가 창설되었다. 회원은 대부분 교육받은 청년들로 명목상의 회비만 납부하도록 했다. 협회는 회원들의 요구와 불평 사항을 자유롭게 토론하였다. 그들은 생각을 서로 나누어 인도인 상인들과 접촉하며 공동체에 봉사하는 기회로 삼도록 했다.

나탈인도인회의의 또 하나의 특징은 홍보 활동이었다. 그 홍보 내용은 영국과 남아프리카의 영국인들에게, 그리고 인도에 있는 사람들에게 나탈의 사정을 현실 그대로 알리는 것이었다. 이런 목적으로 간디는 두 권의 소책자를 썼다. 그 첫째는 『남아프리카 영국인에 보내는 호소』An Appeal to Every Briton in South Africa였다. 이 팸플릿은 나탈에 거주하는 인도인의 일반적인 실태에 관해 실증을 들어 소개하였다. 또 하나는 『인도인 선거권-호소문』The Indian Franchise-An Appeal이었다. 이 소 책자는 실례나 숫자로써 나탈에 거주하는 인도인의 선거권에 관한 약사였다. 이 두 팸플릿을 준비하느라고 그는 상당한 연구와 노력을 기울였다. 고생은 했지만 책자는 널리 보급되었다.

이러한 모든 활동으로 간디는 남아프리카에서 많은 인도인 친구들을 얻었고, 또한 인도 본토의 모든 정파로부터 적극적인 동정을 얻는 결과를 가져왔다. 그러한 활동은 남아프리카 인도인들에게 확실한 행동 노선을 열어 주고 이를 정착시켰다.

4. 반대운동

나탈인도인회의의 회원은 이곳 식민지에서 출생한 인도인과 사무직 종사자를 포함하고 있었으며 미숙련 임금 노동자, 계약 노동자들은 이 조직에서 소외되었다. 그들이 이 조직에 가입하려면 회비를 내야 하는데 그럴 여유가 없었다. 인도인회의로서는 이들 노동자에 봉사함으로써 연계를 가지고 있었다. 예기치 않은 기회가 왔다.

어느 날, 한 타밀인Tamil: 인도 동해안 마드라스 지방에 거주하는 드라비디아족이 두건을 손에 든 채 간디 앞에 나타났다. 앞니가 두 개나 부러져 피를 흘리며 떨면서 울고 있었다. 그는 고용주에 의해 심한 매질을 당한 것이다. 그의 이름은 발라순다람balasundaram으로 더반에서 잘 알려져 있는 한 유럽인의 계약 노동자였다. 주인은 그에게 화가 나 자제력을 잃고 심하게 구타하여 치아를 두 개나 부러뜨린 것이다. 간디는 우선 그를 의사에게 데리고 가 진단서를 부탁했다. 진단서를 가지고 그와 함께 판사에게 진술서를 제출하였다. 판사는 이를 읽더니 분노했고 바로 고용주에 대한 소환장을 발부했다.

고용주의 처벌까지는 바라지 않았고, 다만 고용주로부터 그가 떠날 수 있게 되기를 바랐다. 간디는 계약 노동자에 관한 법률을 읽어 보았다. 일반 노동자가 아무 통고 없이 이탈하면 주인은 민사로 소송을 제기할 수 있었지만 계약 노동자는 달랐다. 같은 이탈의 경우라도 계약 노동자는 형사상 소추되어 유죄로 판결, 투옥되기도 한다. 따라서 윌리엄 헌터William Hunter: 영국의 인도사 연구가가 계약 노동자 제도는 노예제도와 같다고 한 이유가 여기에 있었다. 계약 노동자는 노예처럼 고용주가 소유하는 재산이었다. 발라순다람을 해방시키는 방법은 두 가지가 있었다. 그 하나는 계약 노동자의 감독관이 계약을 취소하거나 또는 다른 고용주에게 그를 넘겨주는 방법이다. 또 하나는 고용주로 하여금 그를 해방시켜 주는 방법이다. 간디는 고용주를 찾아가 처벌은 원하지 않으며 그를 새 고용주에게 가게 해달라고 하였다.

이 말에 고용주는 동의하였고 감독관을 만났다. 그는 간디가 새 고용주를 찾아 준다는 조건으로 동의하였다. 새 고용주를 찾아나섰다. 고용주는 반드시 유럽인이라야 하며, 인도인은 계약 노동자를 고용할 수 없었다. 당시 간디가 알고 지내는 유럽인은 몇 사람뿐이었다. 그 가운데 한 사람이 친절하게도 발라순다람을 받아들이는 데 동의했다. 간디는 그의 친절에 감사했다. 판사는 고용주의 유죄를 선고하고 그 약속을 기록하였다.

그 사건은 모든 계약 노동자의 귀에 들어갔고, 간디를 그들의 친구로 인정하게 되었다. 자신들의 처지를 이해해 주고 그들의 힘이 되어 준 간디에게 물밀 듯 찾아 들었고, 간디로서는 그들의 기쁨과 슬픔을 배우는 좋은 기회를 얻었다. 발라순다람의 반향은 멀리 타밀인의 고향까지도 전해져 마드라스의 여러 곳에서 그 사건을 알게 되었다.

간디는 발라순다람이 자기 방에 들어왔을 때 두건을 손에 들고 있던 것을 그저 보아 넘기지 않았다. 봄베이에서 변호사 신고를 할 때 영국인 법관으로부터 터번을 벗으라는 명령을 받았을 때의 일이 떠올랐다. 나탈의 모든 계약 노동자들은 두건을 벗도록 강요되고 있으며 머리에 쓰는 것이 무엇이든, 유럽인을 만날 때는 벗어야 한다. 인도인의 인사법은 통하지 않았다. 발라순다람은 간디를 만났을 때 바로 그 관행을 따라야 한다고 생각한 것 같았다. 간디로서는 처음 겪는 일이었고 자신이 모욕당하는 것처럼 느껴 발라순다람에게 두건을 쓰도록 했다. 다시 쓰기는 했지만 어색해 보였다.

발라순다람 사건을 계기로 그들의 처지를 깊이 이해하면서 그들에게 무거운 세금이 부과되고 있다는 것을 알게 되었다. 1894년 당시 나탈 정부는 계약 노동자에게 연간 25파운드의 세금을 부과하려고 계획하고 있었다. 인도인회의에 이를 토의 의제로 상정시켰다. 즉각 이에 대한 반대를 조직하기로 결의하였다.

인도인 계약 노동자에 대한 과세는 1860년경으로 거슬러 올라간다. 당시 나탈의 유럽인들은 사탕수수 재배가 돈이 된다는 것을 알았고 대규모의 노동력 확보가 필요했다. 외부의 노동력 유입 없이는 사탕수수의 재배와 설탕 제조가 불가능했다. 나탈의 줄루^{Zulu: 나탈 지방의} 토착 원주민족은 이 노동에 적합하지 않았다. 나탈 정부가 인도 정부와 협의하였고 인도인 노동자를 모집하는 허가를 얻어냈다. 모집에 응한 자는 나탈에서 5년 동안 머물며 노동할 수 있도록 하였다. 계약 기간이 끝나면 나탈에 정착할 수 있으며 토지 소유도 가능하도록 했다. 이것은 유인책이었다. 백인들은 인도인 노동자의 계약 기간이 종료되면, 그뒤에는 그들의 근면성을 이용하여 자신들의 농업을 개선하려고 했던 것이다. 그런데 인도인 노동자들은 그들의 기대 이상이었다.

인도인 계약 노동자들은 대량으로 인도의 여러 가지 채소를 도입하여 나탈 지방의 채소보다 싸게 재배했다. 그들은 농업뿐만 아니라 상업에도 뛰어 들었으며 토지를 매입하여 건물을 지었고 그 지위를 높여갔다. 인도로부터 상인들이 계속 들어왔고 무역을 하면서 그곳에 정착했다. 그곳의 첫 상인은 아부바카르 아모드Abubakar Amod였다. 그의 큰 사업 규모를 본 백인 상인들은 놀랐다. 그들이 처음에 인도인 노동자를 환영했을 때 인도인의 사업 수완을 알지 못했다. 농업 종사자로는 관대하게 대했지만 사업의 경쟁은 참을 수 없었다. 이는 인도인에 대한 적대감의 원인이 되었던 것이다. 그밖에도 여러 가지 요인이 있었다. 인도인의 생활 방식, 순박함, 작은 만족감, 위생의 무관심, 불결함, 이러한 모든 것이 종교의 차이와 함께 인도인에 대한 적대의식에 불을 지른 것이다. 이런 적대의식은 선거권 불인정 법률, 계약노동자에 대한 세금 부과 법률 등 입법 조치를 통해 표출되었다.

이외에도 인도인을 괴롭히는 여러 가지 정책을 실시하였다. 그것은 계약 기간이 끝나는 대로 인도로 돌아가도록 했고, 2년마다 새로 계약하며, 인도 귀환을 거부하거나 계약 갱신을 하지 않는 경우에는 년간 25파운드의 세금을 매겼다. 인도총독 엘진Elgin은 25파운드 과세안을 승인하지 않는 대신 년간 3파운드의 과세에 동의하였다. 부부와 두 자녀의 4인 가족에게 연간 12파운드의 세금을 징수한다는 것은 한 달 평균 소득이 14실링에 불과한 그들로서는 가혹하기 이를 데 없었고, 세계 어디에서도 찾아볼 수 없었다.

간디는 나탈인도인회의를 중심으로 과세저항운동을 전개하였다. 나탈인도인회의가 침묵을 지켰다면 총독은 아마 25파운드 과세까지도 승인했을지 모른다. 25파운드에서 3파운드로 낮추게 된 것은 오직 인도인회의의 저항운동 때문이었다. 유감스러운 것은 계약 노동자들의 이익을 완전히 보호하지 못했다는 사실이다.

그러나 그 세금을 감면시키도록 해야겠다는 결심은 여전히 군게 지키고 있었다. 20년이나 지나서야 그 결심이 이루어졌다. 그 결심이 실현되었을 때 그것은 나탈의 인도인들 뿐만 아니라 남아프리카 전역의 인도인들이 노력한 결과였다. 온건 노선의 고칼레가 신뢰를 잃기도 했는데 그것은 과세 반대 운동이 마지막 단계에 이르렀을 무렵이었다. 그때는 인도인 계약 노동자들 모두가 있는 힘을 다해 각자의 역할을 잘 수행했으며, 반대 운동을 진압하기 위한 발포로 생명을 잃는 사람도 있었고 1만 명 이상이 투옥당하기도 했다.

결국 진리는 이긴다고 간디는 강조한다. 인도인의 고난은 그 진리의 표현이었다는 것이다. 움츠러들지 않는 신념, 위대한 인내, 끊임없는 노력이 없었다면 승리할 수 없었을 것이다. 인도인 공동체가 투쟁을 포기했더라면, 인도인회의가 운동을 그만두고 세금 부과가 불가피한 것으로 받아들였더라면, 그처럼 증오했던 그 세금이 뒷날 오랫동안 계약 노동자들로부터 징수됐을 것이며, 그것은 남아프리카의 인도인은 물론 인도 전역의 영원한 수모가 되었을 것이다.

5. 사색

간디는 자신을 전적으로 인도인 공동체에 봉사하는 일에 몰두하였는데 그것은 자아 실현을 위함이었다. 봉사를 자신의 종교로 삼았다.

신은 봉사를 통해서만 알 수 있다고 느꼈기 때문이었다. 본래 천성이 거기에 맞아 일부러 하려고 하지 않아도 봉사할 일이 왔다. 스스로 봉사하는 것이 곧 인도의 봉사로 생각하였다.

기독교도인 친구들이 간디의 지식욕을 자극했으며 그것은 거의 끝이 없었고 무관심해지려고 해도 가만두지 않았다. 더반에서는 스펜서 월턴Spencer Walton이 찾아 오기도 했다. 그는 남아프리카 총선교회의 회장이었다. 간디는 이 회장의 가족이 되다시피 됐다. 간디는 월턴 부부의 겸손, 인내, 일에 대한 헌신을 좋아했고 서로 자주 만났다. 이런 우정으로 간디는 종교에 대한 관심을 새삼 일깨우게 되었다.

나탈에서는 프리토리아에 있을 때처럼 종교에 대한 연구로 한가하게 시간을 보낼 수 없는 형편이었다. 그러나 조금이라도 시간이 나면 종교를 생각하였다. 봄베이의 라이찬드와 서신 교환을 통해 종교에 관한 논의를 계속했고 가르침을 받았다. 한 친구가 간디에게 나르마다샹커Narmadashaker의 『다르마 비차르』Dharma Vichar라는 책을 보내왔다. 종교 연구를 통해 자신의 인생에 결정적 영향을 받았다는 서문의 내용이 그의 마음을 사로잡았다. 또한 막스 뮐러Max Müller[2]의 『인도-우리에게 주는 교훈』India-What Can It Teach Us과 신지학회에서 간행한 『우파니샤드』Upanishad의 영역본도 읽었다. 이 모든 책들이 힌두교에 대한 존경을 더해 주었으며 힌두교에 대한 자신감이 자라나기 시작했다. 그렇다고 해서 다른 종교에 대해 편견을 갖게 한 것은 아니었다는 것이다. 그밖에도 와싱턴 어빙Washington Irving[3]의 『마호메트와 그 후계자들』The Life of Mahomet and His Successors을 읽었고 칼라일Carlyle이 마호메트를 찬양한 글도 읽었다. 이들 책을 통해 마호메트에 대한 존경심을 갖게 되었고 『짜라투스트라는 이렇게 말했다』The Sayings of Zarathustra[4]도 읽었다.

이렇게 간디는 여러 종교를 섭렵하게 되었고 그것은 자아 성찰을 촉진시켰으며 또한 자신의 마음을 움직이게 하는 것이면 모두 실천에 옮기는 습관을 길렀다. 가령 힌두 경전을 읽고 이해한 대로 요가를 실천하기 시작한 것이 그 한 예다. 그러나 요가는 완벽한 경지에 이를 수는 없었고, 인도에 돌아가면 전문가의 도움을 받기로 결심했으나 그 뜻은 이루어지지 않았다.

또한 톨스토이의 저서도 탐독하였다. 『복음서 요약 무엇을 해야 하는가』*The Gospels in Brief, What to Do*와 그밖의 톨스토이의 저서는 그에게 깊은 감명을 주었고 보편적 사랑의 무한한 가능성을 더욱 더 깊이 인식하기 시작하였다.

6. 남아프리카의 실태 홍보

3년이 된 1896년 간디는 그곳에 상당히 오래 머물렀다고 생각했기에 6개월 가량 고향에 다녀오기를 청했다. 변호사로도 자리잡았으며, 그곳 인도인들은 간디가 꼭 필요하다고 믿고 있었다. 그래서 간디는 귀가하여 식구들을 아예 데리고 오기로 작정했다. 귀국하면 남아프리카 인도인의 사정에 대한 여론을 환기시키고 보다 깊은 관심을 조성하는 등 공적인 일을 할 수 있을 것이라고 생각하였다.

1896년 6월경 간디는 캘커타로 가는 기선 퐁골라Pongola를 타고 귀향길에 올랐다. 이 배에는 손님이 많지 않았다. 영국인 관리 두 사람이 있었고 그들과 친하게 지내게 됐다. 그 한 사람과는 매일 한 시간씩 체스장기를 두곤 했다. 이 배의 전속 의사가 간디에게 『타밀어 자습서』를 주어 이를 읽었다. 나탈에서 겪은 경험으로 그는 이슬람교도와 친근하게 지내려면 우르두어를 배워야 하고, 마드라스 출신의 인도인과 친해지려면 타밀어를 알아야 한다는 것을 알게 되었다.

타밀어와 우르두어를 잘 알지 못해 불편함을 느끼기도 했었다. 남아프리카에서 남부 인도의 드라비다어을 쓰는 사람들이 자기에게 보내 준 사랑은 결코 있을 수 없고 소중한 기억으로 남아 있었다. 간디는 타밀어 사용자나, 텔구어 사용자를 만날 때마다 남아프리카에 사는 많은 동료들의 신념과 인내심 그리고 헌신적인 희생을 상기하게 되었다. 그들은 거의 대부분 문맹이었다. 남아프리카에서의 투쟁은 가난한 자들을 위한 투쟁이었고 전적으로 가난한 자들이 가담했었다. 그러나 그들의 언어를 몰랐다고 해서 이들의 마음을 얻는 데 결코 어려움은 없었다. 그들은 엉터리 힌두스탄어, 엉터리 영어를 말했지만 간디는 그들과 더불어 일하는 데 아무런 어려움도 없었다. 간디로서는 타밀어와 텔구어를 배워 그들의 사랑에 보답하고 싶었다. 타밀어는 약간의 진전이 있었지만, 텔구어는 인도에 가서도 배우려고 했으나 기초적 단어 이상 나아가지 못했다.

24일 동안의 즐거운 항해를 마치고 캘커타에 상륙했다. 바로 그날로 봄베이행 기차를 탔다. 봄베이로 가는 도중 기차는 알라바드Allahabad에 45분간 정차했다. 그 시간을 이용하여 시내를 돌아보기로 했다. 필요한 약도 있었다. 약사의 단잠을 깨우기가 미안하여 기다리는 바람에 기차는 이미 떠나고 말았다. 그래서 알라바드에서 발행되고 있는 「더 파이어니어」The Pioneer의 주간 체스니Chesney를 만났다. 주간은 남아프리카 문제에 대해 지면을 할애해 주겠다고 약속하면서 영국의 견해도 같은 비중을 다루어야 한다고 하였다.

간디는 봄베이에 머무르지 않고 바로 라지코트로 갔다. 그곳에서 남아프리카의 사정을 홍보할 팸플릿을 만들기 시작했다. 집필과 발간에는 약 한 달이 걸렸다. 책 표지가 녹색이었기에 뒷날 '녹색 팸플릿'로 알려지게 되었다. 이 소책자는 남아프리카의 인도인들이 억압받고 있는 실태를 집중적으로 보고하고 있다. 1만 부를 간행했고 모든 신문과 인도 전역의 지도자들에게 보냈다.

「더 파이오니어」가 가장 먼저 이를 보도하고 사설을 쓰기도 했다. 이 팸플릿의 요약문을 로이터가 영국에 타전했고 로이터의 런던 본사에서 나탈에 타전했다. 전문으로 보낸 기사는 세 줄밖에는 안 됐다. 짧게 축소했고 나탈의 인도인이 받고 있는 대우를 묘사한 것을 과장했던 것이다. 간디의 글에는 없는 내용이었다. 모든 신문들이 이 문제를 두고 다투어 논평하고 있었다.

이 팸플릿을 우편으로 보내는 것은 쉬운 일이 아니었다. 많은 비용이 들었다. 쉬운 계획이 떠올랐다. 주변 지방의 어린이들을 모두 모이게 하고는 학교에 가기 2~3시간 전에 자원봉사를 부탁했다. 그들은 기꺼이 응했다. 그들에게 대가로 그동안 수집해둔 우표를 주기로 했다. 신속하게 그들은 일을 끝냈다. 간디는 처음으로 어린이들을 자원봉사로 동원하는 경험을 얻게 되었다. 이 어린이들 가운데 두 소년은 뒷날 간디와 함께 일하였다.

그 무렵 봄베이에는 전염병이 창궐하여 라지코트에도 퍼지지 않을까 하는 두려움이 커졌다. 간디는 주 정부에 봉사를 제의했다. 그들이 수락하여 이 문제를 관리하는 위원회에 배속됐다. 간디는 특히 화장실의 청결을 강조했고 위원회는 거리 전체의 화장실을 검사하였다. 가난한 사람들은 그들의 화장실을 검사하도록 하는 데 반대하지 않았으며 그들에게 필요한 개선 방법을 실천했다. 그러나 상류층 가운데는 그들의 집에 들어가는 것조차 거부했고 심지어 개선 방법을 들으려고 하지도 않았다. 부잣집 화장실이 더 더러웠다. 어둡고 벌레와 오물로 가득차 코를 찌르는 악취가 났다. 개선 방법은 간단한 것이었다. 통을 놓아 대변이 땅바닥에 떨어지지 않도록 하고 소변도 통에 담아 땅에 스며들지 않도록 하였다. 화장실과 바깥벽 사이의 칸막이를 떼어 내 화장실을 밝고 공기가 통하도록 하였고 청소부가 잘 수거해 가도록 하면 되는 것이었다.

위원회는 불가촉민의 주거지도 검사해야 했다. 위원회의 한 사람만이 간디를 수행했다. 나머지는 그곳을 방문하는 것 자체를 어이없는 일로 여겼고 화장실을 검사하는 것은 생각조차 하지 않았다. 간디로도 불가촉민의 거주지 방문은 처음이었다. 놀랍게도 그들의 주거지는 마음에 들었다. 그곳 사람들은 간디 일행을 보고 놀라워 했다. 간디는 그들의 화장실을 검사하도록 해달라고 하자 그들은, 화장실이 없어 밖에 나가 일을 본다며 들어와 보라 하였다. 깨끗했다. 입구는 잘 청소가 되어 있고 마루는 소똥으로 잘 발라 놓았고, 독과 냄비는 깨끗하게 손질되어 있었다.

위원회는 또한 바이슈나바 하벨리를 방문했다. 사원을 책임지고 있는 성직자가 일행을 반갑게 맞이했다. 그는 모든 곳을 살펴보도록 허용했고 위원들이 원하는 개선법이면 무엇이든지 얘기해 달라고 했다. 성직자 자신이 전혀 보지 못했던 사원의 구내 일부가 있었다. 그곳은 식사용 접시로 사용하는 나무잎 그리고 쓰레기를 담 너머로 던지는 곳이 있었다. 까마귀와 솔개의 소굴이었다. 화장실은 물론 불결했다. 간디는 라지코트에 오래 머물지 않아 그 성직자가 위원회의 요구 사항을 얼마나 실천했는지는 알아 보지 못했다. 신앙의 고장이 그처럼 불결한 것을 보고 가슴이 아팠다.

간디는 그 누가 자신처럼 영국 헌법에 대한 충성심을 소중히 지니고 있는지는 모르겠지만 자신의 진리에 대한 사랑은 이 충성심에 기인하고 있다고 고백하였다. 그는 위선적으로 충성하지는 않았다. 나탈에 있을 때 각종 모임에서 의례 영국 국가를 부르는 것은 다반사였고 그도 함께 불렀다. 남아프리카에서의 인종 차별은 영국 전통에 위배되는 것이라 생각했으며 그것은 일부 지방에서만 있는 일이라고 생각했다. 그래서 충성을 표하는 행사에 그는 아무 거부감 없이 참석했다. 그렇다고 해서 그것을 이용하거나, 충성을 이용하여 어떤 사욕도 추구하지는 않았다. 그로서는 당연한 의무로 생각했다. 간디는 자신의 아이들 뿐만 아니라 지방 직업학교 학생들에게도 영국의 국가를 가르쳐 주었지만 가사가 마음에 들지 않았다. 그 구절들은 아힘사 정신에 위배되는 것들이다. 부스Booth도 전적으로 내 의견에 동감하였다. 가사에 있는 적이라고 해서 간악하고, 그들이 잘못되었다고 하는 것은 납득이 가지 않았다.

남아프리카에 관한 소책자 만드는 일로 라지코트에서 바쁘게 지내고 있는 동안 봄베이를 급히 갈 일이 있었다. 남아프리카 문제를 여론화 시키기 위해서는 집회를 열어야 하는데 그 첫 개최지를 봄베이로 잡았던 것이다. 라나데Ranade와 바드루딘 랍지 판사는 그와의 만남에서 메타를 만나보라고 권했다. 얼마 후 그를 만나 그에게 그간의 일들을 설명해 주었다. 메타는 선뜻 도와주겠다고 했고 그의 비서에게 집회 날짜를 정하라고 했다. 의논이 끝난 다음 메타는 집회 전날 다시 만나자고 했다. 간디는 아주 기쁜 마음으로 돌아왔다.

봄베이에 머무는 동안 간디는 매부妹夫를 찾았다. 그는 봄베이에 있었는데 병들어 있었다. 그는 돈이 있는 것도 아니고 그렇다고 그의 누이가 간호할 처지도 아니었다. 그의 병세는 매우 위독하여 그를 라지코트로 데려가자고 권했다. 그의 병은 예상보다 훨씬 오래갔다. 그의 열성적인 간호에도 불구하고 매부는 유명을 달리했다. 그가 가는 날까지 그에게 간호할 기회를 가졌다는 것이 그나마 위안이 되었다.

이런 봉사는 즐거움으로 하지 않는다면 의미가 없다. 남에게 보이기 위해서나 전시용 봉사는 그 사람의 영혼을 옹색하게 만든다. 기쁜 마음이 없는 봉사는 봉사하는 사람도 봉사받는 사람에게도 아무런 도움이 되지 않는다. 하지만 정말 기쁜 마음으로 하는 봉사는 모든 향락과 소유가 무색해진다.

매부가 죽은 다음날 간디는 봄베이로 가서 대중집회에 참석했다. 연설 내용을 구상할 시간이 없었다. 밤낮을 가리지 않고 간병한 탓에 피로감이 몰려왔고 목도 쉬었다. 연설문 작성은 꿈조차 꾸지 못했다. 메타의 말대로 집회 하루 전날 오후에 그의 사무실로 갔다. 메타가 연설 원고를 준비하라고 하였다.

다음날 집회에서 그의 말이 일리가 있다는 것을 알게 되었다. 집회는 코와스지 예항기르 연구소Cowasji Jehangir Institute에서 열렸다. 메타가 연사로 나온 집회에는 언제나 대중이 운집했다. 간디로서는 이런 집회에 참가한 적이 한 번도 없었다. 그에게는 첫 경험이었다. 간디의 목소리는 앞에 있는 사람들에게만 들릴 정도였다. 게다가 목소리는 떨리기까지 하였다. 메타는 목소리를 더 크게 하라고 계속 격려해 주었지만 목소리는 점점 더 작아져, 케샤브라오 데슈판데Keshavrao Deshpande가 일어서서 그의 연설문을 대신 읽었다. 하지만 청중은 "와차"를 외쳤다. 결국 간디의 연설문은 와차가 대신 읽었다. 청중들은 숨죽이며 연설 내용을 경청했으며 가끔 중간중간에 "치욕적이다"라고 외치기도 했다. 이런 모습들은 고무적이었다.

메타는 간디의 일을 더 쉽게 만들어 주었다. 봄베이에서 푸나로 향했다. 그곳에서도 여러 사람들로부터 도움을 받았다. 먼저 로카나마 틸락Lokanama Tilak: 로카나마란 사람들의 존경을 받는다는 뜻을 만났다. 그는 반다르카르 교수를 만나보라고 했다. 이것이 틸락과의 첫 만남이었다. 다음으로는 고팔 크리슈나 고칼레Gopal Krishna Gokhale를 만났다. 페르구손 대학Fergusson College 교정에서 만났다. 따뜻하게 그를 맞이하는 태도가 마음을 사로잡았다. 그는 마치 오랜 친구 같았다. 메타가 히말라야 같다면 틸락은 대양처럼 느꼈고, 코칼레는 갠지스 강 같았다. 신성한 강에서 목욕하는 느낌이었다. 히말라야는 오르기 힘들고, 대양에서 손쉽게 항해하기 힘들지만 갠지스는 배를 타고 유유히 노를 젓는 즐거움이 있다.

고칼레는 마치 면접관처럼 간디에게 물었다. 그리고는 누구를 만나야 하고, 어떻게 접근해야 하는지 자세히 가르쳐 주었다. 간디의 연설문을 보자고 하고는 학교 구석구석을 안내해 주었다. 또 언제든지 만나줄 수 있으며 반다르카르를 만나면 연락을 달라고 했다.

반다르카르는 간디를 아버지처럼 맞아 주었다. 간디가 집회의 의장으로는 어느 당파에도 소속되지 않는 인사를 추대하겠다는 말에 옳다고 맞장구를 쳤다. 간디의 얘기를 다 들은 다음 그는 정치에 관여하지 않지만 다음 집회에서 사회를 보겠다고 하였다.

학식 있고 사심없는 푸나의 일꾼들은 아무런 잡음 없이 모임을 마무리하였다. 간디는 기쁨으로 자신의 사명에 대해 더욱더 확신을 가지게 되었다.

이번에는 마드라스로 떠났다. 그곳은 매우 열광적이었다. 발라순다람 사건이 이미 알려져 있어서 집회는 성공적이었다. 간디의 연설문은 미리 인쇄되어 배포되었다. 청중들은 그의 연설을 한 마디도 놓치지 않고 경청하였다. 집회가 끝날 즈음에는 다시 수정한 1만 부의 녹색 팸플릿을 팔았다. 정말 잘 팔렸지만 그렇게 많이 인쇄할 필요는 없었다는 것을 알았다. 영어를 아는 사람들을 대상으로 만들었는데 그곳에서는 영어를 아는 이를 모두 합해도 1만 명이 되지 않았다.

마드라스에서 간디가 만난 친구들은 그에게 따뜻한 정을 주었을 뿐만 아니라 간디가 하고자 하는 일에 대한 그들의 열정은 식을 줄 몰랐다. 비록 영어로 의사소통을 했지만 그런 열정이 있었기에 간디는 편하게 지낼 수 있었다. 그 어떤 장벽도 사랑으로 없앨 수 있다는 것을 알게 되었다.

마드라스를 떠나 이번에는 캘커타로 향했다. 이곳에서는 어려움에 처했다. 아는 사람이 없었다. 간디는 벵골의 우상인 수렌드라나드 반나르지Surendranath Banarji를 만나야만 했다. 그를 만나러 갔을 때 그는 많은 사람들에게 둘러싸여 있었다. 그는 간디에게 그 지역의 유력 인사들을 만날 것을 권해 만나 보았지만 별다른 성과가 없었다. 두 사람 다 냉랭하게 대했다. 그리고 캘커타에서 집회를 연다는 것은 쉬운 일이 아니며 집회의 성패는 반나르지에게 달렸다고 했다. 간디는 일이 어려워 졌다는 것을 알게 되었다.「암리타 바자르 파트리카」의 사무실을 찾았지만 사람들은 간디를 떠돌이 유대인쯤으로 취급했다.「방가바시」는 좀 나은 편이었다. 많은 면담자를 만난 뒤에도 시간을 내주지 않았다. 겨우 그를 만나 말을 꺼냈지만 푸대접을 받았다.

이 신문사의 명성은 익히 알고 있었다. 그래서인지 방문객은 줄을 이었다. 용기를 잃지 않고 신문사를 찾아다녔다. 영국계 인도인 편집자들도 만나보았다.「더 스테이트맨」The Stateman과「더 잉글리쉬맨」The Englishman이 문제의 심각함을 알게 되었다. 간디는 이들과 오랜 시간 면담하였고「잉글리쉬맨」편집장은 간디의 의견에 전적으로 동감하여 기사를 실어 주었다. 이 편집장 사운더스Saunders와 간디는 깊은 우정이 생겼다. 예상치 않은 사운더스의 도움으로 캘커타에서 대중 집회을 여는 데 성공하게 되었다는 생각을 하고 있을 때, 더반으로부터 1월에 의회가 개최되니 급히 돌아오라는 전보를 받았다.

간디는 신문사에 편지를 보내 갑자기 켈커타를 떠나는 이유를 설명하고 봄베이로 향했다. 또 봄베이의 다다 압둘라 지사에도 전보로 남아프리카로 가는 배편을 알아봐 달라고 했다. 다다 압둘라 지사는 그해 마침 쿨랜드라는 배를 사들인 때였으므로, 간디와 그의 가족 모두 무료로 남아프리카로 갈 수 있었다. 간디는 감사하게 그 제의를 받아들이고 1896년 12월 초에 출발하였다.

7. 테러

간디는 처음으로 아내와 아이들을 데리고 배로 여행했다. 당시 인도의 힌두 중산층에는 조혼의 풍습이 있었다. 남편은 글을 알지만 여인들은 대부분 문맹이었다. 그래서 남편이 아내를 가르쳤다. 가족들의 의복과 음식, 새로운 환경에 맞는 예의범절을 가르치는 일까지 모두 남편의 몫이었다. 힌두교도의 부인들은 자신의 남편에 대해 절대적으로 복종해야 하고 이를 '최고의 종교'로 여기고 있었다.

그 무렵 간디는 가족 모두 유럽 수준의 옷맵시와 예의범절을 갖추도록 했다. 영향력과 감화력이 없이는 사회봉사가 힘들다고 생각했다. 그는 가장 개화된 파르시들의 옷차림을 선택했다. 가족들은 파르시의 옷에다 구두도 신어야 했다. 신발은 발을 조이고, 발 냄새도 났다. 이런 문제로 불평할 때는 잘 타일렀고 논리보다는 권위로 막았다. 하지만 이러한 간디의 허식이 식자마자 가족들은 칼과 포크의 사용을 바로 중단하였다. 새로운 생활 방식을 익히는 데 상당한 시간이 걸렸지만 다시 예전의 생활로 돌아가는 데도 시간이 걸렸다. 문명의 허식을 벗어던지자 홀가분해졌고 자유로왔다.

배는 나탈로 가는 직항이었기에 18일밖에는 걸리지 않았다. 나탈 도착 4일을 남겨두고 무서운 폭풍이 몰아닥쳤다. 12월은 남반부의 계절풍이 부는 계절이기에 흔한 일이었다. 오랫동안 강한 폭풍은 선객들 모두를 놀라게 했고 불안에 떨게 했다. 모두 언제 죽을 지 모를 위험에 처하자 그들의 신분과 종교의 차이를 떠나 오직 신만을 생각하였다. 선장은 걱정하지 말라고 했지만 선객들의 마음은 안정되지 않았다. 갑판에 내리치는 파도로 배가 부서지지 않을까, 크게 흔들거릴 때는 배가 뒤집어지는 것은 아닌가 불안하여 아무도 갑판에 나서지 못했다. 단지 그들의 입에서는 '하나님'만 나왔다. 이렇게 꼬박 하루를 보낸 뒤 폭풍이 가시자, 그렇게 외쳐되던 하나님도 함께 사라졌다. 즐거운 일상이 다시 시작되자 기도도 사라졌다. 무슬림들은 평상적인 '나마즈namaz, 기도'[5]를 하였지만 엄숙하지는 않았다.

하지만 그 폭풍은 선객과 간디를 하나로 묶어 주었다. 간디는 이전에 폭풍을 경험했기에 두려워하지 않고 선객들 사이를 오가면서 위로와 농담도 하였고 선장이 매 시간마다 하는 보고를 전해 주었다.

남아프리카 더반에 도착했다. 나데리 호도 같은 날 도착했다. 하지만 하선 허가가 나지 않았다. 봄베이에서 전염병이 창궐했기에 검역 기간을 거쳐야 했고, 이상이 없을 때까지 황색기를 걸어야 했다. 의사가 검진을 하고는 5일간의 검역 기간을 명령했다. 전염병은 23일간의 잠복기를 지나야 된다는 판단이었다. 봄베이에서 항해한 지 23일 지날 때까지 검역 기간을 설정한 것이다.

이 결정에는 또다른 이유가 있었다. 더반의 백인들은 간디뿐만 아니라 인도인들이 나탈에 들어오는 것을 반대하였다. 백인들의 집회는 연일 계속되었고 온갖 협박과 회유가 있었다. 배들을 인도로 돌려보내면 손실을 보전해 준다는 회유도 하였지만 다다 압둘라 회사는 두려워하지 않았다. 지배인인 아담은 무슨 수를 써서라도 승객들을 하선시키려고 하였다. 그는 매일 간디에게 자세한 사정을 편지로 알렸다. 다행히 만수크랄 나자르Mansuklal Naazar가 당시 더반에 있었고 간디를 만나러 왔다.

당시 더반은 불평등한 대결의 장이었다. 한쪽에는 가난한 인도인과 그들의 몇 안 되는 영국인 친구들이 있었고, 상대방은 무력으로나, 수(數)로나, 학력이나 부에 있어서 월등한 백인들이 있었다. 뿐만 아니라 나탈 정부는 공공연히 백인들을 돕고 있어 그들은 국가 권력의 도움까지 받고 있었다. 검찰총장인 해리 에스콤비Harry Escombe도 백인들의 집회에 공공연히 참여하고 있었다. 이런 실정이니 검역의 속내는 인도인 선객과 선주를 위협해 인도로 되돌아가게 하는 데 있었다.

간디는 선객들 사이를 오가며 그들을 격려하였다. 나데리 호의 선객들에게도 위안의 메시지를 보냈다. 그들은 평온을 유지하고 용기를 잃지 않았다. 선객들과 간디도 즐겁게 떠들었지만 그의 마음은 더반에서 진행되고 있는 싸움에 있었다. 이 사태의 주된 표적은 바로 자신이었기 때문이었다. 그에 대한 비난은 두 가지였다.

첫째는 인도에 있을 때 나탈의 백인들을 부당하게 비난했다는 것이고, 둘째는 나탈에 더 많은 인도인들이 거주하도록 하기 위해 인도인들을 데려 왔다는 것이다.

간디는 책임을 느끼고 있었다. 자신 때문에 다다 압둘라 회사는 곤경에 빠졌고 선객들 뿐만 아니라 가족들마저 위험에 처하게 되었다. 하지만 결백했다. 그 누구에게도 나탈로 가자고 회유한 일은 없었다. 선객들 가운데 친척 몇을 빼고는 그들의 성도 이름도 몰랐다. 또한 인도와 나탈에 있을 때에 한 말 이외에는 그들에 대해 한 번도 언급한 적이 없었다.

봄베이에서 출발한 지 23일이 지나서야 겨우 항구에 들어가도 좋다는 허락이 떨어졌고 선객들은 하선했다. 에스콤비는 선장을 통해 간디와 그의 가족들에 대한 백인들의 분노가 극에 달해 안전을 보장할 수 없으므로 어두워진 뒤에 하선하고 항만청장 테이텀Tatum이 간디의 집까지 동행해 줄 것이라고 했다. 그는 이 말대로 하기로 했지만 30분도 채 되지 않아 로튼이 와서 "괜찮다면 가족들은 마차로 루스톰지 씨의 집으로 보내고 걸어서 나가자"고 했다. 이미 백인들의 집회는 모두 끝났고 지금은 조용하다는 것이다.

간디는 동의했다. 아내와 아이들은 무사히 루스톰지 집에 도착했다. 그의 집은 부두에서 약 2마일 정도 떨어진 곳에 있었다. 둘이 배에서 내리자 청년 몇이 간디를 알아보고 "간디다" 외치며 몰려들었다. 로톤은 급히 인력거를 불렀지만 그들의 방해로 탈 수가 없었다. 군중은 계속 늘어났고 더 이상 갈 수가 없었다. 그들은 로톤을 분리시킨 뒤 간디에게 돌과 벽돌 조각, 썩은 계란을 던졌다. 또한 터번을 낚아챘고, 걷어찼다. 간디는 주위에 있는 난간을 붙잡고 숨을 돌리려고 했지만 견딜 수 없었다. 폭행은 계속되었다.

경찰청장 부인이 지나가다가 이 광경을 보고는 용감하게 양산을 펴고 간디와 군중 사이를 가로막았다. 이 부인을 해치지 않고는 간디에게 접근할 수 없었기에 군중의 흥분은 가라앉기 시작했다. 또 한 인도 청년이 경찰서에 알렸고 경찰들이 와 간디를 경호하였다. 루스톰지의 집은 경찰서 가는 길목에 있었다. 경찰서장은 경찰서로 잠시 피하라고 했지만 간디는 루스톰지의 집으로 갔다. 온 몸에 멍이 들었지만 상처는 한 곳뿐이었다. 마침 그 집에는 의사가 있어 상처를 봐주었다. 집안은 고요했지만 밖은 어수선했다. 백인들이 서서히 몰려들었고 어두워지자 그들은 "간디를 내놓아라"고 소리쳤다.

서장은 군중을 해산하려고 노력했지만 걱정이었다. 그래서 그는 간디에게 "변장해서 여기를 빠져나가라"고 했다. 위험이 눈앞에 닥쳤다. 경찰관 제복에 마드라스 목도리로 머리를 칭칭 감았다. 경찰관 둘이 동행했다. 한 사람은 상인처럼 위장했고 그는 인도인처럼 했다. 일행은 골목길을 따라 이웃 상점으로 간 뒤 군중을 뚫고 그를 위해 준비해둔 마차로 경찰서로 피했다. 간디는 그들에게 감사를 표했다.

그들이 빠져나갈 동안 경찰서장은 노래를 불러 군중들의 기분을 풀려고 유도했다.

늙은 간디를
시큼한 사과나무에 매달아라.

경찰서에 무사히 도착했다는 연락을 받은 서장은 군중들에게 해산을 종용했다. 군중들은 그가 그곳에 없는 것을 확인하고는 해산했다. 국무장관 체임벌린은 나탈 정부에 가해자를 기소하라고 했다. 에스콤비는 간디에게 유감을 표하고 기소하라 했지만 그러지 않았다.

상륙 허가가 내려진 날, 「나탈신문」의 대표이사가 회견을 요청해 왔다. 그는 여러 가지 질문을 했고 그에 대한 답변을 통해 자신에게 쏟아지는 비난을 모두 반박할 수 있었다. 간디의 이 기자회견과 가해자에 대한 처벌을 바라지 않는다는 것이 강한 인상을 주어 더반에 사는 유럽인들은 자신들의 행동에 대해 부끄럽게 생각하게 되었다. 신문은 간디의 무죄를 입증해 주었고 폭행한 자들을 나무랐다. 그로 인해 남아프리카의 인도인 단체의 위상은 더욱 높아졌고 간디 또한 하는 일이 쉬워졌다. 사건이 있은 지 3~4일이 지나 그는 집으로 돌아가게 되었고 오래지 않아 정착했다. 간디의 직업에도 도움이 되었다.

하지만 이 사건으로 인하여 인도인의 위상은 높였지만 반대로 그들에 대해 편견의 불씨를 심기도 하였다.

8. 법안 투쟁

두 개의 법안이 나탈 의회에 상정되어 있었다. 하나는 인도인 무역업자에게 불이익을 주도록 하는 내용이었고, 또 하나는 인도인 이민에 대해 제한을 가하는 내용이었다. 하지만 그것은 표면적인 이유였고 속내는 나탈 인도인들에 대한 제약이었다.

이 법안으로 간디가 해야할 일이 더 많아졌다. 인도인 단체도 자신들의 의무감에 대해 다른 어느 때보다도 활기를 띠게 되었다. 그 법안은 인도말로 번역되어 그 법안의 내용을 인식할 수 있게 되었다. 그들은 식민지 담당 국무장관에게 소원을 보냈으나 거절딩했고 끝내 법안은 법률로 확정되었다.

만수크랄 나자르가 이미 더반에 와서 간디를 도와 간디의 부담은 어느 정도 덜게 되었다. 미야칸은 간디가 없는 동안 일을 아주 잘 하였다. 그는 회원 수를 늘렸고 자산도 증가시켰다. 또한 그들은 법안 반대 투쟁을 전개하면서 회원 가입과 기부 호소에 적극 동참하였고 기금은 5천 파운드나 늘었다. 간디는 기금을 확보하여 그 기금으로 자체 건물을 확보하여 임대료로 활동하자고 하였다. 간디의 제안은 만장일치로 받아들여졌다.

그러나 임대료가 축적되자 그것을 두고 서로 다투는 일이 벌어지기도 했다. 이 슬픈 사태는 그가 남아프리카를 떠난 다음에 더 심해졌다. 많은 공공기관을 운영해 본 경험을 통해서 상설기금으로 공공기관을 운영하는 것이 그리 좋은 생각이 아니라는 확신을 가지게 되었다. 상설기금은 그 기관을 도덕적으로 타락시키는 씨앗이었다. 공공기관이란 대중의 기부금으로 운영되고 대중의 지지를 받지 못하는 기관은 존재할 가치가 없다는 것이다. 공적기관이 해마다 받는 기부금은 그 인기도와 운영의 투명성을 가늠하게 된다. 모든 기관은 그런 시험에 응해야 한다는 것이 그의 생각이었다.

이런 확신은 남아프리카에서 전개한 사티아그라하를 통해 확신하게 되었다. 6년에 걸친 그 운동은 수십만 루피의 거액을 필요로 했지만 상설기금 없이 전개되었다.

간디는 기부금이 전혀 들어오지 않았다면 그 다음 날은 어떻게 지낼지 몰랐던 때가 몇 번이고 있었다. 하지만 앞으로의 일을 미리 걱정하지는 않았다.

1. 1885년 12월에 창설되었다. 인도의 민족적 단일 회의기구가 조직되었다는 것은 인도 지식인의 각성과 새로운 민족 의식의 성장이라는 배경을 바탕으로 한다.
2. 막스 프리드리히 뮐러(1823~1900)는 독일 출신의 동양학자, 언어학자이다. 그의 저술은 언어학, 신화학, 종교 연구에 대한 폭넓은 관심을 불러 일으켰다. 그의 주요 저서로는 동양의 경전 51권이 있다.
3. 미국 최초의 단편 소설 작가로 대표작으로는 『스케치북』*The Sketch Book of Geoffery Crayan*이 있다.
4. 간디가 말하는 이 책은 프리드리히 니체(Friedrich Nietzsche, 1844~1900)의 대표적 저서 『짜라투스트라는 이렇게 말했다』를 말하는 듯 하다. 니체는 19세기의 독일 철학자, 음악가, 시인이다.
5. 코란에 나오는 기도를 말한다.

04

브라마차리아

브라마차리아

1. 가정교육

1897년 1월 더반에 도착했을 때 간디에게는 누이동생의 10살짜리 아들, 간디의 9살, 5살짜리 두 아들이 있었다. 이 아이들의 교육이 문제였다. 물론 유럽인들을 위한 학교도 있었지만 그 어떤 인도인 아이들도 그 학교에 다니지 않았다. 또 기독교 선교사절단이 설립한 학교도 있었지만 내키지 않았다.

한참 고민한 뒤 선생을 구하여 자신의 지도 아래 가르치도록 했다. 정상적인 교육은 이 선생이 하도록 하고 이외의 과목은 자신이 가르치기로 했다. 이런 식의 교육이 한동안 계속되었지만 만족할 만한 교육이 되지 않았다. 아들들은 남아프리카에서 시작한 사티아그라하 운동을 하는 부모들의 자녀를 위한 학교에서 정규 교육을 받은 게 전부였다.

이런 실험은 모두 적절하지 않다고 생각했다. 자신의 계획대로 그들의 교육을 위해 자신의 모든 시간을 바칠 수도 없었고 충분히 돌보아 줄 수도 없었다. 또한 여러 가지 이유로 다양한 인문 교육을 제공할 수 없었다. 아들들은 이런 교육에 대해 모두 불만을 가지고 있었다. 그들은 학위를 얻고자 할 때나 심지어 대학입학 자격시험을 볼 때도 정상적인 교육을 받지 못한 것에 대해 뒤졌다고 생각하였다.

그럼에도 불구하고 만약 아이들이 정규 교육을 받았더라면 가정교육을 받지 못했을 것이고 오늘날 생활에서 보여주는 소박한 봉사의 정신을 배우지 못했을 것이라고 생각하였다. 오히려 그 인위적인 교육은 그가 추구한 공공활동에 걸림돌로 작용했을 것으로 보았다. 그렇기에 아이들이 만족하고 또 자신도 만족스럽게 여기는 교육은 시키지 못했지만 돌이켜보면 그들에 대한 자신의 의무를 다하지 못했다는 생각은 하지 않으며 또한 공립학교에 보내지 않았던 것에 대해 후회하지도 않았다.

이 문제를 논하는 이유는 학생으로 하여금 가정교육과 학교교육에는 차이가 있다는 것과 부모에 의해 아이들은 끊임없이 영향을 받는다는 것을 알게 하자는 데 있다. 또 하나는 진리를 추구하는 자라면 진리의 실험을 끈기 있게 추구하여야 하는지, 자유를 믿는 자들에게 얼마나 많은 희생을 요구하는지를 보여주고자 하였다. 정규 교육을 희생하면서까지 그 아이들에게 주었던 자유와 자존의 교육은 그의 신념이었다.

간디는 영국이 운영하는 학교는 모두 노예의 아성이라고 규정지었고 노예의 쇠사슬을 차고 학문을 하느니 차라리 자유를 위하여 무식하게 돌을 깨는 편이 훨씬 더 낫다고 생각하였다.

그는 인도인의 자각, 자존심 회복에 무게를 두고 있었다. 자신의 아들과 조카의 교육에 대한 고민을 인도인으로서의 자존 그리고 자유를 추구할 수 있도록 육성시켜야 한다는 생각을 바탕으로 하고 있었다. 영국의 교육기관에 보내기보다는 힌두교 철학에 입각한 가정교육을 택하고 구자라트어와 힌디어, 타밀어 등 인도 언어 교육을 강조했다. 이러한 그의 교육관은 곧 인도의 정체성 확립과 사티아그라하의 철학에 기인한 것이다.

간디는 자발적인 복지사업과 더불어 루스톰지가 운영하는 병원에서 간호원으로 봉사하였다. 그는 환자의 불편을 들어 의사에게 말해주면 의사가 내린 처방으로 약을 조제하는 일을 하였다. 이 경험은 보어전쟁 때 부상병을 치료하는 데 큰 도움이 되었다.

또한 아이들 가르치는 문제는 항상 그의 큰 관심사였다. 병원에서의 봉사가 아이들 양육에 많은 도움이 되었다. 간디와 그의 부인은 출산할 때 가장 좋은 의료 혜택을 받고자 했지만 출산 순간에 의사와 간호사가 자리를 비워 당할 곤란을 걱정했다.

그래서 그는 스스로 여기에 대처하기로 했다. 『산모가 알아야 할 것들』이라는 책을 읽었고 그 책의 지시대로 두 아이를 돌보았다. 두 아이 출산 때 각각 두 달씩 간호사의 도움을 받았지만 주로 산모를 돌보도록 했으며 갓난아이를 돌보는 것은 그가 맡았다.

막내가 태어났을 때는 의사가 자리에 없었다. 조산원이 오는 데는 상당한 시간이 걸렸다. 미리 출산에 대한 책을 읽은 덕택에 초조하지 않고 침착하게 대처할 수 있었다.

2. 브라마차리아

간디는 브라마차리아Brahmacharya[1]를 심각하게 고민하기 시작했다.

결혼 후 진리에 대한 사랑의 일부로 부인에 대한 성실과 일부일처제를 고집하였다. 그러다 남아프리카에 정착하면서부터 아내에 대한 존경과 더불어 금욕의 중요성을 인식하게 되었다. 아마도 라이찬드바이의 영향이었던 것으로 기억하고 있다. 어느 땐가 간디는 그를 보고 글래드스턴 부인의 남편에 대한 헌신적인 사랑을 찬양한 일이 있었다. 간디는 어디선가 그녀가 남편을 위해 차茶를 가지고 다녔다는 그들 부부의 이야기를 읽은 적이 있었다. 이 이야기를 라이찬드바이에게 말했고 그 부부를 애찬했다. 그러자 그가 물었다.

"글래드스턴 부인의 남편에 대한 사랑과 그와는 상관없는 봉사 중 어느 쪽이 더 나을까요? 가령 그 부인이 그의 누이나 하인으로서 그런 헌신을 한다면 그래도 당신은 그 부인을 칭찬할까요?"

라이찬드바이는 기혼자였다. 그의 말은 매우 가혹하다고 생각했다. 하지만 그 말은 그를 완전히 사로잡았다. 하인의 헌신이 당연히 부인의 헌신보다도 훨씬 값진 것이었다. 아내가 남편에 대해 헌신하는 것은 그리 놀라운 일은 아니었다. 하지만 주인과 하인의 관계는 특별한 노력이 필요하다.

그러면 자신은 어떠해야 하는가 자문했다. 자신의 아내에 대한 성실성이란 자신의 정욕의 대상으로 만든 것에 지나지 않은 것은 아닌가. 자신이 정욕의 노예인 한 자신의 성실은 아무런 가치도 없다. 그녀는 결코 요부妖婦가 아니었다. 그러므로 본인 스스로 맹세하기만 한다면 금욕은 쉬운 일이었다. 장애란 자신의 약한 의지와 정욕에 대한 집착뿐이었다.

금욕하기로 한 뒤로도 두 번이나 실패하였다. 이유는 그 동기가 가장 우선되지 못했기 때문이었다. 그의 주된 목적은 더 이상 아이를 낳지 않으려는 데 있었다. 영국에서 앨리슨의 피임 주장과 힐스의 자제 논쟁 때 힐스의 주장에 크게 공감하였다. 더 이상 아이 갖기를 바라지 않았으므로 자제에 힘쓰기 시작했다. 이것은 한없이 어려웠다. 그는 아내와 다른 침대에서 자기 시작했다. 뿐만 아니라 기진맥진할 때까지 일한 다음 잠자리에 들려고 노력했다. 이런 모든 노력이 그리 큰 효과를 내지는 못했지만 지난 날을 생각해 보면 이런 실패한 노력들이 합해졌기 때문에 결국 해결할 수 있었다.

나탈에서 줄루 반란이 일어났던 무렵에 요하네스버그에 있었다. 반란은 보어전쟁 직후에 일어났다. 그는 종군했다. 그러나 이 일은 그로 하여금 금욕에 대한 생각을 더욱 굳건하게 하였고 그의 동료들과 자신의 생각을 논의하였다. 그러면서 그는 아이를 낳고 아이들을 돌보는 것과 공공봉사와는 서로 양립할 수 없다는 것을 알게 되었다. 그는 종군하기 위해 가족과 떨어져 있어야만 했다. 종군한 지 불과 한 달 만에 공들여 꾸민 집과 가재도구를 내놓지 않으면 안 되었다. 아내와 아이들은 피닉스로 보내고 자신은 나탈 군대 소속 인도인 환자 수송대의 지휘를 맡았다. 행군을 하면서 그는 이런 방식으로 사회에 봉사하기를 바란다면 처자식과 재산에 대한 욕망을 버리고 은둔자의 삶을 살아야 하지 않는가 하는 생각이 들었다.

종군은 6주 만에 끝났지만 이 짧은 기간은 그의 생애에 매우 중요한 시기였다. 브라마차리아에 대한 중요성이 그 어느 때보다 뚜렷이 마음속에 자리잡았다. 맹세는 진정 자유의 문을 닫는 것이 아니라 여는 것이라고 확신하였다. 여지껏 성공하지 못한 것은 의지가 약했기 때문이었고, 자신에 대한 확신과 신에 대한 은총을 믿지 못했기에 스스로 거센 바다를 표류하고 있었다. '내 생각이 앞으로 바뀔 수도 있다는 것을 생각하면서 어떻게 맹세로 나를 묶을 수 있을 것인가.' 이런 생각이 주저하게 만든다. 하지만 이런 의문 또한 특정의 사물을 포기해야 한다는 분명한 이해의 결여를 말한다. 그렇기에 니슈쿨라난드Nishkulanand가 이런 노래를 불렀다.

혐오없는 포기는 오래가지 않는다.

그러므로 욕망이 사라진 곳에는 포기의 맹세가 자연스럽게 그리고 필연적으로 오는 것이다.

1906년에 그는 마침내 브라마차리아를 맹세한다. 그때까지 부인에게 알리지 않았고 맹세를 하게 되었을 때 의논하였다. 하지만 최종 결심을 하는 데는 매우 힘이 들었다. 어떻게 자신의 성욕을 제어할 것인가. 아내와 육체적 관계를 하지 않는다는 것이 이상하였다. 하지만 신이 자신을 붙잡아 주실 거라는 믿음이 생겼다.

맹세한 지 20년을 지나 되돌아 보면 기쁨과 놀라움으로 가득 찼다. 맹세한 뒤 온 자유와 기쁨은 1906년 이전에는 경험할 수 없었다. 맹세 이전에는 가끔 유혹에 굴복하였다. 이제는 맹세가 유혹에 대한 군건한 방패가 되었다. 브라마차리아의 위대한 잠재력은 더욱 뚜렷해졌다. 피닉스에 있을 때 맹세하였다. 피닉스에서 위생부대의 일을 마치고 요하네스버그로 돌아와 한 달 동안 사티아그라하의 기초를 닦았다. 의식하지 않았지만 브라마차리아의 맹세는 사티아그라하를 준비한 것이었고 미리 준비된 계획은 아니었다. 그 이전의 일들이 그 목표로 이끌어 주었다.

브라마차리아는 단순한 금욕생활만을 의미하는 아니라 그것은 브라흐마의 실현을 의미한다. 날마다 맹세를 통해 금욕생활을 실천함에 따라 몸과 마음은 물론 영혼까지도 보호해 주는 그 무엇이 있다는 것을 점점 더 분명히 알게 되었다.

미각의 제어는 금욕생활에 있어서 매우 중요한 일이다. 미각을 완전히 제어한다면 금욕이 쉽다는 것을 알게 되었다. 그렇기에 그는 이러한 실험은 채식주의자로서뿐만 아니라 브라마차리아를 지키려는 견지에서 행하였다. 이러한 실험을 통해 그는 브라마차리아를 지키려는 사람의 식사는 매우 간단하고 조미료가 들어가지 않아야 한다는 것과 신선한 과일, 호두 같은 것이 가장 이상적인 식사라는 것을 알게 되었다. 이런 식사는 성욕에 대한 해방의 쾌감을 준다는 것을 이런 식으로 바꾼 뒤에야 알게 되었다.

또 금욕을 위한 단식은 음식을 선택하고 제한한다. 모든 면에서 음식을 가릴 때만이 제어할 수 있다는 생각은 지나친 것이다. 단순히 정욕을 제어할 생각으로만 단식하고 단식이 끝나면 닥치는 대로 음식을 먹는 사람에게는 아무런 도움이 되지 않을 것이다. 단식은 마음과 육체가 협력할 때만이 유익하다.

마음은 모든 육욕肉慾의 근원이다. 그러므로 단식하는 동안에도 누구나 애욕에 흔들릴 수 있다. 하지만 원칙적으로 단식하지 않고 성욕을 제어한다는 것은 불가능하다. 많은 금욕자들이 실패하는 가장 큰 이유는 금욕생활을 지키지 않는 사람과 마찬가지로 다른 감각을 사용하기 때문이다. 그것은 마치 오뉴월 땡볕에서 겨울 추위를 맛보려는 사람과 같다. 금욕자와 비금욕자 간에 유사점이 있다면 그것은 표면적인 것이다. 금욕자는 반드시 자신의 경계선이 있어야 한다. 그 차이는 낮의 햇빛처럼 명확한 것이어야 한다. 모두 눈이 있지만 금욕자는 하나님의 영광을 보고 사람들은 자신의 주위를 본다. 모두 귀로 듣지만 금욕자는 하나님의 찬양을 듣고 다른 사람은 상스러운 소리를 듣는다. 모두 밤늦도록 있지만 금욕자는 하나님께 기도하는 데 시간을 바치고 사람들은 쾌락을 즐긴다. 모두 먹지만 금욕자는 하나님의 성전을 수리하고 보전하기 위해 먹지만 사람들은 성스러운 그릇을 악취나는 시궁창으로 만든다. 이처럼 금욕자와 비금욕자의 차이는 시간이 지나면서 점점 더 멀어진다.

브라마차리아란 생각, 말 그리고 행동에 있어 모든 것을 제어한다는 것을 의미한다. 자제에 한정이 없는 것처럼 금욕생활에도 한정이 없다. 브라마차리아의 실천은 제한적인 노력만으로는 달성할 수 없다. 브라마차리아를 희구하는 사람은 항상 자신의 결점을 의식하며 마음 깊이 머뭇거리고 있는 욕정을 찾아내어 제거하도록 끊임없이 노력해야 한다. 생각이 완전히 의지의 통제에 있지 않는 한 브라마차리아는 완벽한 상태로 존재하지 않는다. 그러므로 최대한 노력을 기울어야 한다.

하지만 인도로 돌아온 뒤에야 브라마차리아는 인간의 단순한 노력만으로는 불가능하다는 것을 깨달았다. 그때까지 그는 과일만으로 자신의 정욕을 제어할 수 있다는 망상 속에 노력했다는 것을 알았다.

하지만 미리 낙심할 필요는 없다. 자신의 노력에 대해 확신을 가지고 그 만큼 하나님을 신뢰한다면 말이다.

> 절제하는 자는 감각의 대상은 사라지나 그 맛은 남는다. 그 맛은 하나님을 인식함으로써 사라진다. 『바가바드 기타』

그러므로 하나님의 이름과 그의 은총은 해탈을 추구하는 자의 마지막 의지처이다. 이 진리는 인도로 돌아온 뒤에야 터득하게 되었다.

간디는 브라마차리아를 실천하면서 생활도 간소화하여 세탁도 스스로 했다. 처음에는 서툴렀으나 점점 익숙해 졌다. 고칼레가 요하네스버그에 왔을 때 환영 연회에 입을 셔츠를 직접 다려 주었다. 이발도 손수했다. 프리토리아에서 영국인 이발사가 자신을 거절했을 때 모욕감을 느꼈고 그 뒤로는 스스로 이발을 했다. 인도인을 이발해 주면 그는 손님을 모두 잃어버리기 때문이었다. 인도에서도 불가촉민에게는 이발을 해주지 않고 있었다.

간디는 자조自助의 소박한 생활에 대해 애정을 갖게 되었다. 씨가 뿌려진 지 오래이다. 그 씨가 뿌리를 내리려 꽃이 피고, 열매를 맺기 위해서는 물을 주는 것이 필요하다. 그 물은 적당한 때에 주어졌다.

3. 보어전쟁

보어전쟁[2]이 터졌을 때 간디는 개인적으로는 보어인을 동정했지만 당시에는 자신의 개인적인 신념을 고집할 권리가 없다고 믿었다. 당시 사티아그라하는 구상조차 하지 않았다. 자신의 영국에 대한 충성심을 버릴 수 없었다.

흔히 영국인들은 인도인을 겁쟁이고 이기적이라 믿고 있었다. 그래서 간디의 영국인 친구들은 처음에 그의 계획에 냉담하였다. 하지만 부드만이 그의 계획을 지지해 주었고 그들에게 환자 수송대의 훈련과 의료 자격을 얻도록 도움을 주었다. 로턴과 에스콤비의 도움으로 종군從軍을 신청했다. 하지만 봉사가 필요없다는 답변을 받았다. 부스의 소개로 나탈의 주교를 찾아갔다. 인도인 봉사대 대원 가운데는 기독교인이 있었다. 간디의 제안에 주교는 반기면서 종군할 수 있도록 도와주겠다고 하였다. 전세가 영국에 불리해지자 인도인 봉사대의 도움이 필요하게 되었다.

인도인 의료봉사단은 1,100명에 달했고 지휘자는 약 40명이었다. 약 3백 명은 자유인, 나머지는 계약 노동자였다. 부스Booth도 함께 했다. 부대는 후방에 있었고 적십자의 지원을 받고 있었지만 위급할 때는 전선에서 의료봉사를 하도록 요청받기도 했다.

하지만 스피온 콥Spion Kop[3]에서 격전이 벌어진 뒤로는 상황이 달라졌다. 불러Buller 장군으로부터 의료봉사단이 전선에서 부상한 군인을 후송해 준다면 고맙겠다는 부탁이 있었다. 봉사단은 주저하지 않고 스피온 콥의 전투 현장에서 활동하게 되었다. 당시 봉사단은 부상자를 들 것에 신고 하루에 30~50km를 이동해야만 했다.

스피온 콥과 바알크란즈Valkranz의 패전 이후 영국군 사령관은 레이디스미드Ladysmith와 다른 곳을 탈환하려는 계획을 포기하고 영국과 인도에서 증원부대를 기다리면서 진격하기로 했다.

인도인 의료봉사단은 활동한 지 6주 만에 해산했지만 인도인의 위상을 드높이는 계기가 되었다. 신문들은 '우리는 제국의 아들들'이라고 격찬했다. 불러 장군은 봉사단원들에게 감사의 메시지를 보내왔고, 지휘자들에게는 훈장까지 주었다.

이 일로 인도인 단체는 좀 더 개선되었고 백인들의 태도 또한 많이 달라졌다. 전쟁 중에 맺어진 백인들과의 관계는 훨씬 부드러웠다. 그들은 자원봉사대를 다정하게 대해 주었고, 전선에서 그들에게 봉사한 것을 감사하게 생각했다.

시련이 닥쳤을 때 인간성이 어떻게 발휘되는지 보여주는 아름다운 회상이 있다. 로버트 중위가 치명상을 입어 봉사단은 그를 진지에서 옮겨야 했다. 행군하던 그날은 찌는 듯한 더위로 모두 심한 갈증에 시달렸다. 그러다 목을 축일 수 있는 조그마한 개울가를 만났다. 봉사단은 영국군들 보고 먼저 목을 축이라고 권하였고, 영국군들은 봉사단에게 먼저 목을 축이라고 권했다. 그래서 한참을 서로 사양하는 아름다운 다툼이 벌어졌다.

간디는 공동체의 약점을 묵인, 은폐하거나 혹은 도덕적 결함을 둔 채 권리만을 주장하는 것을 매우 싫어하였다. 나탈에 정착한 뒤 인도인에게 쏟아지는 비난을 없애기 위해 노력했다. 그 비난은 근거가 있었다. 그중 가장 많은 비난은, 게을러서 집과 그 주변을 깨끗이 할 줄 모른다는 것이다. 그래서 단체의 주요한 사람들은 자신의 집과 주위를 깨끗이 정돈하기 시작했지만 집집마다 검사하기 시작한 것은 더반에 전염병이 돌기 시작한 후였다. 그것도 더반 원로들의 동의를 얻은 후에야 할 수 있었다. 전염병이 돌면 행정관들은 신경질적으로 되었고, 많은 사람들이 불쾌할 정도로 과민반응을 보인다. 인도인 스스로 방역 조치를 취함으로써 그러한 압박에서 벗어날 수 있었다.

쓰라린 경험도 있었다. 단체의 권리를 주장할 때는 그 힘을 빌리기 쉽지만, 그 의무를 촉구할 때는 도움을 받기 어렵다는 것을 알았다. 때로는 무시당하고, 묵살했다. 그들은 청소를 아주 번거롭게 생각하였고 그런 일로 청소비를 받는다는 것은 생각하기도 힘들었다.

지속적인 설득으로 그들은 서서히 집과 주변을 청결하게 할 필요성을 느꼈다. 이런 일들로 간디는 항상 불만만 터트리는 자가 아니라 자기 정화를 위해서도 노력한다는 것을 정부당국에 보여 주었다.

해야 할 일이 하나 더 남았다. 그것은 남아프리카에 있는 인도인들에게 조국에 대한 의무감을 각성시키는 일이었다. 인도는 가난했고 그들은 부를 찾아 남아프리카로 왔으며 동포들이 어려움에 처했을 때는 그들의 수입 중 일부는 그들을 위해 내놔야 한다. 1897년과 1889년의 대기근이 닥쳤을 때 그들은 그 일을 했다. 영국인들의 도움을 받았다. 또 계약 노동자들까지도 기부에 동참했다. 이 일을 시작으로 그들은 계속적으로 송금을 했고 남아프리카의 인도인들은 조국에 재난이 있을 때마다 상당한 기부금을 보냈다.

4. 국민회의

보어전쟁이 끝나자 간디는 자신의 할 일은 이제는 남아프리카가 아니라 인도에 있다는 느낌이 들었다. 남아프리카에서 할 일이 전혀 없다는 것이 아니라 자신의 일이 단지 돈벌이에 그치지는 않을까 하는 두려움이 생긴 것이다. 친구들 역시 인도로 돌아갈 것을 권했고 자신도 인도에 봉사해야 된다고 생각했다. 남아프리카의 일은 물론 카안과 만수크랄 나자르에 맡기면 될 것이다. 동료들에게 자기를 놓아줄 것을 당부했다. 매우 큰 어려움 끝에 간디의 요구는 조건부로 수락되었다. 그 조건은 일 년 안에 인도인 사회가 그를 필요로 한다면 남아프리카로 돌아와야 한다는 것이었다. 어려운 조건이지만 인도인 사회가 그를 묶어두고 있는 사랑의 유대로 인해 수락하지 않을 수 없었다.

신은 사랑의 끈으로 나를 묶어 두었다.
나는 신의 노예이다.

미라바이Mirabai[4]의 노래를 인용하면서 그는 인도인 사회에 자신을 묶어두고 있는 사랑의 유대가 너무 강해 끊어질 수 없을 것이라고 했다. 민중의 소리는 신의 소리다. 이곳 친구들의 소리는 너무나 진실하기에 거절할 수 없었다. 간디는 그 조건을 수락하고 떠나도 좋다는 동료들의 허락을 얻었다.

당시 나탈의 인도인들은 마치 사랑의 신주神酒로 목욕시키듯 그를 사랑하고 있었다. 여러 곳에서 작별 모임이 있었고 선물을 받았다. 선물에는 귀금속도 있었다. 자신이 이런 선물을 받을 만한 가치가 있는가 자문해 보았다. 이 선물을 받는다면 아무런 보수 없이 인도인 사회에 봉사했다고 어떻게 스스로 납득할 수 있을 것인가 고민했다. 선물 중에는 50기니당시 실링나 하는 금목걸이도 있었다. 그의 아내에게 보내온 것이었다.

이 선물을 받은 날 저녁, 밤새도록 한 잠도 못 잤다. 안절부절하며 방안을 서성거렸지만 해결책이 나오지 않았다. 수백 기니의 값어치가 되는 선물을 돌려보내는 것도 어렵지만 그대로 받는 것도 곤란하였다. 자신이 가진다면 아이들에게 그리고 아내에게 어떻게 말할 것인가. 평소 아이들에게 봉사생활을 하도록 타일렀고 봉사는 그 자체가 보답이라고 교육시켜왔다.

결국 그는 이 선물들을 가지고 있을 수 없다고 결론 내렸다. 그는 인도인 사회에 이를 관리할 신탁기관을 설치하도록 하고 루스톰지와 몇 사람을 수탁자로 임명토록 한 서한을 보냈다. 아이들은 간디의 제안에 흔쾌히 승락했고, 어머니를 설득해 달라는 부탁도 받아들였다. 아내의 어려운 동의로 받은 선물 모두를 신탁했고 한 은행에 예치했으며 인도인 사회에 봉사하는 데 사용하도록 했다. 신탁기금은 오랫동안 보존됐으며 더욱더 늘어났다. 간디는 이 일을 후회하지 않았고 그의 아내도 그의 행동이 지혜로운 판단이라고 받아들였다.

인도에 도착한 뒤 지방을 다니면서 시간을 보냈다. 그해 1901년 인도국민회의가 캘커타에서 딘쇼 와차Dinshaw Wacha를 의장으로 하여 회의가 열렸다. 간디도 이 회의에 참석했는데 그는 국민회의를 처음 경험하였다.

봄베이에서 캘커타를 향한 기차 여행을 하면서 그는 페로제샤 메타와 같은 기차를 탔다. 그에게 남아프리카의 사정을 설명할 기회를 얻기 위해서였다. 메타는 특석을 예약했다. 잠시 그와의 면담을 요청해 두었다. 메타와 와치 그리고 세탈바드가 같이 있었다. 그들은 정치에 관한 이야기를 하고 있었다. 페로제샤는 간디를 보자 결의안은 통과되겠지만 별다른 도움이 되지는 않을 거라고 했다. 간디는 자신의 결의안을 제출할 수 있다는 사실에 만족해야만 했다.

그들과 함께 캘커타에 도착했다. 와차는 영접위원회의 성대한 갈채를 받으며 숙소로 안내되었다. 간디는 자원봉사자에게 자신은 어디로 가야하는지를 묻자 리폰 대학으로 안내해 주었다. 그곳에는 수많은 대의원들이 머물고 있었다.

자원봉사자들은 무성의하였다. 어떤 일을 물어보면 다른 사람에게 미루고 그는 다시 또다른 사람에게 미루었다. 대의원들을 만나려 해도 그 누구도, 그 어디에서도 찾아볼 수 없었다. 간디는 자원봉사자 몇 사람을 사귀었다. 그들에게 남아프리카에 대해 말해 주었더니 좀 수치스럽게 느꼈다. 봉사란 먼저 의지가 있어야 하고 그 다음 경험이 있어야 한다. 착하고 소박한 마음을 가지고 있는 이들 젊은이들에게는 의지가 없는 것은 아니나 경험이 전혀 없었다. 인도국민회의는 해마다 삼 일 동안 회의를 개최하고는 휴회한다. 일 년에 삼 일 열리는 기간에 무슨 훈련을 하겠는가. 대의원도 자원봉사자와 마찬가지로 더 좋은 훈련이란 게 있을 수 없었다. 그들은 아무 일도 하지 않으면서 자원봉사자를 향해 명령만 하였다.

간디는 이곳에서 다른 곳에서는 전혀 접해 본 적이 없는 상황에 직면했다. 타밀인의 주방만 다른 사람들 주방에서 멀리 떨어져 있었다. 타밀인들은 식사하는 자신들의 모습을 다른 사람이 보는 것을 모독으로 여겼다. 그들은 나뭇가지로 담을 쳐 따로 주방을 만들었다. 연기가 가득 차 숨이 막힐 지경이었다. 주방, 식당, 세면장 등 모두 한 군데에 모아 놓았으며 환기구도 없었다. 그가 보기에는 이는 바르나다르마한두사회 카스트들이 각각 지켜야하는 계율의 잘못처럼 보였다. 대의원들끼리 서로 접촉하지 않고 있는 것을 보면 대의원들이 그 출신 지역민과의 접촉 범위가 어느 정도인지를 짐작할 수 있는 일이다.

비위생적인 것은 한이 없었다. 사방이 오물 투성이고 화장실이라고는 몇 군데밖에 없었으며, 그 악취는 말할 수 없었다. 이를 자원봉사자들에게 지적해 주었지만 그것은 자신들의 일이 아니고 청소부들의 일이라고 했다.

간디는 빗자루를 달라고 했다. 자원봉사자 한 사람이 의아스럽게 그를 쳐다보고만 있었다. 그는 빗자루로 화장실을 청소했다. 그러나 자신만을 위한 것이었다. 변소 숫자가 너무 작아 항상 사람으로 붐볐다. 자주 청소할 필요가 있었지만 혼자 할 수 있는 일이 아니었다. 그 누구도 그 악취와 불결을 신경쓰지 않았다. 그뿐만이 아니었다. 몇몇 대의원들은 밤중에 베란다에서 아무렇지 않게 용변을 보기도 했다. 아침에 자원봉사자에게 그 장소를 알려주었지만 누구도 이를 청소하려고 나서지 않았다.

그 이후로 사정이 상당히 개선되었지만 계속 지각없는 대의원들은 말썽을 일으켜 국민회의 개최지를 손상시키고 있으며 모든 자원봉사자들도 청소하려 하지 않았다. 그가 보기에는 만약 회기가 길어진다면 유행병이 만연하지 않을 수밖에 없었다.

국민회의가 열리기 이틀 전에 그는 경험을 얻기 위해 국민회의 사무국에서 봉사하기로 마음먹었다. 사무국에는 바슈Basu와 고살Ghosal이 있었다. 고살은 그에게 한 무더기의 편지를 건네며 분류를 부탁했다. 일은 매우 쉬워 신속하게 처리하였다. 그는 말이 많았다. 간디의 경력을 알자 미안하게 생각하였다.

고살은 자신의 시종으로 하여금 와이셔츠의 단추를 채우도록 했는데 간디가 자처하고 나섰다. 간디는 연장자를 항상 존대하였다. 고살이 이를 알자 자신을 위한 약간의 개인적인 봉사에 대해 개의치 않았다. 간디에게 단추를 채워달라고 요청하고는 너스레를 떨었다.

그는 고살의 그런 봉사가 싫지 않았다. 이 봉사로 인해 얻는 혜택은 이루 말할 수 없었다. 지도자들 대부분을 만났으며 고칼레와 스렌드라나트와 같은 거물의 동향을 눈여겨 보기도 했고 엄청난 시간 낭비도 했다. 이 중요한 곳에서 인도의 문제를 두고 영어로 대화를 나누는 것이 그로서는 슬펐다. 일에 대한 안배도 적절하게 이루어지지 않았다. 한 가지 일을 하는 데 수많은 사람이 달라 붙었고, 중요한 일들은 소홀히 다루어지고 있기도 했다.

드디어 국민회의 회의장에 온 간디는 거대한 건물, 대기하고 있는 자원봉사자들, 그리고 단상에 좌정해 있는 원로들을 보면서, 과연 이 거대한 집회에 자신은 어디에 자리잡아야 할지 당혹스러웠다. 의장의 연설은 교과서 그 자체였다. 한 장씩 넘기면서 다 읽는다는 것은 거의 불가능하여 몇 구절만 읽었다. 뒤이어 고칼레는 간디를 이 위원회의 회의에 데리고 갔다. 누가 의제위원회에 상정시킬지 궁금하였다. 결의안마다 영어로 오래 연설을 하고 저명한 지도자가 지원하고 있었다. 간디의 결의안은 이들 노련한 정치가들에게 가려진 햇병아리에 지나지 않았다. 밤이 가까워지면서 그의 가슴이 심하게 떨렸다. 남은 결의안은 전광석화처럼 신속하게 처리됐다. 대의원들은 서둘러 떠나려고 하고 있었다. 벌써 밤 11시 가까이 되었다.

간디는 고칼레에게 도움을 요청했고, 고칼레와 페로제샤의 도움으로 그의 결의안이 통과되었다. 의장 와차는 결의안에 대해 설명하라고 했다. 아무도 결의안을 이해하려고 하지도 않았고, 서둘러 회의장을 떠날 생각만 하고 있는 그들의 태도가 마음에 들지 않았다. 짧은 시간에 무슨 말을 해야할지 걱정이었다. 준비를 하기는 했지만 연설이 잘 될 것 같지 않았다. 결국 즉석 연설을 하기로 했다.

하지만 남아프리카에서의 익숙한 연설솜씨가 순간 사라진 것 같았다. 의장이 그의 이름을 호명했다. 연설을 위해 일어서기는 했지만 어지러웠다. 그럭저럭 결의안을 읽었다. 예전에 그 누군가가 외국 이민자들을 찬양한 시를 대의원들에게 배포한 일이 있었다. 그도 그 시를 읽은 적이 있었기에 결의안을 설명하는 가운데 이 시를 읽고는 남아프리카의 인도인 이주민이 겪고 있는 고난을 언급했다. 바로 그때 의장이 벨을 눌렀다. 간디는 아직 자신에게 주어진 시간을 다 쓰지는 않았다고 생각했다. 2분 내로 끝내도록 경고한 벨이라는 것을 몰랐던 것이다. 간디는 다른 사람들이 30~45분 가량 연설하는 것을 들은 적이 있었고 그럴 때도 벨은 울리지 않았다. 기분이 상했지만 벨이 울리자 그 자리에 앉았다.

간디의 결의안 통과에는 문제가 없었다. 당시에는 방청객과 대의원간에 아무런 차이가 없었다. 누구든지 손을 들어 제안하고 모든 결의안을 만장일치로 통과시켰던 것이다. 간디로서는 자신의 결의안도 그런 식으로 통과되었기에 그 중요성이 희석된 것 같은 느낌이 들었지만 남아프리카 결의안이 국민회의에서 통과됐다는 사실만으로도 흡족하였다. 국민회의의 인가는 곧 전인도의 인가를 의미한다는 것이 그 당시의 일반적인 상식이었기 때문이다.

5. 고칼레

국민회의가 끝난 뒤 간디는 한 달 정도 켈커타에 머물렀다. 인도
총독 커존Curzon[5]이 두르바Durbar: 인도총독과 인도 왕들과의 접견식를 개최했다.
라자군주와 마하라자대군주 몇몇을 초청했다. 그들은 멋진 벵골의 도티
Dhot: 허리에 두르는 띠와 셔츠, 목도리를 하였는데 시중들에게나 어울리는
차림이었다. 또 한 번은 하딩Harding[6]이 힌두대학의 초석礎石을 놓을 때
에도 그들이 있었고, 말라비야지Malaviyaji[7]가 그를 초청하여 참석하였
다. 영국총독이 그런 차림을 요구했다는 것을 뒤에 알고는 마음이 아
팠다. 그들은 비단 파자마와 아즈칸achkan: 목이 올라온 제복에 진주 목걸이
를 하고 손에는 팔찌를, 터번에는 진주와 다이아몬드의 술을 달고 있
었으며 황금장식의 손잡이가 달린 칼을 허리에 차고 있었다.

이 장식은 그들이 노예임을 나타내는 것임을 알고는 슬펐다. 그런
행사에는 그런 차림을 해야 하는 것이 그들의 의무였다.

고칼레는 간디가 편하게 지낼 수 있도록 배려해 주었다. 그는 간
디에게 아무것도 감추지 않는 듯 했다. 그를 찾는 모든 이들을 간디
에게 소개해 주었다. 그 가운데 레이Dr. P, C, Ray가 가장 인상 깊었다.
이웃에 있는 그는 자주 방문했다. 그는 자신의 월급 대부분을 공익을
위해 기부한다고 했다. 그는 검소하게 옷을 입었는데 카디Khadi[8]라고
불리는 옷을 입고 있었다. 고칼레와 레이의 대화는 늘상 사회의 공익
에 대한 것과 교육에 대한 것이었다.

고칼레가 일하는 것을 보면 재미있기도 했고 교육도 되었다. 그는
사적이든 공적인 관계든 항상 사회 공익을 위한 것이었고 단 일 분도
사적인 일에 시간을 낭비하지 않았다.

그는 라나데Govinda Ranade: 인도국민회의 창설에 영향을 미침를 깊이 존경했고, 그 존경은 대단하였다. 그는 위대한 판사였을 뿐만 아니라 역사가, 경제학자, 개혁자였다고 한다. 판사의 신분으로 국민회의에 참석하였으며 그의 판결은 공명정대하였다. 그의 냉철한 이성과 뜨거운 가슴을 고칼레는 사랑하였다.

남아프리카에 있었을 때 기독교도 친구에게 인도로 돌아가면 그곳 기독교도들의 사정을 알아 보겠다고 말한 적이 있었다. 간디는 바부 칼리차란 바네르지babu Kalicharan Banerji에 관해 들은 것이 있었다. 그는 국민회의에서 큰 역할을 하고 있었다. 일반 기독교도들은 국민회의에 대해 초연할 뿐만 아니라 힌두교도나 회교도에게도 별다른 관심을 가지지 않는 것에 대해 간디는 탐탁잖게 여겼지만 그만은 예외였다.

당시 간디는 켈커타의 여러 곳을 돌아다녔다. 미터Mitter 판사와 구르다스 바네르지Gurudas Banerji를 만났다. 남아프리카에서 하는 일을 그들이 도와주기를 바랐기 때문이다. 그 무렵 라파리모한 무카르지Pyarimohan Mukarji도 만났다.

칼리차란 바네르지가 칼리 사원 이야기를 해주어 그곳을 방문하기로 했다. 걸인들이 사원으로 가는 길에 줄을 지어 서 있었다. 탁발자도 있었다. 당시 간디는 건강한 거지에게는 적선을 베풀지 않았다. 간디를 맞이한 것은 칼리의 제물로 바쳐진 양들의 피였다. 더이상 거기 서 있을 수 없었다. 화가 나서 가만히 있을 수 없었다.

종교란 이름으로 칼리 여신에게 끔찍한 제물을 바치는 것을 보고 간디는 뱅골에 대해 알고 싶고 충동이 생겼다. 그는 브라흐마 사마즈에 관한 이야기를 많이 읽고 들었다. 『케샤브 찬드라 센의 생애』Keshab Chandre Sen를 구해 흥미 있게 읽었고, 그 때문에 사다란 브라흐마 사마즈Sadharan Brahma Samaji: 케샤브와 의견을 달리해 1878년 만든 분파와 아디 브라흐마 사마즈Adi Brahma Samaji: 1865년에 사마즈가 보수파와 진보파로 분리된 뒤 마하리쉬 데벤드라나드 타고르가 만든 조직가 어떻게 다른 것인가 알게 되었다. 간디는 쉬바나타 샤스트리Shivanath Shastri를 만나 데벤드라나드 타고르를 만나러 갔으나 면담하지 못했다. 하지만 그의 집에서 열린 브라흐마 사마즈 축하연회에 초대받았고, 그곳에서 좋은 벵골 음악을 들었다. 그 이후 간디는 벵골 음악의 애호가가 되었다.

브라흐마 사마즈를 알고 나니 비베카난다Vivekananda: 라마크리슈나 선교회를 창설한 라마크리슈나의 가장 사랑받는 제자를 만나보고 싶었지만 그는 병으로 켈커타에 있었다.

미얀마 여행 후 간디는 고칼레와 작별했다. 작별은 쓰라렸지만 벵골에서의, 아니 켈커타에서 할 일이 모두 끝났고 더 이상 머물러 있을 필요가 없었다.

정착하기에 앞서 전인도를 돌며 그들의 어려움을 알아야겠다고 생각했다. 고칼레에게 말하자 처음에는 비웃었지만 간디가 여행에서 무엇을 보고자 하는지를 설명하자 그제야 찬성했다. 고칼레와 레이는 두 사람의 축복을 받으며 여행길에 올랐다.

6. 인도 순례

여행은 캘커타를 떠나 라지코트로 향하였고 도중에 바라나시, 아그라Agra, 자이푸르Jaipur, 팔란푸르Palanpur에 들릴 계획이었다. 다른 지방은 여행할 시간이 없었다. 각 도시마다 하루씩 머물렀고 팔란푸르를 제외하고 순례자들이 하는 것처럼 그는 이 여행에서 기차삯을 포함하여 31루피 이상을 쓰지 않았다. 일반 열차를 이용하였다.

삼등칸은 매우 더러웠고 화장실 역시 그랬다. 예나 지금이나 마찬가지였다. 약간 개선된 것 같기는 하지만 일등칸과 삼등칸의 시설은 운임의 차이에 비하면 너무도 차이가 심했다. 객차 바닥에 쓰레기를 마구 버리고, 담배를 피우며, 베텔betel: 인도인이 일상적으로 씹는 후추잎과 잎담배를 씹고 바닥에 침을 뱉으며, 다른 승객들은 아랑곳하지 않고 큰 소리로 떠들거나 고함치는 일들이 허다했다.

간디는 항상 삼등칸으로 여행을 다녔는데 이 끔찍한 여행질서를 고치려면 먼저 교육받은 사람이 삼등칸으로 여행하면서 승객의 무질서한 객차 질서를 바로잡도록 하는 것과 철도당국의 무관심한 방치보다는 적극적인 규제를 통하여 질서를 잡아야 한다고 생각했다.

간디는 1918~1919년에 심한 병을 앓게 되어 어쩔 수 없이 삼등칸 여행을 포기하지 않을 수 없었던 때가 있었다. 이것은 언제나 잊을 수 없는 고통이었고 수치로 생각한다. 그때는 삼등칸의 객차 질서를 회복하기 위한 질서운동이 한창이었기 때문이었다.

바나라시에 도착한 것은 아침이었다. 간디는 판다와 함께 지낼 작정이었다. 열차에서 내리자 수많은 브라만들이 그를 둘러쌌다. 간디는 그중에서 비교적 옷차림이 깨끗하고 착해 보이는 사람을 선택했다. 그의 집에는 소 한 마리가 있었고 이층을 숙소로 정해주었다.

그는 전통적인 예법에 따라 갠지스 강에서 목욕을 하지 않고는 아무것도 먹지 않을 작정이었다. 판다가 그 준비를 해 주었다.

그는 의식과 절차에서 빼놓은 것은 하나도 없었다. 푸자Puja: 기도의식는 12시에 끝났고 다르산darshan: 일상적으로 성자를 친견하는 의식을 위해 카쉬 비슈바나트Kashi Vishvanath 사원으로 향했다. 사원을 보자 괴로웠다. 사원으로 들어가는 길은 좁고도 미끄러웠다. 고요라고는 찾을 수가 없었다. 득실거리는 파리떼와 장사꾼과 순례자들이 떠들어 대는 소리에 정신이 하나도 없었다. 명상과 영적인 분위기는 불가능했다. 알아서 찾아야만 했다. 사원 관리자들은 사원 주위를 항상 청결하고도 단아하게 유지하여 엄숙한 분위기를 유지해야만 한다. 하지만 사원은 말 그대로 시장터였다. 사원에 다달았을 때 간디를 반겨준 것은 악취로 코를 찌르는 썩은 꽃들이었다. 바닥은 아름다운 대리석이지만 일부는 깨져 있었고 그것은 순례자가 아주 훌륭한 오물 용기로 사용하도록 돈을 주어 구멍을 파 놓은 듯 했다.

갸나 바피Jnana Vapi: 지혜의 샘로 갔다. 거기서 신을 찾았지만 찾지 못했다. 기분이 좋지 않았다. 그뒤 간디는 두 번 더 갔지만 그때는 이미 마하트마라는 칭호로 골치를 앓던 때라 앞서와 같은 체험은 얻을 수 없었다. 간디에게 다르샨을 받자는 사람들이 그를 사원의 다르샨을 받을 수 있도록 허락하지 않았다. 어쨌든 그 사원의 불결과 소음은 여전하였다.

누구든 신의 자비를 의심하는 자가 있다면 이런 신성한 곳에 잠시 눈을 돌려라. 그 요가의 왕은 얼마나 많은 위선과 비종교적인 것이 자신의 이름 아래 횡행하고 있는 것을 용납하고 계시는 것일까?

베산트 여사를 방문했다. 그녀는 겨우 병이 회복된 직후인 것을 알았다. 간디의 이름을 넣자 그녀가 금방 나왔다. 간디는 존경을 표하고 싶어 감사의 말을 남기고 그녀와 작별했다.

고칼레는 간디가 봄베이에 정착하여 자신을 도와주기를 간절히 원했다. 공공사업이란 국민회의의 일로 행정 업무를 말한다. 고칼레의 권유는 마음에 들었지만 변호사로서 성공할 자신이 없었다. 쓰라린 실패의 기억도 있었고 소송사건을 맡기 위해 아첨하는 것이 싫었다.

그래서 먼저 라지코트에서 일을 시작하기로 결심했다. 옛날 자신을 영국으로 가도록 권해주었던 케발람 마브지 다베가 아직도 그곳에 있었고, 그는 바로 간디에게 세 건의 변호 사건을 주선해 주었다. 그중 하나는 카디아와드의 정치법률담당 보좌관을 상대로 소원하는 일이었고, 또 하나는 잠나가르Jamanagar에서 있는 변호일이었다. 두번째 사건은 중요한 것이었다. 간디가 이 사건을 정당하게 판결나도록 다룰 자신이 없다고 하자 그는 최선을 다하라고 격려했다.

간디는 충실하게 준비했다. 그는 아직 인도 법률을 잘 알지 못했기에 케발람 다베가 세세하게 가르쳐 주었다. 이 소송에서 이겼다. 상소도 두렵지 않았고, 승소勝訴도 했다. 이 일로 그는 봄베이에서도 실패하지 않으리란 자신감이 생기기 시작했다.

법률담당관 재판소는 순회하였다. 그는 끊임없이 돌아다녀, 지방법원 변호사와 변호 의뢰인들은 그를 따라다녀야만 했다. 변호인들이 자신의 본거지를 떠날 때마다 변호료를 더 청구하였으므로 의뢰인은 상당한 비용을 감수해야 했다.

간디가 맡은 소송은 베라발Veraval에서 열릴 예정이었는데 그곳에 무서운 전염병이 돌았다. 인구 5천5백 명인 그곳에 매일 50건이나 되는 많은 소송이 줄을 이었다. 그곳은 정말 폐허나 다름없었다. 간디는 도심에서 좀 떨어진 인적 드문 힌두교 수행자들의 임시 숙소에 숙소를 정했다. 하지만 의뢰인들은 머물 곳이 마땅찮아 난감했다. 그들이 만약 가난한 사람들이라면 그들은 오직 신의 자비를 기다리는 수밖에 없었다.

간디는 자신의 성공을 돌보지 않고 라지코트에 좀 더 오래 머물려고 하고 있을 때, 케발람 다베가 와서 봄베이에 정착할 것을 권했다.

간디는 봄베이로 향했다. 포트Fort에 사무실을 빌리고, 기르가움에 집을 얻었지만 하나님은 간디에게 그곳에 정착하기를 허락하지 않으셨다. 집으로 이사오자마자 둘째 아들 마닐랄Manilal이 병에 걸렸다. 몇 년 전 천연두를 심하게 앓은 일이 있었는데 이번에는 장티푸스에 폐렴까지 겹쳐 밤에는 헛소리를 할 정도였다.

의사는 약은 소용이 없다며 계란과 닭곰탕을 권하였다. 그 아이는 겨우 10살이라 육식에 대한 것은 자신이 결정해야 했다. 다른 처방은 없느냐고 물었더니, 우유를 물에 타서 먹일 수도 있지만 영양이 부족하다고 했다. 하지만 그는 자신의 신념대로 자연요법으로 아들을 치료하겠다고 하자 간디의 어려움을 이해하고 요구에 동의해 주었다.

간디는 쿠네Kuhne: 독일인 의사의 자연요법을 알고 있었고 그것을 해 보았다. 또한 단식도 도움이 될 거라 보았다. 쿠네의 치료법대로 반신욕을 시키며 오렌지 주스를 물에 타 먹였다. 하지만 체온은 여전히 높았고 밤에는 헛소리를 했다.

간디는 불안해지기 시작했다. 형님과 사람들이 뭐라고 할지, 다른 의사나 아유르베다Ayurveda 의사를 불러야 할지, 부모라고 아이에게 마음대로 해도 되는지 머리가 복잡했다. 다른 생각도 떠올랐다. 하나님은 내게 했던 치료를 내 아들에게 행하는 것을 보시고 기뻐하실 것이다. 알로파티Allopathy: 서양의술의 한 가지는 믿지 않지만 물 치료법은 확신을 가지고 있었다. 의사라고해서 반드시 낫게 하지는 못한다. 단지 정성껏 실험해야 한다. 어차피 생명은 신의 손에 달렸다. 왜 그에게 모든 것을 맡기지 못하고 자신이 행하는 치료법이 옳다고 확신하지 못하는 것인가?

서로 상반된 두 생각으로 그는 혼란스러웠다. 물수건으로 찜질을 해주기로 마음먹었다. 수건을 물에 적셔 짜가지고 전신을 덮은 다음, 물에 적신 수건을 머리에 얹었다. 그리고 담요를 덮어 주었다. 온몸이 불덩어리 같았고 바싹 말라 있었다. 땀은 전혀 없었다. 간디는 지처 아내에게 맡기고 아이 곁을 떠났다. 바람이라도 쐬기 위해 초우파 티Chaupati로 산책을 나섰다. 밤 10시경이었다. 나다니는 사람이 거의 없었다. 간디는 깊은 시름에 잠겨 그들을 거들떠 보지도 않으며 혼자 속으로 이렇게 되뇌었다.

신이시여. 지금 시련에 처한 저를 당신께 맡깁니다.

라마나마Ramanama를 줄곧 외웠다. 잠시 후 두근거리는 가슴으로 집으로 돌아왔다. 방으로 들어서자마자 마닐랄이 담요를 벗겨달라고 했다. 이마를 짚어보니 땀방울이 맺혀 있었다. 몸의 열이 내려가고 있었다. 신에게 감사드렸다. 아이를 겨우 타일러 조금 더 땀을 내도록 했다. 이마에서 땀이 줄줄 흘렀다. 이불을 걷고 땀을 닦아 주고, 둘은 깊은 잠에 빠졌다.

다음날 아침 아이의 열은 더 많이 내렸다. 아이는 물에 탄 우유와 과일 주스만 마시고 40일을 버텼다. 이제는 겁날 게 없었다. 병이 한 풀 꺾인 것이다.

뒤에 마닐랄은 형제들 가운데 가장 건강하였다. 그 아이의 회복이 신의 은총인지, 물 치료법 때문인지, 아니면 식이요법과 정성어린 간호 덕분인지, 그 누가 확신을 가지고 말할 수 있겠는가? 간디는 그것은 신의 은총이라고 확신하며 이 확신은 지금도 변함이 없다.

아이의 건강은 회복되었지만 기르가움의 집은 살만한 곳이 아니었다. 습기가 많고 햇빛이 잘 들지 않았다. 그래서 레바샹카르 자그지Ravashankar Jagjivan와 의논하여 봄베이 교외의 순환이 잘되는 방갈로를 하나 얻기로 했다. 마침내 산타 크루즈에서 원하던 방갈로를 찾았다.

봄베이에서 예상 외로 변호사업이 번창했다. 남아프리카의 의뢰인들이 일거리를 주어서 그럭저럭 지낼 만 했다. 이렇게 안정을 되찾아 가고 있을 즈음 고칼레는 간디를 위해 분주히 계획을 세우고 있었다.

7. 다시 남아프리카로

간디는 봄베이에서 정착할 생각이었으나 신은 자신의 계획을 허용하지 않았다. 그가 거우 자신의 뜻대로 자리를 잡을 듯 하였을 때 남아프리카로부터 뜻밖에 체임벌린이 올 예정이니 바로 돌아오기를 바란다는 전보를 받았다.

떠나올 때의 약속을 생각하면서 여비를 마련해 준다면 곧바로 귀환하겠다고 전보를 보냈다. 그곳에서 적어도 1년은 걸릴 것같아 방갈로를 그대로 두고 아내와 아이들을 거기에 있도록 하였다.

당시 인도에는 일자리가 변변치 않았으므로 진취적인 청년들은 해외로 나가야 한다는 생각으로 사오 명의 청년들을 데리고 가기로 했다. 그 중에서는 마간랄 간디Maganlal Gandhi도 있었다. 간디의 부친은 그들에게 정부의 일자리를 주곤 하였다. 하지만 그것도 한계가 있었고 그렇다고 새로운 일자리를 만들어 줄 수도 없었다. 그들이 스스로 독립하기를 그는 원했다.

아내와 아이들과 이별하는 것, 자리잡힌 일과 작별하고, 안정에서 불안정으로의 전환이 한동안 괴로웠다. 하지만 서서히 그는 불안정ㅋ한 생활에 익숙해져 갔다. 이 세상에서 안정이나 확실을 원한다는 것을 기대하는 것은 잘못이라고 생각했다.

더반에 도착했을 때 그의 일이 기다리고 있었다. 체임벌린를 맞이

할 대표단 파견 날짜는 이미 잡혀 있었다. 간디는 그에게 제출한 진정서를 작성하고 대표단을 인솔해야 했다. 체임벌린은 남아프리카로부터 3천5백만 파운드를 받아냈고, 또 영국인과 보어인의 환심을 사기 위해 왔던 것이어서 인도인 대표단에 대해 냉담했다. 그는 영국정부는 자치 식민지인 나탈 정부에 대해 별다른 영향력을 가지고 있지 않지만 인도인들의 불만을 최대한 들어주겠다고 하였다.

이 말에 인도 대표단과 간디는 기운이 빠졌다. 이 일은 대표단에게 하나의 각성제가 되었다. 그리고 처음부터 새로 시작해야 한다는 것을 알게 되었다. 간디는 이 상황을 대표단에게 설명했다.

사실 체임벌린의 말에는 잘못이 없었다. 차라리 그의 솔직함이 좋았다. 그는 힘이 정의라는 것, 다시 말해 칼의 법칙이 옳다는 것을 점잖은 방법으로 알려주었던 것이다.

체임벌린은 나탈에서 트란스바알로 향했다. 간디는 그곳 인도인을 위한 청원서를 준비하여 그에게 제출해야 했다. 그런데 프리토리아로 어떻게 갈 것인지 난감하였다. 그곳은 엄청나게 먼 거리로 인도인들은 간디가 그곳으로 시간에 맞추어 갈 수 있도록 법적 편의를 제공할 위치에 있지 않았다. 보어전쟁은 트란스바알을 폐허로 만들었다. 그곳에서는 식량도 의복도 구할 수 없었다. 그렇기에 트란스바알 거주자들도 입국 허가를 얻어야만 했다. 유럽인들은 쉬웠지만 인도인들에게는 매우 어려웠다.

피난민의 입국허가증을 발행하는 관리는 입국을 원하는 이라면 누구든 허가증을 주어야 하는데, 아시아인은 새롭게 만들어진 곳을 통해야만 허가증을 받을 수 있었다. 이 신설 부서는 일을 만들 구실이 필요했고 그들은 돈을 원했다. 허가 업무를 하지 않는다면 이 부서는 폐쇄되어야 할 것이다.

인도인들은 이 부서에 신청해야만 했다. 많은 날이 지나서야 답변이 왔다. 트란스바알로 돌아가려는 사람들이 많아 브로커들이 생겨났고 그들은 관리들과 결탁하여 가난한 인도인들로부터 수천 루피나 되는 돈을 요구하였다. 연줄이 있어도 수백 파운드를 지불해야 한다는 풍문도 돌았다. 이러니 간디가 트란스바알로 들어갈 길이 없어 보였다. 결국 간디는 친분을 동원해 프리토리아로 향했다.

프리토리아에 도착하자마자 청원서 초안을 작성했다. 더반에서는 인도인 대표자 명단을 제출하라는 요구가 없었는데, 이곳의 새로 신설된 국에서는 요구하였다.

신설된 국의 간부들은 간디가 어떻게 트란스바알로 들어왔는지 모르고 있었다. 그들은 다만 간디가 오랜 연분으로 허가없이 들어왔다고만 생각하였다. 만약 그렇다면 간디는 체포되어야 한다. 정부는 허가없이 트란스바알로 들어오는 사람을 체포할 수 있었다.

결국 그들은 더반에서 간디가 허가증을 가지고 들어갔다는 말을 듣고는 저으기 실망했다. 하지만 그런 실망으로 물러설 자들이 아니었다. 스리랑카에서 온 아시아 담당 국장으로부터 출두하라는 호출을 받았다. 정식 서면으로 호출하지는 않았다. 인도인 지도자들은 종종 아시아국의 관리들을 만나야만 했다. 국장은 테브 셔드를 시켜 간디를 데려오라 하였다. 간디는 테브 셔드와 그밖의 사람들과 함께 그에게로 갔다. 그는 자리를 내놓지도 않았고 끝까지 세워놓았다.

그가 간디를 보고 물었다.

"여기 온 이유가 무엇이오."

"저는 동포들의 요청으로 그들을 돕기 위해 왔습니다."

"당신은 여기 올 권리가 없다는 것을 모르시오. 당신이 갖고 있는 입국허가증은 잘못 발부된 것이오. 당신을 이곳 주민으로 볼 수 없으니 돌아가시오. 또 체임벌린을 만나지 못할 것이오. 아시아국이 특별히 창설된 것은 인도인을 위해서요. 그럼 이만 가시오."

이렇게 말한 그는 간디에게 말할 기회조차 주지 않았다. 그리고 간디와 함께 간 일행을 붙잡아 두고는 욕설을 퍼붓고는 간디를 보내라고 했다. 그들은 분노를 안고 돌아왔다. 예측하지 못한 사태였다.

분노가 치밀어 올랐지만, 그런 모욕에는 익숙해져 있었다. 그래서 이번 일도 잊기로 하고 실리를 택하기로 했다. 얼마 후 아시아 담당 국장으로부터 편지 한 통을 받았다. 그 내용은 더반에서 이미 체임벌린을 만났으므로 이번 대표단 명단에서 간디는 제외한다는 것이었다.

이 편지는 간디의 동료들에게 도저히 참을 수 없어 대표단 모두 거부하자고 했다. 간디는 그렇게 되면 이곳 인도인들이 곤란한 처지에 놓이게 될 것이라며 만류하였다.

간디는 동료들을 달래어 인도인 영국변호사인 조지 고드프리를 대표로 삼도록 권했고 고드프리가 대표단을 이끌게 되었다. 체임벌린은 간디를 제외시킨 이유를 말하며 사건을 일단락 지을려고 했다.

하지만 일이 끝나기는 커녕 더 많은 일이 생겼고, 일들을 다시 시작하지 않으면 안 되었다.

어떤 사람은 이렇게 말했다.

"당신이 우겨 인도인들이 보어전쟁에 참전했는데 지금 그 결과를 보고 있습니다."

질책이었다. 하지만 그것은 아무런 의미가 없었다. 간디는 말했다.

"나는 후회하지 않습니다. 참전을 결정한 일은 지금도 잘한 일이라고 생각합니다. 우리는 다만 우리의 의무를 다한 것일 뿐입니다. 우리는 그 일에 대한 그 어떠한 대가도 원해서는 안 됩니다. 모든 일에는 인과가 있게 마련입니다. 우리 모두 과거에 매달리지 말고 우리

앞에 닥친 과제에 대해 생각합시다. 여러분들이 나를 부른 일은 이제 끝났습니다. 하지만 나는 여러분들이 귀국을 허락하더라도 여기를 떠나서는 안 된다고 생각합니다. 1년 이내는 인도로 돌아갈 생각을 하지 않을 것입니다. 그래서 고등법원에 변호사 등록을 해야 할 것 같습니다. 나는 이 신설된 아시아국을 상대로 일해 나갈 자신이 있습니다. 우리가 만약 이 일을 하지 않는다면, 우리는 여기서 쫓겨날 것이고, 그것도 모조리 약탈당하게 될 것입니다. 날마다 이런 모욕이 되풀이 될 것입니다. 체임벌린 씨가 나의 면담을 거절한 것이나 국장의 모욕은 민단 전체가 당하는 모욕에 비하면 아무것도 아닙니다. 우리가 앞으로 당할 개같은 생활은 도저히 참을 수 없을 것입니다."

간디는 계속 일을 추진해 나가면서 프리토리아와 요하네스버그에 거주하고 있는 인도인들과 여러 가지 문제를 토론하였다.

인도인으로서는 적당한 자리에 사무실을 얻기가 어려웠다. 다행히 지인들의 도움으로 법조계 주변에 적당한 사무실을 얻을 수 있었다.

8. 신지학회와 『바가바드 기타』

남아프리카에 있는 동안에 간디의 신앙을 지켜준 것은 기독교인들의 힘이었는데 여기에 더 힘을 실어준 것은 바로 신지학회였다. 무역회사의 경영자인 리치는 신지학회의 회원이었는데 그가 간디를 신지학회 모임에 데려갔다. 그는 신지학회의 생각과 달랐기 때문에 회원으로 등록하지는 않았지만 학회 회원들과 가까워졌다. 그들과 매일 종교 토론을 가졌다. 신지학 서적을 읽고 토론도 했고 그들 모임에서 연설을 하기도 했다. 1893년에 간디는 기독교인들과 친밀하게 지냈었는데 그때 그는 초심자에 불과하였다. 그들은 그를 예수님의 가르침을 받아들이도록 무척이나 애를 썼다. 그도 마음의 문을 열고 그들의 가르침에 열심히 귀를 기울였다. 또한 자신의 능력껏 힌두교를 연구했고 다른 종교들도 이해하려고 노력하였다.

그는 이들 친구와 스와미 비베카난다의 『라자요가』*Rajayoga*[9]를 함께 강독하였고, 다른 이들과는 드비베디M.N, Dvivedi의 『라자요가』를 강독하고 있었다. 또 한 친구와는 파탄잘리Patanjali의 『요가수트라』*Yogasutra*[10]를 읽었으며, 또 다른 사람들과는 『바가바드 기타』를 읽어야 했다.

간디는 1903년에 독서클럽을 만들어 정기적으로 책들을 읽어 이미 『바가바드 기타』에 대한 믿음이 있었을 뿐만 아니라 푹 빠져 있었기에 좀 더 깊이 파고들어가고 싶었다. 한두 가지 번역본을 참조로 원전을 이해하려고 노력했다. 또한 매일 『기타』의 한두 구절씩 암송하기로 하고 그것을 위해 이미 목욕 시간을 이용하기로 했다. 그의 목욕 시간은 대략 35분 정도 걸렸는데 양치질에 15분, 목욕에 20분 정도 걸렸다. 양치질은 서서 했으므로 벽에다 『기타』의 암송할 구절을 붙여 두고 그것을 읽고 그렇게 해서 13장을 외웠다.

『바가바드 기타』가 그의 친구들에게 어떤 영향을 주었는지는 그들만이 알겠지만, 간디에게 있어서의 『바가바드 기타』는 행동의 지침서였다. 『바가바드 기타』는 간디에게는 사전과 같은 책이었다. 자신에게 닥친 모든 문제와 시련에 대한 해답을 얻기 위해 그는 거의 매일 같이 보았다. 무소유아파리그라하(aparigraha)와 평정사마바바(samabhava) 이 두 단어들의 정확한 의미를 찾기 위해 그는 고심했다. 사람을 모욕하고, 오만하고, 부패한 관리와 어제의 동지가 오늘은 적으로 돌변한 자와 언제나 자신에게 선하게 대해주는 사람을 어떻게 하면 똑같이 대할 수 있을까. 어떤 것이 진정한 무소유인가. 자신의 몸과 아내 그리고 자식도 소유는 아닌지. 자신이 가진 책이나 책장조차도 버리는 것이 무소유인가. 자신이 가진 모든 것을 다 내버리고 오직 신만을 따라야 하는가. 이에 대한 답이 즉시 왔다. 자신이 가진 모든 것을 버리지 않는 한 결코 신을 따를 수는 없다는 결론이었다.

이런 결론에 도달한 것은 영국법을 공부한 것이 도움이 되었다. 스넬의 『형평법』에 대한 격언 해설이 생각난 것이다. 『바가바드 기타』에 나오는 관리자trustee란 말의 해설이 주는 교훈에 비쳐봄으로써 그 이해가 분명해졌다. 법을 존중해야 된다는 생각을 종교 안에서 발견한 것이다. 그는 무소유에 대한 『바가바드 기타』의 의미를 이렇게 이해하였던 것이다. 즉 구원을 얻고자 하는 자는 관리자와 같이 행동하여야 한다. 진정한 관리자란 아무리 많은 재산을 관리하더라도 그것을 조금도 자신의 것으로 생각하지는 않는다. 무소유나 평정은 마음의 변화, 태도의 변화가 선행되어야 한다는 것이 분명해진 것이다.

그래서 간디는 아버지 같은 형님에게도 편지를 써서 지금까지는 저축한 돈을 보내드렸지만 앞으로는 기대하지 말아달라고 당부했다. 앞으로는 여유돈이 생기면 그 돈은 남아프리카의 인도인들을 위해 사용될 것이라고 설명을 했다. 하지만 형님은 쉽게 이해하지 못했다. 그는 아주 엄한 말로 그에 대해 의무를 다해야 된다고 했다.

결국 간디의 형님은 간디를 단념하고 사실상 서신 왕래를 끊었다. 간디는 매우 괴로웠다. 하지만 자신의 의무라고 생각하는 것을 버리는 것은 더 괴로워 결국 덜 괴로운 편을 택했다. 그렇다고 해서 형님에 대한 공경심이 사라진 것은 아니었다. 형님에 대한 자신의 사랑은 항상 순수하고 두터웠다. 말년에 가서야 간디의 생각이 옳았다고 인정해 주었다. 거의 임종에 가까워져서야 간디에게 마치 아버지가 아들에게 사과하는 것처럼 편지를 보냈다. 그 편지에는 조카들을 간디의 생각대로 길러줄 것을 부탁하며 보고싶다고 하였다. 형님은 남아프리카로 오고 싶다고 했고 즉시 오시라고 했다. 하지만 남아프리카로 오기 전에 임종하였다. 조카들도 인생을 바꾸지도 못했고 간디 곁으로 끌어오지도 못했다. 그것은 그들의 잘못이 아니었다.

"그 누가 자신에게 주어진 운명의 여신에게서 멀리 떨어질 수 있는가. 아니 더 멀리 갈 수 있단 말인가. 그 누가 자신의 타고난 업을 녹일 수 있단 말인가. 제 자식들이 자신과 같은 삶의 방향으로 나아가기를 바란다는 것이 얼마나 부질없는 짓인가."

9. 식이요법과 자연치유

신지학파들 대부분 채식주의자들이었고 회원 중 한 여성 사업가가 규모가 제법 큰 채식식당을 운영하고 있었다. 그녀는 미술을 좋아했고 호화스러웠다. 그녀는 친구들과의 교제 범위도 꽤 넓었다. 그녀는 사업을 좀 더 확장하고자 간디에게 도움을 청했다. 변호 의뢰인들이 큰 액수의 돈을 맡기는 일이 있었는데, 그 가운데 한 사람의 동의를 얻어 약 1천 파운드의 돈을 빌렸다. 그 의뢰인은 원래 계약 노동자로 남아프리카에 온 사람이었다. 그의 이름은 바드리Badri였는데 뒤에 사티아그라하 운동에서 중요한 역할을 하였고 그 일로 투옥되기도 하였다. 간디는 그의 승낙에 안심하고 그 돈을 빌려주었다.

하지만 두서 달이 지나자 그 돈을 되돌려 받기가 어렵다는 것을 알게 되었다. 그만한 돈이면 쓸 곳도 많았지만 결국 그 돈은 떼이고 말았다. 문제는 자신을 믿고 돈을 빌려준 바드리의 손해를 그냥 보고만 있을 수 없었다. 결국 간디는 떼인 돈을 자신이 갚았다. 간디는 이 일을 자신의 변호 의뢰인 가운데 한 사람에게 말했더니 그는 부드럽게 꾸짖었다.

"바이, 그런 일은 형님이 하실 일이 아닙니다. 우리는 여러 가지로 형님을 의지하고 있습니다. 그렇다고 그 돈을 받아내지도 못하죠. 저는 형님이 바드리를 위해 형님의 주머니를 털어 그 돈을 대신 갚을 것이니까요.

하지만 만일 의뢰인들을 의지하다가는 불쌍한 사람들은 망할 것이고 형님은 거지가 될 것입니다. 형님은 우리 일을 맡으실 분인데, 만약 형님이 거지가 된다면 우리의 활동은 모두 중단될 것입니다."

간디는 지금도 그 친구에게 고마운 마음을 가지고 있다. 남아프리카에서나, 어디서나 아직까지 그보다 더 순수한 마음을 가진 이를 만난 적이 없었다.

그의 충고는 옳았다. 그는 바드리의 빚을 갚기는 했지만 그와 비슷한 또다른 손실이 생겨 그 손실을 자신이 일일이 다 갚는다면 그 빚은 감당할 수가 없을 것이다. 그 교훈으로 간디는 평생 그와 같은 일을 두 번 다시 되풀이 하지 않았다. 그리고 아무리 개혁이 필요하고 절실하더라도 자신의 역량을 벗어난 일을 해서는 안 된다는 것을 알게 되었다.

간디는 더반에서 변호사를 하고 있을 때 건강이 악화되고 류머티즘에 시달리고 있었다. 마침 그를 만나러 온 메타의 치료로 좋아졌다. 그후로는 인도로 돌아갈 때까지 이렇다할 병이 없었다. 하지만 요하네스버그에 있을 때 변비와 만성 두통에 시달렸다. 그는 가끔 완화제를 쓰고 음식을 조절하였지만 건강하다고 말할 수는 없었다. 그는 어떻게 하면 약으로부터 벗어날 수 있을까 걱정이었다.

그 무렵 맨체스터Manchester에서 '오전불식모임'이 결성되었다는 기사를 읽었다. 그들의 주장은 이랬다. 영국인들은 너무 자주, 그리고 많이 먹는데 늦은 밤까지 먹는다. 그래서 아침을 먹지 말아야 한다는 것이다. 이 기사가 전적으로 그에게 맞는 것은 아니지만 일리는 있다고 생각되었다. 그는 하루 세 끼를 꼭 챙겼고 오후에는 꼭 차를 마셨다. 소식가도 아니었고 양념없는 채식으로 맛있는 것을 마음껏 먹었다. 그리고 아침 6~7시 사이에 일어난 적도 별로 없었다. 그래서 곧바로 실험에 들어갔다. 며칠은 좀 힘들었지만 두통은 완전히 사라졌다. 이 일을 통해 자신이 필요 이상으로 많이 먹었다는 것을 알게 되었다. 하지만 변비는 좀처럼 낫지 않았다. 쿠네의 반신욕을 시험해 보았으나 약간 좋아지기 했지만 완전히 치료되지는 않았다. 그러던 차에 채식식당을 경영하던 독일인인지, 또다른 친구인지는 기억할 수 없지만 저스트Just의 『자연으로 돌아가라』Return Nature라는 책을 얻었다. 그 책에서 흙치료에 관한 것을 읽었다. 흙치료법을 해본 결과 놀라운 효과를 얻었다. 흙을 물에 갠 다음 찜질팩으로 만들어 배에다 붙이는 것이었다. 이 팩들은 밤새 붙여 잔 뒤 아침에 떼어내는 것이었는데 아주 효과가 좋았다. 그후 간디는 이 치료법을 자신뿐만 아니라 친구들에게 썼는데 한 번도 후회해 본 적이 없었다.

간디는 일생 동안 두 번의 중병을 앓았지만 약을 먹을 필요는 없다고 믿고 있다. 천에 한둘만 빼고 나머지는 음식 조절, 흙·물 치료법으로 그리고 민간요법으로 다 낫을 수 있다고 확신했다. 그의 고집 때문에 많은 의사들이 애를 태웠지만 그들은 친절히 참아주며 그를 버리지 않았다.

간디의 식이요법은 「인디언 오피니언」The Indian Opinion의 구자라트 난에 이미 소개되었다. 그리고 이 기사를 모아 영어로 된 『건강가이드』A Guide to Health란 소책자로 간행되었다. 그가 출간한 책들 중에 이 소책자가 가장 널리 읽혀진 스테디셀러가 되었는데 그는 이해할 수 없었다. 애당초 「인디언 오피니언」지 독자들을 위해 쓴 것인데, 「인디언 오피니언」을 읽어본 적도 없는 동서양의 사람들에게 그 소책자는 많은 영향을 미쳤다.

그의 모든 글들이 그렇지만, 그 책을 쓴 목적은 정신적인 데 있다. 간디의 모든 행동의 원천은 정신적인 것이다. 책에서 제시한 이론들 가운데 자신이 아직 실천하지 못한 것은 그의 고민거리다.

갓난아이 땐 모유를 먹는 것 외에는 다른 것은 일절 먹을 필요가 없다는 것이 간디의 확고한 신념이다. 그외의 것은 잘익은 과일과 견과류 정도이다. 사람은 포도나 아몬드만으로도 조직과 신경에 필요한 영양을 충분히 섭취할 수 있다. 이런 종류만 섭취하면 성욕과 그외의 욕심에 대한 조절이 가능하다. 간디와 그의 동료들은 '사람은 먹는 대로 된다'는 인도 속담이 틀린 말이 아니라는 것을 안다.

하지만 불행하게도 인도에서는 그 이론이 맞지 않다는 것을 알게 되었다. 케다Kheda에서 모병募兵운동을 하고 있을 때 음식 조절을 잘못 하여 죽음에까지 이르게 된 일이 있었다. 우유를 먹지 않고 회복하려고 했지만 허사였다. 의료진에게 우유를 대신할 것을 알려달라고 하여 실험해 보았지만 몸만 더 축이 갔다.

쇠고기 수프와 브랜디를 서슴치 않고 권하는 그들이 어떻게 간디를 우유없이 살 수 있도록 도울 수 있단 말인가. 간디는 자신의 맹세 때문에 소젖이나 물소의 젖을 먹을 수 없었다. 그 서약은 모든 종류의 우유를 먹지 않는 것을 의미하는 것이지만, 맹세 당시는 소젖과 물소의 젖만을 염두에 두었고 또 살고 싶다는 간절한 열망 때문에 자신을 속이고 산양의 젖을 먹기 시작했다. 그는 양젖을 먹기 시작하면서 자신의 서약 정신이 깨지고 말았다는 것을 의식하게 되었다.

롤라트 법안Lowlatt Act[11]에 대한 반대 투쟁을 이끌어야 한다는 생각에 살고자 하는 욕망으로 간디 생애 가장 위대한 실험 가운데 하나를 중지하게 되었다.

영혼은 먹지도 마시지도 않기에 먹고 마시는 것은 영혼과는 상관이 없다. 밖에서부터 안으로 들어가는 것이 아니라 안으로부터 밖으로 나오는 것이 문제라는 주장이 있다. 하나님을 두려워하며 그를 대면하고자 원하는 구도자에게는 양적으로나 질적으로 음식을 절제하는 것은 생각과 말의 절제와 같이 필요하다는 점이다.

그러나 간디는 자신이 행하지 못한 경우 그것을 사실대로 말하고 그 이론을 믿지 말라고 한다. 그러기에 자신이 내세운 이론을 믿고 우유를 먹지 않는 사람들에 대해, 우유를 먹지 않아 유익했거나 혹은 경험 있는 의사에게서 권유를 받지 않은 한 그 실험을 고집하지 말아야 한다는 것이다. 간디 스스로의 경험에 의하면 소화력이 약한 사람, 늘 병석에 몸져 누워 있는 사람에게는 소화가 쉽고 영양이 많은 음식으로 우유만한 것은 없다는 것이다.

1. 힌두교에서는 예로부터 인생을 4단계로 나누어 구분하였다. 첫째, 범행기(梵住期, Bramacharya)라 하여 몸을 청결하게 유지하며 스승 밑에서 베다를 배우며 지적, 도덕적 훈련을 쌓는다. 둘째, 가주기(家住期, Grhastha)로 스승의 곁을 떠나 집으로 돌아와 결혼하여 가정생활을 하며, 자식을 낳고 조상에 대한 가업을 완수한다. 셋째, 임주기(林住期, Vanaprastha)로 나이가 들면 가정을 버리고 홀로 숲속으로 들어가 머문다. 넷째, 편력기(遍住期, Sannyasa)로 현세의 삶을 완전히 포기하고 오로지 해탈를 추구하며 산다.

2. 남아프리카 전쟁. 일명 보어전쟁으로 보어인(남아프카 거주 네덜란드계 백인) 공화국의 남아프라키공화국(트란스발), 오렌지자유국과 영국 사이에 벌어진 전쟁(1899~1902).

3. 이 전투에서 영국은 패했으며, 큰 충격을 받았다.

4. 15세기 인도 여류시인으로 간디가 좋아하는 시인 중의 한 사람이다.

5. 인도의 총독(1898~1905)과 영국의 외무장관을 지냈으며, 재임 당시 영국의 정책 결정에 중요한 역할을 했다.

6. 인도의 총독으로 인도와 영국간의 원만한 관계를 유지하였고, 제1차 세계대전에서 영국에 대한 인도의 지지를 확보하는 데 크게 공헌하였다.

7. 인도의 연합주 출신의 변호사로 1909년에 국민회의의 의장을 역임하였으며 국민당을 창설하기도 했다.

8. 인도산 면직류의 옷.

9. 요가의 왕이라는 뜻으로 삼매를 통해 해탈을 목적으로 하는 요가의 한 종류.

10. 파탄잘리가 편찬한 저서로 요가학파의 근본 경전.

11. 1919년에 영국의 식민통치에 대한 인도의 독립운동 세력을 탄압하기 위해 제정한 법률이다. 법 제정에 큰 역할을 한 롤라트 위원회Rowlatt Committee의 위원장 시드니 롤라트Sydney Rowlatt의 이름을 따서 롤라트 법이라 하였다.

05

공동체

공동체

1. 아내

요하네스버그는 아시아국 공무원들의 아성이었다. 이곳 공무원들은 인도인과 중국인 그리고 그 이외의 사람들을 보호는커녕 학대하고 있었다. 이런 종류의 불평은 매일 듣는 일이었다.

"정당한 입국은 안 되고 입국 자격이 없는 자들은 백 파운드를 내고 몰래 들어옵니다. 선생이 이를 바로 잡아주지 않는다면 누가 바로 잡겠습니까."

동감이었다. 증거를 수집하기 시작했다. 상당한 양의 증거가 모이자 경찰서장을 찾아갔다. 그는 공정한 사람인 것 같았다. 간디를 냉대하지 않았고 경청한 뒤 증거를 보여 달라고 했다. 그 증거물을 직접 검토하고는 만족스러워 했다. 그는 백인 범죄자에게 유죄를 선고할 재판관을 보기는 어렵지만 공정한 수사를 하겠다고 약속했다. 대부분의 공무원들이 혐의가 있었지만 증거가 확실한 두 명만 구속영장이 발부되었다.

간디의 활동이 더 이상 숨겨질 수 없었다. 구속영장이 발부된 두 관리는 유능한 밀정을 두고 있었다. 그들은 간디의 동태를 예의주시하면서 수시로 그들에게 보고하였다. 다른 이들이 돕지 않았다면 그들을 체포하지는 못했을 것이다.

둘중 하나는 달아났다. 경찰은 구인영장을 발부받아 그를 체포하여 트란스바알로 이송하였고 재판에 회부되었다. 그들에 대한 완벽한 증거와 도주 사실에도 불구하고 무죄로 석방되자 간디와 경찰서장도 분개했다. 간디는 직업에 회의를 느꼈다.

하지만 그 둘의 죄는 너무도 명백했기에 그들은 파면되었다. 그 여파로 아시아국은 비교적 깨끗해졌고 인도인 사회는 다소 안심하게 되었다.

그들의 죄질은 나빴지만 개인적으로 미워하지 않았다. 그들도 그것을 알았다. 그들이 곤경에 처했을 때 간디를 찾아왔고 그들을 도와주었다. 그들이 요하네스버그 시청에 취직할 때 간디의 반대가 없어야 가능했다. 그들은 취직을 했다.

이 일이 있은 뒤로부터 그를 만나는 공무원들은 안심하였고 설령 싸워야 하는 공무원들과 심한 언쟁을 하더라도 그들과 사이가 나빠지지는 않았다. 그러한 행동이 처음에는 간디 자신의 천성인줄 알았지만 뒤에야 비로소 그것이 사티아그라하의 본질이며 아힘사의 속성이라는 것을 알게 되었다.

사람과 그의 행동은 별개이다. '죄는 미워하되 죄인은 미워하지 마라'는 말을 이해하기는 쉽지만 행동으로 옮기는 것은 대단히 어렵다. 그렇기에 세상은 증오가 판을 친다.

아힘사는 진리 탐구의 바탕이다. 아힘사의 바탕이 없는 탐구는 의미가 없다는 것을 인식하였다. 제도에 저항하고 공격하는 것은 지극히 당연한 일이지만 그 제도를 만든 사람을 공격하는 것은 자기 자신에게 공격하는 것이나 마찬가지다.

더반에서 변호사를 하고 있을 때 사무실 서기들이 종종 간디와 같이 살 때가 있었다. 그들을 가족같이 대했으며, 혹 아내가 그렇게 대하는 것을 방해하는 경우에는 아내를 나무랐다. 이중 하나는 판차마 panchama 계급의 부모에서 난 기독교인이 있었다.

당시 간디의 집은 서양식이었지만 방에 화장실이 없었다. 해서 침실마다 요강을 두었고 그것의 청소는 간디와 그의 아내가 하고 있었다. 대부분은 자신의 요강은 스스로 닦았지만 새로온 서기는 그런 사실을 몰라 간디 내외가 그것을 치워야 했다. 아내는 다른 요강은 그런대로 처리를 했지만 그의 것을 청소하는 것은 참을 수 없어 결국 부부싸움이 벌어졌다. 요강을 들고 층계를 내려오는 아내의 눈에는 노기가 서렸고 눈물이 두 뺨을 타고 흘러 내렸다. 하지만 간디는 그녀가 진심으로 그일을 해주기를 바랐다. 그래서 소리쳤다.

"내 집에서 이런 일이 일어나는 것을 참을 수 없어."

그러자 아내가 맞받아쳤다.

"당신 집이니 당신 마음대로 하세요. 나는 가겠어요."

간디는 순간 이성을 잃어버려 아내의 팔을 붙들고 문밖으로 향했다. 아내는 눈물을 비오듯 흘리며 울부짖었다.

"당신은 부끄럽지도 않아요. 나보고 어디로 가라고요. 여기엔 나를 받아줄 부모도 친척도 없어요. 당신은 내가 아내니까 당신 마음대로 해도 참아야 한다고 생각하나요. 이게 무슨 꼴이에요. 남들이 볼까 두려워요."

태연한 척 하였지만 정말 부끄러워 문을 닫았다. 간디 부부는 수없이 말다툼을 했지만 마지막에는 항상 화해했다. 깊은 인내심을 가진 아내가 언제나 승리자였다.

이제야 간디는 담담히 말할 수 있게 되었다. 다행히 지금 그 일을 극복할 수 있었기 때문이다. 이제 그는 맹목적으로 아내에게 빠져 있지도 않고 아내의 선생도 아니다. 아내는 그가 그랬던 것처럼 간디를 불쾌하게 할 수도 있지만 이제는 훈련된 친구이다.

이런 생각이 근본적으로 바뀌게 된 데는 1900년이었고, 6년 뒤에는 구체화되었다. 육체적인 욕망이 서서히 사라지면서 가정생활은 평화로왔고 행복해졌다. 하지만 이렇게 말한다고 해서 그들 부부가 이상적이라거나 이상이 완전히 일치한다는 것은 아니었다.

하지만 아내의 가장 좋은 점은, 대부분 힌두교 가정의 아내들처럼 남편을 믿고 따르는 것을 미덕으로 여겼으며, 그의 금욕생활을 방해하지 않았다. 그렇기에 비록 지적인 편차에도 불구하고 그들은 만족스럽고 행복하고 진보적이라는 느낌을 가지게 되었다.

2. 친구들

인도인을 마치 가족으로 생각해 함께 생활했던 것과 마찬가지로 더반에서는 영국인 친구들과도 같이 살았다.

이런 외국인들과의 접촉은 더반에서보다 요하네스버그에서 훨씬 더 자연스러웠다. 요하네스버그에서 간디는 한때 4명의 서기를 두고 있었다. 그들은 서기라기보다는 차라리 아들이라 하는 편이 나았다. 하지만 타이핑을 할 줄 아는 사람은 간디밖에 없었으므로 서기는 많았지만 일손이 오히려 부족하였다. 나탈에서 누구를 데려 올 수가 없었다. 입국허가증 없이는 아무도 트란스바알로 들어 올 수 없었다.

어쩔 도리가 없었다. 일은 점점 밀려만 갔고 개인적인 일이든 공적인 일이든 모두 업무를 처리하는 데는 한계가 있었다. 유럽인 서기를 두고 싶었지만 유색인종과 같이 일할 백인을 구하기란 쉬울 것 같지 않았다. 하지만 해보기로 했다. 중개업자에게 부탁하자, 스코틀랜드에서 온 지 얼마되지 않은 딕크라는 아가씨를 소개시켜 주었다. 다행히 그녀는 인종 편견이 없어 기뻐하며 일을 시켰다.

얼마 지나지 않아 그녀는 단순한 타이피스트라기보다는 딸이나 누이동생 같았다. 그녀의 업무처리는 거의 완벽하였다. 그녀는 수천 파운드나 되는 자금을 맡기도 했고 곧이어 회계장부도 맡았다. 그녀는 나의 전폭적인 신임을 얻었고 그녀 또한 자신의 속내를 스스럼없이 털어놓았다. 그녀는 결혼할 때까지 일하였고, 결혼 후에도 도움을 청하면 기꺼이 도움을 주었다.

그녀가 맡고 있던 업무를 대신할 사람이 필요했는데 다행히 다른 아가씨를 구하게 되었다. 쉴레신Schlesin이라는 아가씨로 칼렌바흐 Kallenbach, 유대계 독일인 씨가 소개해 주었다. 뒷날 그녀는 트란스바알에서 고등학교 교사로 일했다. 그녀가 처음 왔을 때가 대략 17세 정도였다. 그녀의 사고방식은 간디와 칼렌바흐 씨가 이해하기가 힘들 때도 있었다. 그녀는 타이피스트로 온 것이 아니라 경험을 쌓기 위해서 왔다. 인종차별이 없었고 나이도 경험도 개의치 않았다. 심지어 남자에게 면박도 잘 주었다. 이런 성정들이 가끔 간디를 곤란하게 만들었지만 개방적이고 정직한 성격이 그런 문제들을 덮었다.

그녀는 밤낮을 가리지 않고 일을 했으며 늦은 밤에도 혼자 나와서, 위험할 것 같아 누구랑 같이 가라 하면 화를 내며 혼자 다녔다. 많은 건실한 인도인들이 그녀를 우러러 보았다. 사티아그라하를 하는 동안 거의 모든 지도자들이 투옥되었을 때 그녀는 혼자서 운동을 지도

했다. 수천에 달하는 자금 처리, 엄청난 양의 서신과 「인디언 오피니언」까지 다 쥐고 있었지만 지칠줄 몰랐다.

고칼레는 간디의 모든 협력자들 중에서 그녀를 최고로 쳤다.

3. 인디언 오피니언

마단지트Madanjit가 간디를 찾아와 「인디언 오피니언」Indian Opinion의 발행을 제안했다. 그는 인쇄소를 경영하고 있었으므로 간디는 그 제의에 동의했다. 1904년에 「인디언 오피니언」은 발행그의 자서전에서는 1904년으로 기록했지만, 1903년에 이미 발행되었다되었다. 만수크랄 나자르Mansukhla Naazar가 첫 편집인이었다. 간디는 이 신문을 위해 대부분의 시간을 할애해야만 했다. 만수크랄이 능력이 없어서 그런 것은 아니다. 그는 인도에 있을 때부터 신문과 잡지에 종사했지만 복잡한 남아프리카의 사정에 관해 함부로 글을 쓰러하지 않았다. 그는 간디의 통찰력을 깊이 신뢰했기에 논설란을 채우는 일을 맡겼다. 신문은 지금까지 주간지로 발행되고 있다.

처음부터 이 신문에 투자할 생각은 없었지만 간디의 재정적 지원이 없이는 신문의 발행이 어렵다는 것을 얼마되지 않아 알게 되었다. 애당초 발행하지 않았다면 모르지만 발행한 이상 계속하기로 했고 결국 그가 가진 모든 돈을 다 소진하고 말았다.

그는 논평에 정성을 쏟았고 사티아그라하의 원리와 실천을 설명하기 위해 모든 노력을 기울였다. 「인디언 오피니언」이 발행된 지 10년이 되는 동안 감옥에 있을 때를 제외하고는 간디의 논평없이 발행된

적은 없었다. 사티아그라하는 「인디언 오피니언」 없이는 아마도 불가능했을 것이다. 독자들은 남아프리카의 인도인들이 처해 있는 상황을 알게 되었고 사티아그라하 운동이야말로 필요하다고 생각하였다. 편집자와 독자간의 친근한 유대를 목표로 삼고 있는 만큼, 모든 카스트와 그늘진 삶의 인간성을 파헤치는 매체가 되기도 했다. 간디와 직접 서신 교환을 원하는 독자들의 편지가 밀어닥쳤다. 편지를 쓴 사람들은 모두 달랐지만 답장을 통해 인도와 대화를 나누는 매개체가 되었고 이는 향후의 운동 방향에도 많은 영향을 미쳤다.

「인디언 오피니언」의 발행 첫해에 그는 저널리즘의 목표는 봉사여야 한다고 생각했다. 신문은 위대한 힘이다. 하지만 홍수는 모든 것을 순식간에 쓸어버리는 것과 마찬가지로 자제되지 않은 펜은 모든 것을 파괴시키는 도구가 되기 십상이다. 그 통제가 외부에서 오는 것이라면 훨씬 해로운 것일 것이다. 통제는 안으로부터 행해질 때만이 유익할 수 있다.

4. 특별구역

인도에서 힌두교도들이 불가촉민을 만들어 도시나 마을에서 멀리 떨어진 곳에 살도록 내몰았다. 구자라트어로는 데드바도라고 부르며 나쁜 평판을 뜻한다. 유럽에서도 유대인이 한때는 불가촉민이었고 그들에게는 일정 지역을 거주지로 배정하고 이 지역을 게토ghetto(유대인 지구, 빈민굴)라 불렀다.

남아프리카에서 인도인은 쿨리라는 혐오스러운 명칭으로 불리운다. 이 말은 인도에서는 단지 짐꾼이나 육체노동자를 의미하지만 남아프리카에서는 모욕적인 의미이다. 이같이 불리는 거주지역은 쿨리특별지역으로 불리고 있다. 요하네스버그에는 그런 특별구역이 한 군데 있었다. 하지만 인도인이 소작권을 갖고 있는 지역이 있었고, 그밖에도 인도인이 99년의 임대차계약을 관리하고 있는 땅도 있었다.

특별구역에는 거주자가 밀집되어 있었고 인구가 증가해도 지역 범위를 넓혀주지 않았다. 시는 이 구역의 화장실 청소를 소홀히 했고 위생시설이나 주변 기반시설과 복지에 무관심하였다.

이런 당국의 직무유기는 단죄해야 마땅하지만 인도인 정착자의 무지로 인해 이곳은 비위생적이었다. 또한 이런 환경을 빌미로 이곳을 폐쇄하고 있었다. 간디가 요하네스버그에 정착할 무렵 시의회는 정착자를 특별구역에서 추방할 수 있는 권한을 당국으로 얻었다.

정착자들은 토지에 대한 소유권이 있었고 이 토지 소유에 대한 사건을 재판하기 위한 특별법원이 설치되었다. 소작인들 대부분 간디를 법률 고문으로 의뢰하였다. 그는 이 사건으로 돈을 벌 생각이 없었으므로 소작인들이 승소하면 10파운드만 비용으로 내도록 했다. 또한 소승 비용 중 반은 빈곤한 사람들을 위해 병원과 복지를 위해 적립하였다. 약 70건 중 한 건만 패소하였다. 의뢰인 대부분 비하르와 그 주변지역 그리고 남인도에서 온 계약 노동자들이었다. 그들의 요구사항을 관철시키기 위해 별도의 조직을 만들었고 인도에서 온 수많은 인도인들과 친근하게 지내게 되었다. 단순한 법률 고문이 아닌 형제로 그들과 애환을 같이 했다.

시에서 소유권을 확보했지만 곧바로 인도인들을 퇴거시키지는 않았다. 철거 직전 그들에게 적당한 이주지를 주어야 하는데 마땅한 장소가 없어서 그 자리에 머물러야 했다. 하지만 여전한 차별로 그들의 사정은 그전보다 더 나빠졌다.

5. 흑사병

특별구역은 이제 시의 소유로 바뀌었고 그들은 시의 소작인으로 전락하였다. 그전에는 어느 정도 청결을 유지했지만 시의 무관심으로 소작인의 수는 늘었지만 더 불결해지고 무질서해졌다.

이런 상황에서 페스트보다 더 치명적인 흑사병이 번졌다. 다행히 흑사병은 요하네스버그 근처의 금광에서 번졌고 그곳이 흑사병의 진원지였다. 이 광산의 노동자들은 모두 흑인이었고 책임자들은 모두 백인이었다. 이곳에서 일한 인도인들은 많지 않았고 특별구역으로 돌아왔다. 그때 마단지트가 특별구역에서 「인디언 오피니언」지의 구독을 확보하고 있었다. 그는 간디에게 흑사병의 유행을 알렸다. 그는 빈집에 그곳 환자를 수용했다. 간디는 곧장 그곳을 둘러보았으며 시에 그 집을 사용하게된 경위를 설명했다. 의사인 고드프리는 소식을 듣고 와서 환자를 돌보아 주었다. 두 사람이 간호에 나섰지만 23명이나 되는 환자를 감당하기에는 역부족이었다. 결국 간디의 사무실에서 일하는 직원들의 도움을 빌렸다.

시의 담당공무원은 빈집을 관리하고 환자들을 돌보아준 것에 대해 감사를 표하며 모든 편의를 제공하겠다고 약속했다. 그들은 다음날 비어 있는 창고로 환자들을 옮기도록 했지만 그곳은 방역을 하지 않았고 창고도 매우 불결했다. 자원봉사자들이 직접 나서서 청소를 하고 자선단체를 통해 마련한 침대와 필요한 물품을 받아 임시병원으로 만들었다. 시에서는 자원봉사할 간호사와 간호에 필요한 물품을 제공했다. 간호사의 지시에 따라 행동했으며 의사의 허가를 얻어 간호사가 준 브랜디 대신 머리와 가슴에 젖은 흙을 바른 헝겊으로 흙치료를 하였다. 그중 둘은 목숨을 건졌고 하나는 죽고 말았다.

살아남은 두 사람은 병원으로 옮겨졌고 새로 발생한 추가 환자를 이곳에 수용하기로 결정되었기에 자원봉사자들은 한결 수월했다. 며칠 지나자 간호사도 감염되어서 쓰러졌다는 것을 알게 되었다. 환자 두 사람은 어떻게 살았고, 봉사자들은 왜 감염되지 않았는지 알 수 없었다. 하지만 이번 일을 통해 간디는 확실한 근거는 없지만 흙치료에 대한 확신을 가지게 되었다. 흑사병 발생 이후 간디는 곧바로 신문에 특별구역에 대한 시의 무관심을 신랄하게 비난했다.

간디는 여전히 채식식당에서 식사를 했다. 그곳에서 웨스트를 만나게 되었다. 두 사람은 매일 저녁마다 식사 후 산책하고 기도했다. 그는 조그마한 인쇄소를 하고 있었다.

며칠 동안 간디를 보지 못한 웨스트는 숙소로 찾아왔다. 그는 자신도 자원봉사를 하겠다고 했지만 그 일은 며칠 내에 끝날 것이니 그 일 말고 차라리 「인디언 오피니언」지의 인쇄를 해 달라고 했다. 그러자 웨스트는 저녁 때 다시 상의하자고 했다.

봉급은 그리 문제되지 않았다. 그는 10파운드를 받기로 하고 이익이 나면 배당을 받기로 했다. 다음날 그는 자신의 채권 회수를 간디에게 위임하고 저녁 기차를 타고 더반으로 떠났다. 그는 언제나 순수하고 침착한 성격을 가진 신을 두려워하고 인간미가 넘치는 영국인이었다.

동료봉사자들은 비록 환자를 간호하는 짐은 덜었지만 흑사병의 만연으로 일어난 많은 일을 처리해야 했다. 시는 인도인의 특별구역에 대한 관리를 소홀히 하면서 백인들의 건강에만 모든 관심을 쏟았다. 그들의 건강관리를 위해 거액을 썼고 흑사병을 박멸하기 위해 물쓰 듯 돈을 사용했다. 간디는 인도인을 멸시하는 죄를 저지르고 있는 데 대해 시의 주의를 환기시켰다.

시는 인도인의 활동에 만족했고 유행병에 대처하는 방법을 간소화 할 수 있었다. 간디는 모든 영향력을 동원하여 인도인들로 하여금 시 의 요구에 응하도록 했지만 그렇게 하는 것은 쉬운 일이 아니었다. 그 누구도 그의 권유를 거부하지 않았다. 특별구역의 주민들을 소개 疏開시키는 결정이 내려졌고 주민들 모두 요하네스버그 교외의 천막 살이를 시작했다. 식량과 기타 생필품만 갖고 천만생활에 정착한다는 것은 시간이 걸리는 일이었고 그러는 동안 도움이 필요했다.

사람들은 무서워했지만 간디가 같이 있음으로써 위안이 되었다. 가난한 인도인들 대부분 돈이 생기면 땅속에 묻어두었는데 그 돈을 파내야 했다. 그들은 대부분 은행을 알지도 못했고 간디가 그들의 은 행이 되었다. 사무실로 돈이 쏟아져 들어왔다. 간디는 이 돈을 은행 에 예금하기로 했지만 은행직원들은 흑사병 감염지역에서 온 돈이 무서워 만지기를 두려워 했다. 은행장은 돈을 모두 살균소독하기로 하여. 약 6만 파운드의 돈이 예치되었다.

특별구역 거주자들은 특별 열차로 요하네스버그 근처 크립스푸트 농장으로 이주했다. 이 천막 도시는 마치 군대 막사와 같았다. 천막 생활에 익숙하지 못한 이들은 힘든 나날을 보냈다. 간디는 매일 자전 거를 타고 그들을 찾았으며 그들은 모든 고통을 잊기 시작했다.

좋은 공기 속에 3주가 지나자 그들의 건강이 뚜렷이 좋아졌다. 그 들이 퇴거하자 그곳은 모두 소각되었다. 시는 막대한 지출을 해야 했 고 흑사병의 확산을 성공적으로 저지하였다.

6. 피닉스 공동체

채식 식당에서 웨스트를 만난 것처럼 유대인 변호사인 폴락Polak과도 만났다. 그는 「트란스바알 크리틱」의 편집차장으로 흑사병이 발생했을 때 간디가 기고한 글을 보고 만나고 싶어하였다. 그의 솔직함이 간디의 마음을 끌었다.

「인디언 오피니언」의 발행에는 많은 돈이 들었다. 웨스트는 간디에게 이익은 고사하고 적자가 예상되지만 일은 계속할 거라는 편지를 보내왔다.

문제를 해결하기 위해 나탈로 가는 간디를 역으로 바래다 주며 폴락은 존 러스킨의 저서 『나중에 온 이 사람에게』를 읽어보라고 주었다. 간디는 이 책을 보자 손에서 놓을 수가 없었다. 밤새 한 숨도 자지 않고 보았고 이 책의 사상에 따라 인생을 전환하기로 결심했다. 뒷날 이 책을 구자라트어로 번역할 만큼 깊은 감명을 주었다. 그 내용 중 가장 감명 깊은 내용은 첫째 개개인의 선은 모든 사람의 선에 포함되어 있고, 둘째 법률가가 하는 일과 이발사가 하는 일은 모두 생활비를 벌기 위한 만큼 그 가치는 같다는 것이다. 셋째는 모든 노동은 신성하다는 것이다. 간디는 새벽에 일어나 이 원리들을 실천해 옮길 차비를 했다.

간디는 웨스트에게 러스킨의 저서에서 받은 감동을 말하고 「인디언 오피니언」을 농장으로 옮길 것을 제안했다. 그곳에서 모든 사람이 같이 일하고, 같은 액수의 급료를 받으며 신문을 제작하자는 제안이었다. 웨스트는 즉각 동의했고, 인종이나 국적을 불문하고 월급은 3파운드로 하자고 제안했다. 하지만 얼마나 많은 사람들이 이 제안에 동의할지 미지수였다. 우리는 이 계획에 동참하지 못하는 사람들에게는 지금과 같이 봉급을 받도록 하고 점진적으로 공동체의 회원이 되도록 하자는 데 동의했다.

전부 이 계획에 동의하지는 않았지만 신문사를 옮기면 어느 곳이든 같이 가기로 동의했다. 이 문제를 결정하는 데 이틀이 걸리지 않았다. 그리고 토지 매입 광고를 내자 피닉스에서 땅을 팔겠다고 하였다. 20에이커를 구입했다. 조그마한 샘이 있었고 오렌지와 망고나무도 몇 그루 있었다. 인근에는 80에이커가 있었고 많은 과실수와 허름한 집도 한 채 있었다. 이 땅을 샀다. 모두 1천 파운드가 들었다.

이 사업에 루스통지가 지지해 주었고 큰 창고의 중고 양철판과 그 밖의 건축 자재를 마음대로 쓰게 해주어 신문사 건물은 한 달도 채 안 걸려 완성되었다. 웨스트와 직원들이 위험이 큰 데도 목수, 석공들과 함께 머물렀다. 이곳은 잡초가 무성하여 뱀들이 득실거려 사람이 살기에는 적합치 않았다. 처음에는 천막에서 생활했다.

간디는 인도에서 여러 종류의 사업을 하고 있는 친척과 친지들을 피닉스로 불러들이려고 노력했다. 그들은 돈을 벌러 왔기에 설득하기는 어려웠지만 몇은 동의했다. 이들 중 유일하게 남은 사람은 마간랄 간디였다. 나머지는 모두 되돌아 갔다.

피닉스 공동체는 이렇게 해서 1904년 출발했고 수없이 많은 어려움에도 불구하고 이곳에서 신문을 계속 발행하였다. 「인디언 오피니언」은 단 한 번만 건물 밖에서 인쇄했을 뿐이다. 초기에는 많은 어려움이 있었고 실망과 희망이 엇갈리기도 했다.

피닉스로 옮긴 뒤 첫 호를 내는 것은 쉽지 않았다. 만약 주의를 기울이지 않았다면 발행하지 못했을 것이다. 인쇄기에 대한 생각은 처음에는 없었다. 수작업이 적절하다고 생각했지만 가능할 것 같지 않아 석유 엔진을 설치했다. 웨스트에게 엔진이 멈출 경우를 대비해 수동으로도 작업할 수 있도록 부탁했다. 초기에는 늦은 시간까지 모두 힘을 합해 발행일을 지키도록 했다. 누구든 신문 접는 일을 도와야만 했다. 보통 저녁 10~12시에 일을 끝내곤 했다.

피닉스에서 신문을 만든 첫날 밤은 잊을 수가 없었다. 지면은 뒤엉키고 엔진이 움직이지 않았다. 더반에서 기술자를 불러 엔진를 가동시키려 했지만 허사였다. 모두가 걱정하였다. 웨스트는 눈물을 흘리며 신문을 발행할 수 없을 것 같다고 했다. 간디는 수동으로 하자고 제안했다. 하지만 그는 그 일을 하기에는 역부족이라고 했다. 네 사람이 교대로 해야 하는데 우리들은 이미 지쳐 있었다.

그때 목수들이 같이 있었다. 그들은 마루에서 자고 있었는데, 깨워 협조를 부탁했다. 그들은 기꺼이 동의해 주었다. 우리는 모두 교대로 아침 7시까지 일을 했지만 아직 일이 많이 남아 있었다. 웨스트에게 기술자를 깨워 다시 엔진 가동을 시도해 달라고 했다. 성공만 한다면 시간 내로 일을 끝낼 수 있을 것 같았다. 기술자가 엔진의 가동에 성공했다. 공장에 박수소리가 울려퍼졌다.

이 일은 우리 모두를 시험한 것이었고 때마침 작동하게 된 것은 우리들 모두가 성실하게 일한 결과라고 생각한다. 신문은 때맞춰 배포되었고, 모두 기뻐했다. 이런 시련을 겪고는 신문은 규칙적으로 발행되었고 피닉스에서는 자립의 분위기가 조성되었다.

신문의 편집자는 여전히 만수크랄 나자르였다. 그는 더반에서 신문 제작을 지휘하고 있었다. 피닉스에서는 식자공을 고용하여 임금을 지불하고 있었지만, 공동체의 참가자 모두가 식자법을 배우자고 하였다. 그래서 식자를 할 줄 모르는 사람은 배우도록 했다. 간디가 가장 미숙한 식자공이었고, 마간랄이 가장 뛰어났다.

요하네스버그로 돌아와 그간의 일을 말해주자 폴락은 매우 기뻐하며 동참하겠다고 했다. 그는 자신의 직장을 그만두고 피닉스로 왔지만 그를 오래 붙들 수 없었다. 리치간디 변호사 사무실의 서기가 영국으로 유학을 가 폴락에게 변호사 사무실에 와서 일해 줄 것을 부탁했다. 폴락은 피닉스를 떠나 요하네스버그로 왔다. 간디와 폴락은 피닉스에 정착을 원했지만 현실은 그렇지 않았다.

1년 안에 인도로 갈 거라고 생각했지만 그 기간은 지나고 말았다. 해서 식구들을 이곳으로 불러들이기로 했다. 남아프리카로 오는 배에서 셋째가 선장과 놀다가 팔이 부러졌다. 선장은 아이를 잘 돌봐 주었고 하선 후 전문의사의 치료를 받도록 했지만 간디는 흙치료를 더 확신하였다. 이 치료로 아이의 상처는 완전히 치유되었다. 이 일을 계기로 그는 흙치료에 더욱더 큰 확신을 가지게 되었다. 그 적용 범위를 점점 더 넓혀갔다.

폴락과 웨스트가 결혼했다. 아직 브라마차리아에 대한 이해가 완전하지 않아서 미혼자들은 빨리 결혼하는 것이 좋다고 생각하고 있었다. 유럽 친구들뿐만 아니라 피닉스에 있는 인도인 친구들에게도 결혼을 재촉하며 가족들을 데리고 오라고 했다. 식솔들이 점점 늘어났다. 생활비가 부담스러웠지만 더반에서는 생활의 검소화가 점점 자리잡혀 가고 있었다.

아이들 교육에 무관심한 것은 아니었지만 어쨌든 아이들 교육을 희생시킨 것은 분명하였다. 개인적으로 사교육을 받을 기회는 주지 않았고 대신 집과 사무실을 오가면서 아이들과 대화를 통해 교육을 시킬려고 생각하였다. 장남을 빼고 모든 아이들은 이렇게 자랐다.

7. 줄루족의 반란

요하네스버그에서 생활이 안정되었지만 나의 생활이 정착된 것은
아니었다. 그때 예기치 못한 일이 벌어졌다. 나탈에서 줄루족[줄루족은
샤카shaka(1816~1828)라는 족장에 의해 나탈, 트란스발 지방에 강렬한 줄루제국을 건설하였다.
1879년 영국과의 전쟁에 패하여 1898년 나탈의 일부로 편입되어 줄루랜드로 불리게 된다]의
반란이 일어났다. 그들이 인도인을 해치는 일은 없었다. 하지만 당시
만 해도 제국주의에 대한 확실한 이해가 없는지라 영국에 동참하기
로 했다. 나탈에는 방위부대가 있었고 나탈의 시민으로서 필요하다면
인도인으로 구성된 야전위생부대를 조직할 용의가 있음을 알렸다. 그
제의는 즉각 받아들여졌다.

간디는 더반으로 가서 사람들에게 야전위생부대의 동참을 호소했
다. 24명으로 구성된 위생부대가 만들어졌다. 하지만 현장에 도착하
고 나서 보니 그들이 반란을 일으켰다는 징후는 어디에도 없었다. 그
들이 말한 반란이라는 것은 세금징수를 거부한 데서 기인한 것이었
다. 줄루족의 반란이라는 것은 고작해야 영국관리에게 투창을 던지는
일이었다. 다행히 위생부대의 하는 일은 줄루족을 돌보는 일이었다.
백인들은 아무도 줄루족을 간호하지 않았다.

기마보병부대를 따라 응급치료 천막이 이동하게 되면 대원들은 들
것에 환자를 싣고 걸어서 가야했다. 하루에 40마일이나 행군한 일도
두세 번이나 있었다.

이 일로 인해 간디는 새로운 경험과 많은 생각을 하게 되었다. 보
어전쟁 때는 공포감을 느끼지 않았지만, 줄루족 반란에서는 공포를
느꼈다. 그것은 전쟁이 아니라 인간사냥이었다. 간디가 만난 영국인

들도 이런 생각에 동의하였다.

아침마다 무고한 촌락에 무차별적으로 총격을 가하는 것이 마음 아팠지만 그들을 간호하는 일로 위안받았다. 행군하는 동안 간디는 깊은 사색 끝에 브라마차리아금욕생활를 확고히 결심하게 되었다. 이 생각을 동료들과 의논하였다. 그것은 자아실현을 위해 반드시 필요하다는 생각이 확고하지 못했다는 것이다. 진정으로 인류에 대한 봉사를 결심한다면 브라마차리아 없이는 불가능하다는 것을 깨달았다.

서약을 결심하자 환희심이 일어났다. 진압이 거의 끝나 대원들은 곧 전역할 것이라는 소식이 들렸다. 며칠 뒤 위생부대의 봉사에 대한 감사 서한을 쥐고 집으로 돌아왔다.

피닉스에 도착하자 간디는 친구들에게 브라마차리아에 대해 설명하여 그들의 동참을 받아내고 간디 스스로 평생 동안 준수하겠다고 서약하고 실천에 돌입했다. 이 서약이 얼마나 힘든 지 뒤에 알았다. 육체적 문제는 어느 정도 자재가 가능하지만 생각까지 없애는 것은 많은 인내가 필요했다. 신의 은총에 의탁하지 않고는 생각에 대한 완전한 통제는 불가능하다. 이는 모든 위대한 종교의 가르침이다. 그는 완벽한 브라마차리아를 위해 노력하는 순간마다 그 가르침의 진리를 깨달았다. 이 서약으로 간디 부부는 같은 침대를 사용하지 않았고 부부관계도 하지 않았다.

8. 태동

간디는 요하네스버그에서 많은 일을 겪으면서 자아 정화를 한 것이 사티아그라하진리의 추구, 비폭력 저항운동를 탄생시키는 예비 단계가 된 셈이었다. 여러 사건을 통해 브라마차리아의 서약을 매듭지음으로써 은연 중 사티아그라하를 맞이하게 된 것을 느낄 수 있었다. 사티아그라하는 이미 이전부터 있었다. 그의 머릿속에 그 원리가 떠올랐을 때 그것을 무엇이라고 딱 잘라 말할 수는 없었다. 구자라트어로는 소극적 저항이라는 영어 표기 방법을 그대로 번역하여 사용하였다.

유럽인들과의 모임에서는 소극적 저항이라는 용어를 지나치게 좁은 의미로 해석하기도 하고, 약자의 무기로 생각하는 사람도 있는가 하면 증오의 성격이 있을 수 있다고도 하고 궁극적으로는 폭력으로 나타날 수 있다고 하는 등 여러 가지로 논란이 있다는 것을 알게 되었다. 해서 이 모든 논의에 대해 이의를 제기했고, 인도인의 운동에 관해 그 진정한 성격을 설명해야만 했다. 이 새로운 말은 인도인 자신들의 투쟁을 지칭하기 위해 반드시 만들어내야만 했다. 하지만 간디 자신만을 위해 그 이름을 만들어 낼 수는 없었다. 그래서 「인디언 오피니언」에 광고를 통해 공모하기로 했다. 그 결과 마갈랄 간디가 사다그라하좋은 결의를 제시하여 공모상을 탔다. 간디는 이 신조어를 보다 분명히 하기 위해 사티아그라하진리의 힘로 바꾸었다. 이 말은 곧 투쟁을 말하는 구자라트어로 통용되었다.

이 투쟁의 역사야말로 간디가 남아프리카에서 지낸 인생의 역사이며 그 용어는 실천적 목적에 부합하는 것이었다. 또한 그 투쟁의 역사는 진리를 실험한 역사이다. 이 역사의 주요 부분은 예라브다 감옥에서 집필했으며 감옥에서 석방된 뒤 마무리지었다. 나바지반에서 발표되었고, 뒤에 책으로 간행되었다. 발지 고빈디지 데자이가 영어로 번역하여 「커런트 소트」지에 게재되었다. 간디는 이 책을 통해 남아프리카에서의 중요한 실험을 독자들이 잘 이해하기를 원했다.

간디는 브라마차리아를 지키기 위해 생각과 말 행동으로 열의를 보인 것처럼 사티아그라하의 투쟁에 최대한 시간을 받쳤고 거기에 맞춰 순수성을 지키려고 노력했다. 그래서 더 많은 변화를 위해 단식과 식사에 제한을 하였다. 하지만 식욕과 욕정을 통제하려고 노력했지만 완벽히 통제했다고 말하기는 어렵다. 음식 맛에 관심을 두는 것은 잘못이다. 미각의 만족을 위해서가 아니라 오직 몸을 잘 유지되도록 음식을 먹어야 한다.

하지만 우리는 그와 반대로 행동한다. 죽어 썩어 없어질 신체를 위해 수많은 생명체를 희생시키는 것처럼 수치스러운 일은 없다. 그 결과 우리의 몸과 정신 둘 다를 죽이고 있다. 감각의 즐거움을 누리는 것은 결국 우리가 즐거워 할 수 있는 능력까지도 상실한다.

06

사티아그라하
태동

사티아그라하 태동

1. 카스투르바이의 투병

간디의 아내 카스투르바이는 생애에 세 번 심한 병으로 사경을 헤맨 일이 있었지만 가정요법으로 모두 치료되었다. 처음 병을 앓았을 때는 마침 사티아그라하를 시작할 무렵이었다. 의사들은 수술을 권했고 카스투르바이는 조금 망설이다가 동의했다. 하지만 그녀는 너무 쇠약해서 마취를 하지 않고 수술을 해야 했다. 수술은 성공적이었지만 통증에 시달렸다. 의사 부부의 지극한 간호 덕분으로 그녀는 많이 좋아졌고 간디는 요하네스버그로 돌아가도 좋다고 하였다.

하지만 며칠 지나 그녀는 악화되어 일어나 앉을 수도 없었고 한때는 의식을 잃기도 했다는 편지를 받았다. 의사는 간디에게 전화로 소고기 수프를 주도록 허락해 달라고 하였다. 간디는 만약 그녀가 원한다면 모르겠지만 자신은 그럴 수 없다고 했다. 의사는 자신의 처방대로 하지 않으면 그녀의 생명을 책임질 수 없다고 하였다.

바로 더반으로 가 의사를 만났다. 그는 이미 그녀에게 수프를 주었다고 했다. 이 문제로 의사와 간디는 언쟁을 벌였고 아내는 간디의 뜻에 전적으로 동의했다. 이 사실을 의사에게 알리고 퇴원하려고 하자, 의사는 화를 내면서 지금 환자는 움직일 수 있는 상태도 아니며 만약 집으로 가는 도중 죽을 수도 있다고 하였다.

그럼에도 부부는 가랑비를 맞으며 더반에서 피닉스로 향했다. 피닉스 정거장에서 2마일 반을 걸어야 했다. 매우 심각한 모험을 한다는 것은 의심하지 않았지만 신을 믿으면서 이 일을 감행하였다. 피닉스에 있는 웨스트에게 우리의 사정을 알리고 들 것과 더운 밀크, 뜨거운 물을 준비하고 아내를 데려갈 사람들을 부탁했다. 힘들게 아내를 피닉스로 데려왔다. 그리고 물치료를 실시하였다.

2. 사티아그라하의 실천

간디가 처음 감옥 생활을 한 것은 1908년이었다. 수감자가 지켜야 할 것은 해지기 전에 식사를 마쳐야 한다는 규칙이 그러하다.

인도인 수감자도 아프리카인 수감자도 모두 홍차나 커피가 허용되지 않았다. 그들은 원하면 조리된 음식에 소금을 쳐도 되지만 맛을 위해 그 어떤 것을 타서도 안 된다. 간디가 교도관에게 카레가루와 조리할 때 소금을 좀 쳐달라고 했지만 그는 우리의 미각을 만족시키기 위해 이곳에 있는 것이 아니라며 허용하지 않았다. 뒤에는 이런 제한들이 완화되기는 했지만 그곳의 규칙을 지켜야만 했다. 외부로부터 부과되는 제약이 성공하는 일은 드물지만 스스로 부과할 때 제약은 건전한 결과를 낳게 된다. 그래서 출옥할 때 스스로 두 가지 규칙을 지키기로 했다. 될 수 있는 한 마시는 것은 그만두고, 해 지기 전에 식사를 마치기로 한 것이다. 이 두 가지를 지키는 데는 별다른 노력이 필요하지 않았다.

아내가 수술 후 잠깐 회복되었지만 다시 출혈을 시작했고 병세가 악화된 듯 했을 때의 일이다. 물치료도 효과가 없었다. 모든 치료법이 효과가 없자 소금과 콩을 포기하도록 했다. 하지만 아내는 간디의 말을 들으려고 하지 않았다. 하지만 거듭된 간디의 요청에 결국 소금과 콩을 포기했다. 그러자 아내는 급속도로 회복되기 시작했다. 어떤 이유인지는 모르겠지만 어쨌든 아내는 기력을 회복했고 출혈도 완전히 멎었다. 이 일이 계기가 되어 오랫동안 콩과 소금을 먹지 않았다.

아내의 병을 계기로 간디의 식생활에 변화를 가져왔다. 우유를 포기한 것이다. 리찬드바이로부터 우유는 욕정을 자극한다는 것을 처음 듣게 되었다. 채식을 지지하는 책들이 그런 내용을 강조하고 있었지만 브라마차리아를 맹세하지 않을 때는 사실 마음을 정하지 못했다. 간디는 이 문제를 칼렌바하와 의논했다.

남아프리카에서 간디는 칼렌바하와 함께 사티아그라하를 실천하고 있었다. 그를 처음 만났을 때 그의 사치와 낭비에 놀랐다. 하지만 그는 종교에 대한 예리한 시각을 가지고 있었고 그를 알게 된 후는 친하게 되었다. 당시 그는 독신이었고 임대료 외에 1천 루피나 넘는 용돈을 쓰고 있었다. 하지만 지금은 검소하게 생활하고 당시 간디는 가족을 떠나 그와 함께 살았다. 우유 문제를 논의한 것은 그 무렵이었다. 그는 우유의 해독을 알고 있었고 우리는 스스로 우유를 포기하기로 했다. 이는 1912년 톨스토이 농장[1]에서 있었던 일이다.

하지만 간디는 우유만으로 만족할 수 없었다. 가능한 가장 싼 과일을 먹었다. 두 사람은 가장 검소한 생활을 하기로 한 것이다. 요리는 사실상 그만두었다. 주로 날땅콩, 바나나, 대추야자 열매, 레몬, 올

리브유가 일상의 식사였다.

하지만 식사만 절제한다고 해서 브라마차리아가 되는 것은 아니다. 더 중요한 것은 마음을 제어하는 것이다.

식사의 절제와 더불어 단식을 시작했다. 단식은 칼렌바하도 동참했다. 간디는 수시로 단식하는 습관을 가졌는데 건강상의 이유에서였다. 이것은 어머니의 영향이 크다고 하겠다.

이러한 실험은 톨스토이 농장에 있을 때였다. 그곳에서 간디는 칼렌바하와 함께 몇몇 사티아그라하 실천자 가족과 더불어 있었다. 간디는 항상 그들의 종교행사를 도와주었고 또한 격려해 주었다. 그들은 매달 나마즈 행사를 하도록 하였다.

특히 이슬람의 라마단 단식을 지키도록 했으며 농장의 동료들은 대부분 환영했다. 우리는 무슬림 친구들을 위해 맛있는 음식을 준비하였다. 다음날 힌두교와 그밖의 사람들은 아침해가 뜨기 전에 마지막 식사를 했지만 무슬림 친구들에게 따라하도록 하지는 않았다. 그러자 모두 단식의 가치를 확신하게 되었고 단결심이 생겼다.

그것이 각자에게 얼마나 감동을 주었는지 확실하지는 않지만 간디는 단식을 통해 육제적으로나 정신적으로나 큰 혜택을 받았다고 할 수 있다. 하지만 단식이 자아 억제만을 가져다 주는 것은 아니었다. 오히려 그 반대로 정욕과 식욕을 더 자극하게 된 경우도 있었다. 즉 이것은 자아 억제를 동반하지 않은 단식은 별 의미가 없는 것이다.

단식을 하면 감관의 대상은 사라진다. 미각은 그대로 둔 채 최고의 존재를 보게 될 때는 미각마저도 사라진다. 『바가바드 기타』 제2장

단식은 자아 억제의 한 수단일 뿐이다. 그것이 전부는 아니다. 육

체적인 단식에 정신적인 단식이 동반되지 않는다면 그것은 위선이거
나 재앙으로 끝나기 쉽다.

3. 브라마차리아의 참뜻

간디는 1906년 37세 때 브라마차리아Brahmacharya를 맹세한 뒤, 죽을
때까지 금욕하였다. 브라마차리아란 금욕을 말하며 이를 지키는 독신
자를 브라마차리라고 부른다. 하지만 간디에게 있어 브라마차리아란
브라흐마 또는 신을 추구한다는 것을 의미한다. 그것은 모든 사고와
행동을 항상 억제한다는 말이다. 따라서 브라마차리아는 성적 억제를
포함하지만 이를 초월하는 것은 아니다. 그것은 모든 것을 포함한다.
증오, 분노, 폭력 그리고 비진리를 배제한다. 그것은 평등성을 조성하
며 무욕망성이다. 그러므로 그들은 신에 가깝다. 그들은 신과 같다고
생각한다. 간디가 브라마차리아를 시작하게 된 동기는 공적인 의무에
응하는 것이고 더 이상 아이를 갖지 않기 위함이다. 피닉스 공동체는
거대한 공동체였다. 그들을 돌보는 것은 공동의 책임이었고 그 비용
도 공동 부담이었다. 정욕이 없어지자 나라는 중심도 사라졌다. 간디
는 갑자기 물질적 세계를 초월한 것 같았다.

약 3천 명이(1906년 9월 11일) 요하네스버그의 제국극장을 메웠다. 그
들은 트란스발의 인도인 거주자의 대표자들이었다. 이들은 인도인을
차별화하는 입법을 연기시키기 위해 모였다. 8월 26일자로 국회에 제
출한 법령의 채택을 막기 위함이었다. 그 법령은 모든 인도인들은 무
조건 지문등록을 하여야 하며, 증명서를 항상 지녀야 한다는 것이다.

만약 이를 거부한다면 감금, 벌금, 추방한다는 것이 골자였다.

인도인들은 분개했다. 이곳에서 법령이 통과된다면 다른 지역에서도 같은 법령이 제정되는 시초가 될 것이다. 결국 인도인은 남아프리카에서 남지 못할 것이다.

분노에 찬 연설이 이어지자 참가자들의 폭발적인 감정이 장내를 휩쓸었다. 하지 하비브는 그 법령을 거부하자고 제안했다. 이에 간디는 여기서 결정된 사항은 죽음을 각오하고 지켜야한다고 강조하였다. 참석자들은 이 법령을 거부할 것을 신에게 맹세하였다.

4. 감옥 생활

제국극장의 모임이 있은 지 며칠 뒤 아시아계 여성들을 석방했다. 결의대회 때문인지는 모르겠지만 사람들은 간디의 전술이 성공한 것으로 여겼고 크게 고무되었다.

간디는 사티아그라하로 정부와 대결하기 앞서 런던으로 직접 가 영국정부를 설득시키는 것이 낫겠다고 생각했다. 그래서 소다제조업자인 알리와 함께 영국으로 갔다. 그곳에서 식민지 당담자와 인도 담당자를 면담했으며 영국하원의 한 위원회에서 의원들에게 연설하였다. 특히 인도의 위대한 원로로 불리는 나오로지와 함께 일하는 기쁨도 누렸다. 그는 50년 이상 런던인도인협회의 의장이었으며 유니버시티 대학의 구자르트어 교수로 재직하고 있었다. 유학 시절 그에게 강의를 들었지만 지금은 정치적 동지가 되었다.

영국에 있는 6주 동안 영국 친구들은 간디에게 많은 도움과 편의를 제공해 주었다. 남아프리카로 돌아가던 중 마데라 섬에 기착했을 때 트란스발에 대한 문제의 법령에 서명하지 않을 것이라는 기쁜 소식을 들었다. 하지만 그것은 엘진의 속임수였음이 드러났다.

트란스발은 1907년 1월부터 영국식민지로부터 종지부를 찍었던 것이다. 즉 자치가 인정되었고 의회도 설치되어 영국의 인준없이 직접 법률을 제정할 수 있었던 것이다.

이는 정직하지 못한 정책이었다. 트란스발은 책임정부를 수립했고 아시아인 등록법을 통과시켰던 것이다. 인도인들은 이 법은 흑인, 갈색인, 황색인을 겨냥한 암흑법Black Ordinance이라 부르고 멸시하였다. 간디의 피부색은 연한 갈색이었지만 스스로 흑인이라 언급했다.

간디는 정직하지 못한 정책이지만 우리가 진실하다면 반드시 고쳐질 것이라고 주장했고 사티아그라하를 채택했다. 이에 인도인들은 이 저항운동에 참가할 준비가 되었다. 불안해진 수상 보타²는 법에 따라 등록을 하든가 아니면 트란스발을 떠나라는 최후 통첩을 하였다. 하지만 이에 응하는 사람은 아무도 없었고, 수백 명의 인도인들이 법정에서 명령에 불복한 죄만 인정하였다. 1908년 1월 11일 간디도 법정에 출두하였다. 이미 많은 이들이 중노동과 벌금형을 선고받은 터라 자신은 더 중형을 선고해 달랐고 했지만 중노동 없는 2개월의 단순징역을 선고받았다.

이것이 간디의 첫 감옥행이었다. 형무소의 교도관들은 친절했으나 음식은 나빴고 옥사獄舍은 초만원이었다. 간디는 사티아그라하 실천자 네 사람과 함께 수감되었다. 간디는 감옥으로 들어오는 사람들을 매일 체크했다. 1월 말까지 1백55명이었다.

복역 중 트란스발「리더」지의 편집자이자 친구인 알버트 카트라이트가 스머츠³의 타협안을 가지고 왔다. 스머츠의 제안은 인도인들이 자진해서 등록을 한다면 법안을 폐기하겠다는 내용이었다.

스머츠와의 면담을 위해 간디는 1월 30일에 프리토리아로 갔다. 죄수복을 입은 간디는 스머츠와는 오랫동안 대화를 나눴다. 간디는 법률의 폐기를 확실히 원했고, 스머츠는 만약 자진해서 등록한다면 법률을 폐기하겠다고 하였다. 간디는 그의 의견에 동의하였고 바로 석방되었다. 하지만 요하네스버그로 돌아오자 많은 인도인들의 반발에 부딪혔다. 그들은 왜 먼저 법률을 폐기하지 않았는지와 만약 약속을 어긴다면 어떻게 할 것인지를 물었다. 간디는 사티아그라하의 실천자는 상대방을 믿는 것을 두려워해서는 안 된다고 강조했다.

간디는 편견을 가지고 있는 백인들로부터의 압력을 고려하였다. 그래서 법률에 의한 강제적 등록은 반대했지만 자발적 등록은 수용하였다. 인도인이 힘에 의해 굴복하는 것을 원하지 않았다.

파탄인아프칸족이 간디가 스머츠에게 매수되어 인도를 팔아넘겼다며 자신은 지문 등록을 하지 않을 뿐만 아니라 그런 사람들이 있다면 알라의 이름으로 그들을 죽일 것이라고 했다. 이 비난에 대해 간디는 자신이 지문 등록을 하는 첫 번째 사람이 될 것이며 설령 누가 자신을 죽이더라도 그를 증오하거나 분노하지 않겠다고 하였다.

아침에 지문 등록을 하러 가는 도중 잠시 자신의 사무실로 향했다. 밖에는 알림이라는 청년과 파탄인들이 무리지어 있었다. 그들에게 친절하게 인사를 했지만 긴장감이 넘쳤다. 알림은 간디에게 "어디 가느냐"고 물었고 "등록하러 간다"는 대답과 동시에 집단으로 폭행을 당했다. "오! 라마여!"라는 외마디와 함께 기절했다. 간디가 의식을 회복하자 의사가 괜찮냐고 물었다. 늑골의 통증을 호소하였다. 그를 폭행한 이들은 체포되었다는 말을 들었다. 움직일 때마다 생기는 통증을 참으며 간디는 아시아국 등록관 참니에게 등록 양식을 가지고 오라고 했다. 당혹감을 감추지 못하던 그는 이 광경을 보자 울었다. 간디는 등록을 마쳤다. 등록 1호가 되었다.

10일 동안 도크 의사 가족의 정성어린 간호를 받았다. 몸이 회복된 뒤 걱정하고 있는 식구들이 있는 피닉스로 갔다. 「인디언 오피니언」에 스머츠와 타협하여 지문 등록한 경위를 상세히 설명하였다. 많은 사람들이 간디를 따라 등록을 하였다.

5. 반대 투쟁

간디를 가장 당혹스럽게 한 것은 스머츠가 암흑법을 폐기하겠다는 약속을 지키지 않은 것이었다. 그는 간디와 그런 약속을 한 일이 없다고 한 것이다. 그러자 사람들을 간디를 통렬하게 비난하였다.

1906년 8월 요하네스버그 하미디아 모스크에서 집회가 열렸다. 단상에는 커다란 철제 가마솥이 놓여 있었다. 집회를 마친 참석자들은 자신의 등록증을 모두 태웠고 반대 운동을 위해 간디의 사무실을 사티아그라하 운동본부로 전환시켰다. 그곳에서 많은 시간을 보냈다. 트란스발의 인도인보다 훨씬 더 많은 사람들의 지지가 필요했기 때문이다. 피닉스 공동체에서는 순결하고 검소한 생활을 하도록 기도했다. 비가 올 때가 아니면 밖에 나가서 잤다. 모든 감각적 욕구를 배격하고 앞으로의 투쟁을 대비하였다.

요하네스버그와 피닉스 공동체로 많은 사람들이 모여들었다. 저항 운동의 자금을 조달하기 위해 남아프리카의 인도인과 유럽인 그리고 인도 내의 인도인들이 상당한 금액을 기부하였다. 간디는 정의롭고 공적인 대의를 위해서 운영된다면 자금이 모자라지는 않을 것이라고 믿었다. 그래서 엄격하게 지출을 절약하고 지출 장부를 정확히 해야 한다고 생각하였다.

인도인들은 남아프리카의 전인도인들이 궐기할 것을 간디에게 제안했다. 하지만 투쟁 중에 목표를 확대한다거나 변경하는 것은 사티아그라하 원리에 어긋나는 것이라고 결심했다. 문제는 인도인이 트란스발에 사는 권리와 입국 권리이며 그밖의 것은 문제 삼아서는 안 된다고 결정하였고 투쟁은 입국 권리 쪽으로 모아졌다.

시험 삼아 이민을 시도해 보기로 했다. 영어를 할 줄 모르는 아다자니아라는 이름의 나탈 사람이 이민 금지를 시험하도록 선정되었다. 그는 정부에 통고하고는 볼크스루스트 트란스발 접경 지역에서 불법 이민을 감행하였다. 하지만 아무런 제지를 받지 않고 요하네스버그까지 들어갈 수 있었다.

우리는 이것을 보고 사태가 개선되었다고 해석했다. 하지만 그가 떠나지 않자 1개월의 징역형을 선고받았다. 그래서 나탈에 있는 수많은 인도인들이 똑같은 방법으로 시도하였다. 그들은 체포되었고 3개월의 징역형을 선고받았다. 간디는 이제 이 운동이 본격화되고 있는 것을 알았다. 징역선고로 이 운동은 촉진되었기 때문이다. 간디는 체포되기를 원하는 사람들로 둘러쌓였다. 그들은 경찰에게 등록증이 없다는 말만 하면 되었다.

간디도 체포되어 볼크스루스트 감옥에 있었고 75명이 같이 있었다. 간디는 그들의 요리사가 되었다. 설탕없이 조리한 설익은 오트밀죽을 그들은 불평하지 않고 먹었다.

복역 중 간디는 직접 중노동을 했고 손에는 물집이 생겼다. 한번은 간수가 화장실 청소할 사람을 찾았고 간디는 자진해서 화장실 청소를 했다. 이런 모습을 보고 어떤 이는 왜 보석금을 내고 나가지 않느냐고 묻는 사람도 있었지만 그러한 생각은 비겁자를 만들 뿐이다. 사티아그라하가 소로Thereau로부터 나온 것이라는 말이 나오기도 했지만 그것은 아니다. 시민불복종을 알기 전부터 이미 실천하고 있었다. 그러나 그 저항운동은 당시에는 소극적 저항으로 알려져 있었다. 그 말이 부정확하기에 사티아그라하라는 새로운 말을 창안하였던 것이다. 간디는 소로의 책 제목을 보고서 영어 독자들에게 그 말을 사용해 우리의 투쟁을 설명하였다. 하지만 시민불복종이란 말 자체도 우리 투쟁의 완전한 의미를 전하지는 못한다. 그래서 간디는 시민저항이라는 말을 택하기도 하였다.

6. 톨스토이 농장

톨스토이 농장이 커짐에 따라 아이들의 교육을 위해 준비할 필요가 생겼다. 하지만 그들을 위한 전문적인 교사를 둘 수 없었다. 자격을 갖춘 교사는 드물었고 구한다 해도 박봉으로 너무 도시에서 멀리 떨어져 있었다. 또한 농장에는 그만한 돈도 없었고 기존의 교육체계를 좋아하지도 않았다. 경험과 실험을 통해 참된 교육제도를 찾아내야 한다. 그러므로 이상적인 조건 아래서는 부모들에 의해서만 참된 교육을 할 수 있으며 그럴 경우 외부의 도움은 최소화 되어야 한다.

톨스토이 농장은 그 자체가 한 가족이며 간디는 그들을 교육시킬 의무가 있었다. 그들은 다른 환경과 조건, 종교를 가지고 있기에 그들을 어떻게 교육시킬 것인지 처음에는 난감하였다. 그래서 하루 종일 그들과 함께 하기로 결정했다. 만약 그 기초가 다져진다면 그들은 다른 모든 것을 스스로 하거나 아니면 친구들로부터 배울 수 있을 것이다. 또한 그들의 인격 형성과 더불어 일반적인 교육도 필요할 것 같아 칼렌바하와 데자이의 도움으로 수업을 시작했다.

톨스토이 농장에는 하인이 없다. 그래서 음식 만드는 일부터 화장실 청소까지 모든 구성원들이 직접하였다. 젊은이든 노인이든간에 부엌일을 하지 않는 사람은 의무적으로 정원을 손질해야 했다. 땅에 구덩이를 파고 벌채도 하며 짐을 나르기도 하였다. 이런 일은 그들에게 좋은 운동이 되었다. 아이들은 즐겁게 일을 해 그들은 별도의 운동을 하거나 놀이를 할 필요가 없었다. 간디는 그들의 못된 장난을 때로는 모른 척 했지만 엄할 때도 있었다. 또한 직업훈련도 겸했다. 이를 위해 칼란바하가 수도원에 가서 제화기술을 배우고 왔다. 간디도 그 기술을 배웠고 누구든 배우고자 하는 이들에게 가르쳤다.

7. 교육

아이들 가운데는 불량스러운 녀석도, 게으름뱅이도 있었다. 간디의 세 아들이 불량스러운 아이들과 매일 어울리고 있었다. 이를 보고 칼렌바하는 걱정이 되어 간디에게 말했다.

그때까지 이 문제에 대해 심각하게 생각하지는 않았다. 간디는 "아이들이 어울리는 것은 좋은 훈련이며, 내 아이들 스스로 선악을 구별하는 것을 배우게 될 것"이라고 했다. 그는 찬성하지 않았지만, 이 실험으로 내 아이들이 무언가를 얻었다고 생각하였다.

그 비슷한 실험은 착한 아이들과 나쁜 아이들이 함께 배우고 같은 동료로 어울리도록 하는 것이다. 또한 부모들과 선생님들이 세심하게 보호한다면 아이들이 잃은 것은 없다는 것을 보여주었다.

날이 갈수록 아이들을 잘 키우고 올바르게 교육하는 것이 얼마나 어려운 것인지 느끼게 되었다. 아이들의 스승이 되고 보호자가 되려면 그들의 마음을 움직여야 한다. 아이들이 직면한 문제를 해결하도록 도와주어야 하고 또한 그들의 젊음이 용솟음치는 열망을 올바른 방향으로 이끌어 주어야 한다.

사티아그라하 실천자들 몇이 감옥에서 나왔을 때 톨스토이 농장에는 입주자들이 거의 다 떠났다. 남아 있던 몇은 대부분 피닉스 공동체 소속이었다. 그래서 간디는 그들을 피닉스로 이주시켰다.

그 무렵 간디는 요하네스버그와 피닉스를 오가야 했다. 요하네스버그에 있을 때 피닉스 공동체에서 두 사람이 도덕적으로 타락했다는 소식을 들었다. 간디에게 이 소식은 사티아그라하 투쟁에 대한 것보다 더 큰 충격을 주었다. 그는 바로 피닉스행 기차를 탔다.

피닉스로 가는 도중 생각에 잠겼다. 학생의 잘못은 바로 그 학생을 지도하는 선생의 책임임이 명백하다. 간디는 속죄로 일주일간의 단식을 선택하였다. 그 다음은 4개월 반 동안은 하루 한 끼만 먹기로 맹세했다. 단식을 했지만 일상적인 활동은 계속하였다. 두 번째 단식의 후반기는 상당히 힘들었다.

8. 설득

정부의 차별 조치로 인해 많은 사티아그라하 운동가들이 운동을 포기하지 않을 수 없었다. 몇몇은 재산을 몰수당하고 인도로 추방당하기도 했다. 가장 강력한 사티아그라하 운동자마저도 위축되었다. 한때는 트란스발에 거주하는 1만 2천의 인도인 가운데 2천5백 명이나 감옥에 갇혔고 6천 명이 이 지역에서 도망쳤다. 자신을 포기한 지도자만이 저항운동을 할 수 있다. 최악의 상황이 닥쳐도 간디는 승리에 대한 신념은 흔들리지 않았다. 이 신념은 이 운동의 추종자들과 고난을 함께 했고 끝내 완전한 유대를 형성하였다. 몇몇은 계속해서 다섯 번이나 투옥되었고 한 형기를 마치고 다시 감옥살이를 해야만 했다. 그들은 트란스발을 떠나 나탈로 갔다가 다시 트란스발로 들어갔다. 그것은 이민금지법으로는 범죄가 되는 것이다.

위기가 닥쳤다. 남아프리카연방이 계획되고 있었다. 이 연방은 트란스발처럼 인도인 차별화 법률을 제정하게 될 것으로 예상되었다. 간디는 런던으로 가 이를 막기로 했다. 보타와 스머츠는 이미 런던에서 연방 설립을 준비하고 있었다. 1909년 7월 영국에 도착하여 그해 11월 남아프리카로 돌아갈 때까지 신문편집인, 하원의원, 정부관리 그리고 모든 계층의 사람들을 만났다. 간디의 열성은 이들을 매혹시켰고 많은 영향을 주었다.

일부 진보적인 영국인은 남아프리카에서 인종차별에 대해 유감으로 생각했다. 간디가 영국에서 활동하고 있을 때 폴락는 인도에서 트란스발의 실상을 설명했다. 런던의 관청에 그의 항의가 메아리쳤다. 영국정부는 스머츠와 간디간의 의견 차이를 해소하려고 했다. 하지만 스머츠는 양보하지 않았다. 그는 강제적인 등록법을 폐기할 용의는 있지만, 영어를 하며 고학력에, 직업이 있는 인도인만이 트란스발에 이민할 수 있도록 하려고 하였다. 간디는 그 열등민족의 딱지와 함축적인 종족 오명의 제거를 요구했다. 또한 이민에 관해 법률적인 또는 이론적인 평등을 원했다.

간디의 여행은 남아프리카 거주 인도인 문제가 영국의 주요 이슈가 되도록 하였고 처음으로 그는 조국의 독립과 결부시키기 시작하였다. 간디는 영국 내의 모든 정파의 인물들을 만났다. 이들과 여러 날 토론하면서 나의 정치 식견과 철학을 형성하였다.

간디는 성자인가 정치인인가 하는 논란이 끊임없이 벌어졌으나 결론이 나지 않았다.[4] 폴락는 간디가 남아프리카에서 한 말을 다음과 같이 전하고 있다.

"사람들은 내가 내 자신 정치에 함몰하고 있는 성자라고 합니다. 사실은 나는 성자가 되려고 최대한 노력하는 정치인입니다."

간디는 정치에 있어 언제나 종교적, 도덕적 관점을 결부시켰다. 수도자로서 동굴이나 수도원에 있다고 생각한 일도 없으며 그보다는 올바른 일과 권리를 위한 대중적 투쟁에 몸을 맡기고 있었다. 간디에게 종교와 정치는 분리될 수 없다. 그의 종교는 그를 정치적으로 만들었다. 그의 정치는 곧 종교이다. 그 예가 톨스토이 농장이다. 그는 농장에서 직접 빵을 굽고, 샌들을 만들며, 목수일까지 모두 같이 하였다. 아내를 위해 자켓을 짰고 아내가 입은 것을 사람들에게 자랑했다. 농장에서 흡연과 음주는 금하였다. 누구든 원하면 고기를 먹어도 되지만 가벼운 설득으로 아무도 고기를 먹지는 않았다.

칼렌바하는 사업차 요하네스버그로 나갔고, 간디도 변호사 업무를 하고 있었다. 공동체의 용품을 구매하거나, 심부름 때문에 나갈 때는 반드시 삼등칸 기차를 이용하도록 규칙을 정했다. 개인적으로 일을 보러 나갈 때는 걸어가거나, 절약하기 위해 마른 음식물을 가지고 가도록 했다. 간디는 가끔 21마일이나 걸어서 요하네스버그로 가기도 했다. 어떤 때는 50마일을 걸어 간 일도 있다.

간디가 체력을 유지하고 농장의 동료들이 건강한 것은 소박한 생활과 건전한 식사법에 있었다. 아침은 7시, 점심은 11시, 저녁은 5시 30분, 기도는 7시 반에 하고 취침은 9시에 했다. 모든 식사는 가볍게 했고 칼렌바하와 식사를 더 가볍게 하기 위해 요리하지 않았다.

칼렌바하는 요하네스버그의 언덕 위에 아름답고 넓은 저택을 보유하고 호사스럽게 지냈지만 농장에서는 간디와 함께 식이요법 실험을 같이 하였다. 또한 궂은 일도 마다하지 않았다. 그는 아이들에게 종교, 지리, 역사, 산수를 간디와 함께 가르쳤으며 모든 초보적인 교육을 지도했다. 밤에는 모두 베란다에서 잤으며 젊은이들은 무리지어 그의 주변에 잠자리를 잡았다. 그들은 간디가 어머니의 사랑으로 자신들을 사랑하고 있다는 것을 알고 있었다.

9. 고칼레

고칼레가 남아프리카의 인도인 공동체의 사정을 알아보고 그들의 상태를 개선하기 위해 1912년 10월 남아프리카로 왔다.

그는 인도민족주의운동의 존경받는 지도자다. 그의 특징은 탁월한 판단력이다. 그의 남아프리카 순방은 성공적이었다. 간디는 항상 그의 곁에서 수행하였다. 그가 케이프타운에 도착했을 때 슈레이너 가족이 마중나왔고 인도인뿐만 아니라 유럽인도 그의 집회에 참석했다. 트란스발 접경에서 요하네스버그로 가는 여행은 특별 기차를 이용했다. 그가 방문한 도시마다 시장이 주재하는 집회에 참석하였다. 트란스발의 수도 프리토리아에서는 정부의 환대를 받았다. 남아프리카 당국은 그가 좋은 인상을 가지고 돌아가기를 바랐다. 그는 가는 곳마다 연설을 했고 많은 인도인과 유럽인들과 대화를 나누었으며 연방정부의 수뇌인 보타 및 스머츠와 두 시간 동안 면담을 가졌다. 이 면담에 간디는 참석하지 않았다. 그들의 눈에는 간디가 주요 인물로 보일 것 같다는 생각에서였다.

고칼레는 면담 뒤에 이민법의 인종차별 장벽은 처리될 것이며 계약이 끝나 남아프리카의 자유인으로 남아 있는 인도인 노동자로부터 징수하는 년간 3파운드의 세금도 면제될 것이라고 하였다. 하지만 간디는 그들의 말을 믿을 수 없다고 하였다. 그러자 그는 스머츠가 이민법의 폐기와 세금 부과의 폐지도 약속했다고 강조하였다. 그리고 이제 인도로 돌아가야 한다고 하였다.

그는 간디가 장래의 희망이라고 하였다. 그뒤 그는 인도로 돌아갔고 간디는 칼렌바하와 함께 마지막 투쟁을 위해 나탈로 돌아왔다.

한때 고칼레는 간디를 비난하기도 했지만 1912년 12월 봄베이에서 열린 집회에서 이렇게 말했다.

"간디는 주변사람들을 영웅과 순교자로 전환시키는 놀라운 정신력을 지니고 있습니다. 간디 곁에 있으면 누구라도 아무런 가치 없는 일을 하는 것이 부끄러울 수밖에 없으며 또한 가치 없는 일을 하는 것을 생각하는 것 그 자체도 두려워하게 될 것입니다."

1. 1909년 영국에서 남아프리카로 온 간디는 시민운동가들의 공동체를 구상하였다. 그래서 로키Lowkey라는 땅에 아슈람을 설립하여 사티아그라하 운동가들에게 무상으로 사용하도록 했다. 이곳을 간디는 톨스토이 농장이라 이름지었다.
2. 남아프리카에서 태어난 보어인. 보어전쟁 때 트란스발 군사령관으로 영국에 맞섰다. 1906년 트란스발 자치정부가 설립되면서 초대 수상이 된다. 인도인 차별정책을 펼쳤다.
3. 남아프리카의 케이프타운에서 태어난 보어인. 보어전쟁 때 군사령관을 지냈고, 자치정부의 여러 요직을 두루 거친 정치가.
4. 크리슈나 크리팔라니(Krishna Kripalani)는 그의 저서 『간디: 그의 생애』에서, 간디는 과연 성자인가 아니면 정치가 인가를 묻고 있다. 그리고 진정 간디는 부패를 척결하는 실천적 개혁가이며 예리한 관찰자로 도덕적 가치는 행동의 기준을, 종교적 신념은 실패하지 않는 힘의 원천이라고 말하고 있다.

07

아프리카
사티아그라하

아프리카 사티아그라하

1. 저항운동

스머츠는 고칼레와 약속했던 것과는 달리 하원에서 계약을 마친 노동자들에 대해 부과한 3파운드 세금 면제는 허용하지 않는다고 발표함으로써 세금 면제에 관한 논쟁에 종지부를 찍었다. 이 발표는 시민불복종을 재발시키는 자극이 되었다. 일반 노동자들과 전前 계약 노동자들은 이는 스머츠가 고칼레와의 약속을 파기하는 것이라고 생각했으며, 대대적으로 사티아그라하 운동에 자발적으로 나섰다.

간디는 톨스토이 농장을 폐쇄하고 카스투르바이와 아이들 그리고 몇 사람과 함께 피닉스 공동체로 가도록 했다. 어른들은 감옥에 갈 각오를 했다. 두 가지 현안이 있었다. 세금과 아시아인 이민 금지 문제였다. 세 번째 문제가 추가되었다. 1913년 3월 14일 케이프 콜로니 최고재판소Cape Colony Supreme Court가 남아프리카에서는 기독교인의 결혼만이 합법이라는 판결을 내린 것이다. 이는 힌두교도, 무슬림, 파르시 교도의 결혼을 불법화시키는 것이며, 모든 인도인 유부녀들은 첩

이 되며 아이들은 사생아가 되는 것이다. 이 모욕으로 인도의 가정주부들이 대규모로 저항운동에 처음 동참하게 된다.

카스투르바이도 참가했다. 이 저항운동의 시작으로 그들은 체포당할 각오로 트란스발에서 나탈까지 가기로 하였다. 경계를 지키는 경찰이 묵인하면 그들은 뉴 캐슬New Castle의 나탈 석탄 광산으로 행진하여 계약 노동자들에게 파업을 촉구하기로 했다. 동시에 부녀자 몇을 선정하여 그들로 하여금 무단으로 트란스발로 들어가게 함으로써 체포당하도록 하였다. 그녀들은 예상대로 체포되었다. 반면 트란스발로 간 이들은 체포되지 않았다. 그들은 뉴 캐슬로 갔고 인도인 노동자들에게 채탄 연장을 놓도록 설득했다. 그러자 정부는 이들을 체포했고, 3개월 동안 감옥에 갇히자 광산 노동자들의 파업이 확대되었다.

간디는 피닉스에서 뉴 캐슬로 급히 갔다. 광부들은 회사 숙소에 살고 있었다. 회사는 숙소의 전기와 수도를 끊었다. 이 파업은 오래 갈 것 같았다. 그래서 계약 노동자들에게 회사 숙소에서 나와 인도에서 온 기독교도 부부인 라자루스Lazarus의 집 밖에서 천막을 치고 파업을 계속하도록 했다. 이 부부는 자신들의 위험을 무릅쓰고 간디와 광부들이 머물도록 하였다. 파업한 광부들은 노천에서 잠을 잤다. 뉴 캐슬의 인도인 상인들은 음식과 취사도구, 식기 등을 제공했다. 얼마 되지 않아 무려 5천 명의 광부들이 라자루스 집 근처에 진을 쳤다.

간디는 놀랐고 당혹스러웠다. 이 대중을 어떻게 해야 하는가. 그들은 모두 그의 지도를 따르게 되었다. 간디는 트란스발에서 안전하게 감옥에 갇히도록 하는 것이 좋겠다고 결심했다. 감옥 생활의 참혹함을 설명하며 주저하는 사람은 광산을 돌아가야 한다고 권유했다. 하지만 아무도 떠나지 않았다. 모두가 날을 정해 뉴 캐슬로부터 찰스타운Charles town까지 36마일을 행진하며 나탈 트란스발 접경지대로 간 다음 트란스발로 걸어 넘어 들어가 체포당하도록 했다. 어린아이들과 소수의 부인, 불구자만 기차로 가도록 했다. 계획을 세우고 있는 동안 파업광부들이 계속왔다.

1913년 10월 13일을 뉴 캐슬로 떠나는 날로 정했다. 행진 참가자 각자에 빵 1파운드 반과 설탕 1온스씩 지급했다. 그리고 평화적으로 행동하고 체포에 저항하지 말라고 당부하였다.

찰스타운까지는 아무런 사고 없이 도착했다. 찰스타운이 인도인 상인 천 명이 먹을 수 있는 쌀과 야채 등을 기증했다. 간디는 여기저기서 터져나오는 불만에 웃음을 잃지 않도록 하고, 준비해 둔 식량의 양을 똑같이 배분하도록 했다. 부녀자들과 어린이들은 집안에 머무도록 했고, 남자들은 이슬람 사원 마당에서 자도록 했다. 행진을 시작하기 전, 간디는 이 계획을 정부에 통보하였다.

하지만 정부는 파업자들이 원하는 대로 찰스타운에서 체포하지도 않았고, 그렇다고 세금을 감면해 준다고 하지도 않았다.

사실 파업군단이 트란스발로 가도 당국이 그들을 막지 않을지도 모른다고 예상하기도 하고, 그런 경우 매일 20마일씩 8일 동안 행진하며 톨스토이 농장으로 가는 방법도 생각해 보았다. 간디는 평화행진을 하는 동안 이들의 식사가 걱정이었다. 트란스발의 접점지 볼크스루스트Volksrust의 한 유럽인 빵 제조업자가 그들이 오면 빵을 공급할 것이고, 또한 농장으로 가는 도중 지정된 장소에 매일 기차로 필요한 만큼의 빵을 보내주겠다고 제안했다. 파업자를 헤아려 보았다. 남자가 2천37명, 부녀자가 127명, 어린이가 57명이었다.

우리는 1913년 11월 6일 아침 6시 30분 기도를 올리고 신의 이름으로 행진을 시작했다. 나탈 쪽 찰스타운에서 볼크스루스트까지는 1마일이다. 트란스발의 변경지대 경비대는 비상사태였다. 2일 전 볼크스루스트의 백인들은 회합을 가졌고, 몇몇은 트란스발에 들어오려는 인도인에 대해서는 그가 누구라도 총격을 가할 것이라고 통보하였다. 인도인을 옹호하기 위해 참석했던 칼렌바흐는 결투를 신청받았다. 그는 위대한 산도우Sandow의 제자였고, 권투선수이자 레슬러이기도 했다. 그러나 나의 동지인 이 독일인이 그들에게 차분히 우리가 행진하는 이유와 목적에 대해 설명하여 총격은 일어나지 않았다. 아마도 칼렌바흐의 연설이 백인의 분노를 삭인 듯 했다. 경찰도 골칫거리가 해결된 듯 했다. 경비원은 인도인들을 통과시켰다. 파업군단은 볼크스루스트에서 8마일 떨어진 팔므포드Palm ford에서 처음 멈춰섰다. 행진자들은 약간의 식사를 하고 잠을 자려고 땅바닥에 드러누웠다. 간디는 잠들어 있는 이들을 살펴보고 잠을 자려고 누울려고 하고 있을 때 경찰관이 와서 체포하였다.

나이두naidoo를 깨워 톨스토이 농장까지의 행진을 계속하도록 하고 이송되어 법정에서 심문을 받았다. 검사는 징역을 구형했으나 칼렌바흐가 제공한 보석금으로 석방되었다. 간디는 시위대에 대한 책임감 때문에 보석을 신청하였다. 4일 만에 간디는 무려 세 번이나 더 체포되었지만 시위대는 흔들림없이 행군을 계속했다.

발포어Balfour에 도착한 그들은 특별 열차가 준비되어 있는 것을 보았다. 이 열차들은 시위대를 추방하기 위한 것이었다. 처음에 그들은 체포되기를 거부했지만 폴라크, 호마드 카즈하리아Ahmed Kachhalia와 그 밖의 사람들의 협력이 있고서야 경찰은 시위대를 기차에 태울 수 있었다. 폴락은 경찰에게 고맙다는 말을 들으며 체포되어 볼크스루스트의 감옥으로 갔다. 거기서 그는 칼렌바흐를 만났다.

재판에서 간디와 칼렌바흐, 폴락은 3개월간의 중노동형을 선고받았다. 그들에 이어 계속 감옥으로 들어온 이들은 사티아그라하운동의 진행 상황을 알려주었다. 시위대 지도부의 투옥은 오히려 시위대의 결집을 유발시켰고, 시위는 남아프리카 전역으로 확대되었으며, 그 수도 급속도로 늘어났다. 가끔 밖의 활동가들에게 간디의 메시지가 전해졌으며 동료 수감자들과 의기투합하여 즐겁게 지냈다. 이 꼴을 못 본 정부는 간디를 블롬폰테인Bloomfontein으로 옮겨 유럽인, 흑인들과 지내게 하며 인도인과는 격리시켰다.

잡혀온 파업 광부들은 기차에 실려 광산으로 이송되었다. 그들은 쇠사슬에 묶인 채 특별 경찰관으로 임명된 광산회사 직원들의 감시를 받았다. 채찍과 곤봉의 매질, 발길질을 당하면서도 그들은 채탄장으로 가는 것을 거부하였다.

이런 사태는 그대로 인도와 영국으로 타전되었다. 인도는 분노로 들끓었고 영국정부는 놀랐다. 영국총독 하딩거Hardinge는 마드라스에서 중대 발표를 하였다. 전례를 깨고 그는 남아프리카 정부를 통렬하게 비판하고 조사위원회 설치를 요구하였다.

한편 시위를 일으킨 뉴 캐슬의 광부들을 지지하며 더 많은 계약 노동자들이 작업장을 이탈했다. 당국은 이들 노동자들에게 병력을 투입하여 진압하였다. 진압 도중 몇 사람이 살해되었고 부상을 입기도 하였다. 저항은 더욱더 거세졌다. 약 5천 명이나 되는 계약 노동자들이 파업에 돌입했고, 수천 명의 인도인이 투옥되었다. 인도로부터는 파업 지원금으로 금이 대량으로 들어왔다. 펀자브의 라홀에서 개최된 집회에서는 찰스 앤드류라는 기독교 선교사가 남아프리카 저항운동을 위해 그가 소유하고 있는 모든 돈을 기부하였다.

2. 승리

　몇몇 지도적인 인도인들과 「인디안 오피니언」 편집자 알버트 웨스트Albert West 그리고 간디의 비서 슐레신은 당국과의 협의로 체포를 면하여 이 사태를 홍보하며 영국과 인도에 연락을 취했다. 하지만 당국은 웨스트를 체포했다. 고칼레는 인도에 있는 앤드류를 보내 웨스트를 대신하도록 하였고, 영국인 다브류 피어슨과 함께 왔다.

　인도총독과 영국정부 그리고 영국과 남아프리카 간에는 방대한 공문서를 주고받는 전신이 그칠 새가 없었다. 예상과 달리 간디와 칼렌바흐, 폴락은 석방되었다. 시민불복종은 적절히 진행되어 고무되었으며 지도자가 필요하지 않을 정도였다. 인도총독과 영국의 압력으로 남아프리카 인도인의 불만을 조사하기 위한 위원회가 설치되었다.

　간디는 조사위원회는 영국과 인도의 여론 무마용이며 조사위원회 위원장 윌리암 솔로몬willian Solomon의 공정하지만 왈드 셀렌Ewald Esscien은 편견이 있다고 보았다. 또한 와일리Wylie 대령은 1897년 인도에서 더반으로 온 배에 있는 인도인들의 상륙를 막기 위해, 폭력배들을 사주하여 배를 침몰시키려 하였다.

　감옥에서 나온 3일 후 간디는 더반의 대중집회에 무릎까지 내려오는 흰색 스모크smock, 작업복와 샌들을 신었다. 양복을 입지 않았다. 살해당한 동지들을 위해서 이런 복장을 하였다. 집회가 끝난 뒤 스머츠에게 반아시아조사위원회 위원으로 인도인이나 친인도인을 조사위원으로 추가하라고 제안했지만 거부당했다.

　이에 1914년 1월 1일을 기해 법정 구속을 각오하고 더반에서 행진을 다시 시작할 것이라고 발표하였다. 그들은 남아프리카연방으로의 이민을 선동하지는 않을 것이며, 당장 선거권을 요구하지도 않을 것이라고 선언하였다. 우리는 오로지 잃어버린 권리를 되찾기만 바라고 있을 따름이라고 천명하였다.

이때 백인 철도 노동자들이 파업을 하였다. 간디는 행진 계획을 철회하였다. 상대의 약점을 이용하여 승리를 쟁취하는 것은 시민불복종운동의 정신이 아니기 때문이었다. 정부의 곤란을 이용하거나, 부자연스러운 동맹을 맺자는 것도 아니었다. 오로지 우리의 성실성과 희생정신으로 정부 당국자의 마음이 바뀌기를 희망하였다.

이러한 결정은 화해의 분위기를 조성했다. 더디기는 했지만 대화가 계속 진행되었고 결국 1914년 6월 30일 쌍방이 합의한 문서를 교환하였다. 이 문서는 '인도인 구조 법안Indian Relief Bill'으로 케이프 타운에 있는 연방의회에 제출되었다. 스머츠는 의원들에게 이 문제를 전향적으로 다루어 줄 것을 당부했다. 이 법안은 그해 7월 남아프리카의 법률로 확정되었다.

스머츠는 이 법률을 정의로운 방법으로 그리고 인도인의 기득권을 정당하게 존중하면서 운영할 것임을 공식적으로 약속했다.

이 타결은 서로 만족스런 타협이었다. 간디는 이 법률을 대헌장영국의 존왕이 영국민의 권리와 자유를 보장한 장전으로 영국 입헌의 기초가 됨에 빗대어 인도인의 권리를 보장하게 되었다고 하였다.

간디는 요하네스버그에서 개최된 송별회에서 이 법에는 '본질적인 사항'이 포함된 것은 아니지만 인종 평등의 원리와 '인종 오명'의 제거를 보장하고 있다고 하였다.

남아프리카의 투쟁에서 승리한 뒤 1914년 7월에 영국을 향했다. 45세 되던 해였다. 이후 간디는 남아프리카로 되돌아가지 못했다.

3. 세계대전

1914년 고칼레는 영국에 있었다. 간디는 영국에서 고칼레와 합류하여 인도로 돌아가려고 하였다. 7월 영국으로 떠나 영국해협에 들어섰을 때 세계대전이 일어났다는 뉴스를 접했다. 한동안 선박은 멈추었다. 해협 일대에 있는 잠수함 어뢰를 피해 운항한다는 것은 어려운 일이었다. 약 이틀에 걸쳐 사우샘프튼Southampton에 도착했다. 전쟁은 1914년 8월 4일에 발발하였다. 제1차 세계대전이 시작된 것이다. 간디 일행은 8월 6일에 런던에 도착했다.

영국에 도착했을 때 고칼레가 건강 때문에 파리에 있다는 것을 알게 되었다. 그를 꼭 만나고 싶었지만 파리와 런던간의 통신이 두절되었기에 그가 언제 올 지 알 길이 없었다.

감옥 동료인 소랍지 아다자니아가 마침 런던에서 변호사 시험 준비를 하고 있었다. 간디는 그와 함께 영국과 아일랜드에 거주하고 있는 인도인의 모임을 가지고 영국을 위해 군에 입대할 것을 주장하였다. 반대가 적지 않았다.

그는 영국의 어려움을 기회로 생각해서는 안 되며, 전쟁 중 인도인의 요구를 내세워 압박하기보다는 멀리 내다보아야 한다고 생각하였다. 간디는 자원봉사자를 모집하기 위해 사람들을 초청하였다. 반응이 좋아 모든 지방의 종교가들이 참가하였다.

지원자들은 의사인 칸틀리의 지도로 부상자 응급조치에 대한 단기 훈련을 받았다. 이들을 위해 영국정부는 베이커 대령을 훈련 책임자로 지명하고 군사훈련과 그밖의 교육을 실시했다.

4. 모순

간디가 영국을 위한 봉사에 나섰다는 소식이 남아프리카에 전해지자 곧 두 통의 전보가 날아들었다. 하나는 폴락이 보낸 것으로 그는 간디의 행동이 아힘사의 지론과 일치하는가를 묻고 있었다.

어느 정도 이런 반대를 예상하였다. 사실 보어전쟁에 참전하기로 스스로 결정내리고 이를 합리화했던 노선을 이 전쟁에서도 똑같이 적용하였다. 간디 또한 참전과 아힘사는 결코 일치될 수 없다는 것을 잘 안다. 하지만 전쟁이 진행 중인 나라에 사는 사람은 그 누구도 전쟁에서 자유로울 수 없으며, 그 상황을 피할 수도 없다. 그 상황에서 최선의 길은 의무대醫務隊를 조직하는 것이었다.

진리의 신봉자는 자신을 열어 놓고 나가야 한다. 그리고 자신의 잘못을 스스로 발견하게 되면 언제든지 어떤 대가를 치르더라도 고백해야 하며, 속죄해야 한다.

5. 자원봉사대

대원들이 교육을 마치자 곧 훈련 장교가 임명되었다. 그는 훈련에 있어서 대원들의 대장이었고 그밖의 다른 문제와 내부 규율은 간디의 소임이었다. 말하자면 장교는 간디를 통해 대원들을 이끌도록 되어 있었다. 그러나 처음부터 그는 이런 방식으로 운영하지 않았다.

그때 간디는 단식을 마치고 회복기여서 훈련을 제대로 받을 수 없었다. 게다가 늑막염까지 걸려 다른 사람들과 함께 생활하지 못하고 집에 돌아왔다. 사티아그라하를 실행하는 것은 바로 이 무렵이었다.

장교는 대원들에게 모든 면에서 자신의 명령에 따를 것을 강조하였다. 소랍지 아다자니아가 급히 나를 찾아와 젊은 분대장들의 비인간적인 처사를 참을 수 없으며 이를 장교에게 알려 시정해야 한다고 했다. 간디는 장교를 만나 자신이 들었던 대원들의 불평에 주위를 기울이라고 했지만 그는 불평을 서면으로 제출하라고 하였다.

간디는 군대에서는 사병이지만 대원들의 책임자이니 비공식적으로 나마 대표로 인정해 달라고 하였다. 또한 대원들의 의견을 무시하고 임명된 분대장들은 소환되어야 마땅하며 대원들이 분대장을 다시 선출하고 장교의 승인을 얻도록 하자고 제의하였다.

장교는 이 제의를 받아들이지 않았다. 그래서 우리는 회의를 열고 철수를 결정하였다. 결의안의 내용은 파견된 분대장은 소환시키고, 대원들에게 분대장을 직접 선출하지 않으면 대원들은 훈련을 포기하고 주말 야영훈련도 포기한다라는 것이었다.

장교에게 서한을 보냈다. 이 서한에서 간디는 그 어떤 권한 행사도 좋아하지 않으며 봉사하기를 열망한다고 밝혔다. 또한 보어전쟁의 선례에 주의를 기울이도록 하였다.

하지만 그는 대원들의 회합과 결의안 채택 그 자체가 중대한 규율 위반이라고 하였다. 간디는 다시 인도 담당 국무장관에게 서한으로 모든 사실을 알렸다. 그뒤 상당히 많은 서신 왕래가 있었지만 장교의 회유와 협박으로 우리 대원들을 분열시켰다.

그 무렵 한 무리의 부상병이 대거 네틀레이 병원에 들이닥쳤고 우리 대원의 봉사가 필요하게 되었다. 장교가 설득할 수 있었던 대원들이 병원으로 갔고 나머지는 거부하였다. 간디는 병상에서 대원들과 연락을 하고 있었다.

그때 국무장관 로버츠가 나머지 대원들도 봉사에 나서도록 설득해 달라고 당부했다. 그는 봉사대를 별도로 만들 것을 제의하기도 했고, 병원에 있는 대원들의 자존심이 상하지 않도록 하겠다고 하였다. 그의 이러한 제의로 봉사를 거부했던 대원들도 병원으로 가게 되었다. 간디는 병상에 누워 그들과 같이 하지 못했다.

6. 늑막염

고칼레가 런던에 돌아온 후 간디는 칼렌바흐와 함께 정기적으로 그를 만났다. 화제는 대부분 전쟁에 관한 것이었다. 칼렌바흐는 유럽을 많이 여행했고, 독일의 지리에 대해서도 능통하여 전쟁에 관한 여러 지역을 지도로 가리키며 설명했다.

간디는 늑막염을 앓고 있었는데, 식이요법 실험을 하고 있었다. 식사는 대부분 과일 위주였고 우유, 곡류, 콩 등은 배제하였다. 의사는 우유와 곡류를 먹도록 했지만 듣지 않았다. 이 문제가 고칼레의 귀에 들어갔다. 그는 의사의 처방대로 먹기를 원했다. 그의 권고를 받아들이는 것이 그리 쉬운 일이 아니었다.

자신의 식이요법을 포기한다는 것은 곧 그 방향의 모든 생각을 포기한다는 것을 의미한다. 문제는 고칼레가 자신을 사랑하는 마음으로 권하기에 어느 정도까지 양보하고, 식이요법을 얼마나 수정할 것인가였다. 결국 동기가 종교적이니만큼 식이요법을 강행하기로 했다. 그 동기가 서로 혼돈될 경우에만 의사의 처방을 따르기로 하였다.

저녁 무렵 고칼레를 방문했다. 그는 간디를 보자마자 의사의 처방대로 하기로 결심했느냐고 물었다. 간디는 모든 것은 양보할 수 있지만 우유나, 육식은 하지 않을 거라고 하였다. 그러자 그는 더이상 그 문제를 강요하지 않겠다고 하였다.

고칼레는 런던의 10월 안개를 견딜 수 없다면서 인도로 떠났다. 늑막염은 계속되었지만 환부치료와 식이요법으로 치유된다고 생각하고 채식주의로 유명한 알리슨 박사를 초청했다. 그는 간디에게 버터가 들어 있지 않는 흑빵, 빨간 무, 양파 그밖에 감자와 푸성귀, 싱싱한 과일들을 먹도록 하였다.

또한 하루 정도 바람이 들어오도록 창문을 열어 놓고, 미지근한 물로 목욕하며 환부에는 오일 마시지를 하고, 30분 정도 산책하라고 했다. 건강이 어느 정도 좋아지기는 했지만 완전히 치유되지는 않았다.

메타는 수시로 나를 살피러 왔다. 하루는 로버트가 나를 찾아와 인도로 돌아가기를 권했고 그의 권고를 받아들여 인도로 돌아갈 준비를 시작하였다.

7. 변호사업

남아프리카를 떠날 준비를 하고 있던 중 변호사 친구 몇이 남아프리카에서 겪은 변호사 일을 회고해 달라고 하였다. 그때의 일이 너무 많아 그 자체로도 한 권의 책이 될 정도였지만 진리의 실천과 관련된 일을 회상하는 것은 적절한 일이라고 생각하였다.

변호사를 하면서 진리에 어긋나는 일을 한 적은 없었다. 변호사는 대부분 공공사업과 관련이 있는 것이고, 과도한 수수료를 요구하지도 않았고, 때로 간디가 비용을 부담할 때도 있었다. 하지만 친구들은 변호사라는 직업은 많은 돈을 버는 것으로 생각했기에 그 말을 매우 의아하게 생각했고 더 얘기해 주기를 청했다.

학창시절 변호사라는 직업은 거짓말하는 직업이라고 들은 적이 있었지만 거짓말로 자리나 돈을 벌려고 생각하지 않았기에 그런 말은 별 의미가 없었다. 때로는 반대편에서 그들의 증인에게 거짓을 말하도록 한다는 것을 알고 있었다. 의뢰인이나 증인들에게 그렇게 하면 재판에 이길 수 있다는 것은 간디도 알고 있었다. 하지만 언제나 그런 유혹을 물리쳤다. 딱 한 번 자신의 의뢰인이 거짓말을 한 것이 아닌가 하는 의구심이 든 경우가 있었다.

간디를 처음 찾아온 의뢰인에게, 그 누구도 자신에게 허위의 사건을 가져 오지 않도록 하였고 허위의 사건을 취급하거나, 증인에게 거짓을 진술하도록 기대해서는 안 된다고 하였다. 간디의 의뢰인들은 정당한 사건을 의뢰했고 의심스러운 사건은 의뢰해 오지도 않았다.

간디는 항상 의뢰인이 옳은 경우라야만 승소하는 것이며 그렇게 되기를 원했다. 수임료를 책정할 때도 승소하는 경우를 조건으로 삼는 일도 없었다. 이기든 지든 규정해 놓은 비용의 이상도 이하도 기대하지 않았다.

간디는 남아프리카의 인도인 사회의 권리 보장을 위해 또는 공공의 산업과 관련 변호를 담당하고 진리에 따른다는 원리를 지켰다. 한 사건에서는 판사의 모욕적인 비난을 듣고도 인내심을 가지고 대응하여 결국 유리한 판결을 이끌어 냈다. 진실에서 조금도 벗어나는 일은 없었으며, 수임료도 최소한으로 책정하였다.

루스톰지는 한때 외뢰인이었다가 협력자가 되었지만, 사실은 협력자였다가 의뢰인이 됐다는 것이 옳을지 모른다. 그는 자신의 가정문제까지 의논하며 나의 조언을 따를 정도로 신뢰하고 있었다.

이 친구가 한때 어려운 처지에 빠진 일이 있었다. 그는 자신의 사정을 늘 나에게 알려왔지만 단 한 가지만은 말하지 않았다. 봄베이와 캘커타로부터 물품을 수입하는 큰 무역상이었는데 밀수도 곧잘 하였다. 하지만 세관 직원들과 절친한 사이인지라 누구도 그를 의심하지 않았다. 관세를 부과하는 직원들은 그의 송장을 그대로 믿었던 것이다. 세관 공무원 중 누군가는 밀수를 알면서도 묵인했을지도 모른다.

이 친구가 하루는 간디에게 찾아와 울면서 자신이 밀수한 사실을 털어놓았다. 조사 결과 밀수는 오랫동안 해 왔지만 이번에 적발된 것은 소액에 지나지 않았다. 간디가 그에게 말했다.

"나는 이 사건이 법정에서 심의될 것으로는 생각하지 않습니다. 당신을 소추할 것인지 석방할 것인지는 오직 세관에 달려 있으며, 그는 다시 검찰의 지시를 받을 겁니다. 내가 그 두 사람을 만나 되도록이면 벌금형이 나오도록 하겠습니다. 그들이 동의할 가능성이 있지만 그들이 동의하지 않는다면 교도소로 갈 준비를 해야할 것입니다. 내 생각에 교도소로 가는 것이 수치스러운 것이 아니라 범죄를 저지른 것이 수치스럽지요. 교도소를 가는 것은 속죄라 생각해야 합니다. 진정한 속죄는 두 번 다시 밀수를 하지 않는 것입니다."

루스톰지가 간디의 말을 잘 알아들었는지는 알 수 없었다. 그는 용감한 사람이었지만 그때는 용기를 잃고 있었다. 그가 지금까지 쌓아온 것이 한순간에 무너질 수도 있기 때문이다. 간디는 세관 직원을 만나 모든 것을 설명했다. 그에게 모든 장부를 열람할 수 있도록 약속하고 루스톰지가 깊이 뉘우치고 있다고 했다. 검찰 측에 서신을 보내 담당 검사를 만났다. 그는 간디의 솔직함에 감사했고 또한 아무것도 감추지 않고 있다는 것을 그가 믿게 된 것이 기뻤다.

결국 이 사건은 타협이 이루어졌다. 그가 밀수했다고 고백한 양의 두 배에 해당하는 벌금을 내기로 했다. 루스톰지는 이 사건 전모를 사실대로 작성하여 자신의 사무실에 걸어 놓고 자신의 후계자와 동료 상인들에게 영구적 교훈이 되도록 하였다.

변호 의뢰인이 사티아그라하의 협력자로 변신한 일이 있었다. 요하네스버그 법정에서 사건을 다룬 일이 있었는데 그 의뢰인이 간디를 속인 것을 알았다. 간디는 아무런 변론도 하지 않고 판사에게 이 사건을 기각해 줄 것을 요청했다. 상대편 변호사는 깜짝 놀랐고 판사는 만족스러워 했다.

간디는 의뢰인에게 허위 사건을 가져온 것을 질책했다. 그도 간디가 거짓 사건을 수임하지 않는다는 것을 잘 알고 있는 터였다. 간디가 보기에 그에게 불리한 결정이 내려지도록 판사에게 요구한 것을 두고 화가 나 있는 것 같지 않았다. 이 사건으로 간디는 변호사 동료 사이에서 명성을 더 높여주었고 유색인종이라는 불리한 조건에도 불구하고 몇몇 사건에서는 동료 변호사들의 호감을 얻기도 했다.

남아프리카에서 변호사를 한 이유는 인도인 사회에 봉사하는 것이었다. 이런 목적을 위해서도 간디는 사람들의 신뢰를 쌓는 것을 중요시 하였다. 어떤 인도인들은 변호사를 하는 대가를, 인도인 봉사활동을 위한 비용으로 확대 해석해 주었다.

간디가 인도인들이 권리를 찾으려다가는 투옥당하는 고통을 겪게될 수도 있다고 충고했을 때 그들 대부분 이 충고를 받아들였다. 그들이 그 과정의 정당성을 이론적으로 판별해 보았다기보다는 간디에 대한 신뢰와 호감 때문이었다. 수백 명의 의뢰인들이 친구가 되었고 그들은 공공사업을 같이 일하는 진정한 동료가 되었다. 그들이 아니었다면 어려움과 위험으로 가득했을 것이다.

10. 귀환

칼렌바흐도 나와 함께 인도로 가기 위해 영국에 있었다. 둘은 같이 가길 원했다. 하지만 적대국인 독일인들은 엄한 감시를 받았기 때문에 그가 여권을 받을 수 있을지 의심스러웠다. 간디는 최선을 다했다. 로버트도 칼렌바흐가 여권을 발급받을 수 있기를 원했고, 이를 위해 총독에게 전보까지 보냈지만 허사였다.

간디로서는 그와 헤어지는 것은 무척 가슴 아픈 일이었고, 그의 상심 또한 컸다. 그가 인도로 왔다면 농사짓고. 베짜면서 소박하나마 행복한 생활을 할 수 있었을 것이다. 그는 남아프리카에 남아서 옛생활로 돌아가 건축기사로서 사업이 번창하고 있다고 한다.

간디 가족은 1915년 1월 9일 봄베이에 도착했다. 10년 동안 외국에 있다가 조국에 돌아온 기쁨은 이루 말할 수 없었다. 고칼레가 건강이 좋지 않은데도 불구하고 간디의 환영행사를 열도록 주선했다. 간디는 고칼레와 한 몸이 되리라는 열렬한 희망을 가지고 인도에 돌아왔다.

08

참파란
사티아그라하

참파란 사티아그라하

1. 귀환

간디가 인도에 도착하기 전에 피닉스에서 출발한 일행은 이미 도착해 있었다. 원래 계획으로는 일행보다 먼저 도착하기로 되어 있었지만 전쟁에 참여했기에 인도행에 차질이 생겼던 것이다. 영국에서 오랫동안 머물러 있어야 할 것으로 예상되어 피닉스 일행의 숙소를 먼저 마련해 두어야할 문제를 생각했었다. 가능하면 인도에서도 피닉스처럼 생활을 함께 하기를 원했다. 간디는 그들이 정착할 만한 아슈람을 미처 찾지 못했다. 그래서 일행에게 전보를 쳐 앤드류스를 만나 그가 권하는 대로 따르도록 했다.

일행은 우선 강그리 구루쿨에 자리잡았다. 이곳에서는 시인인 슈라다난드지가 그들을 정성껏 돌보아 주었다. 그뒤 일행은 다시 산티니케탄 아슈람에 정착했다. 간디가 봄베이에 도착하고 나서야 피닉스 동료 일행이 샨티니케탄에 이미 가 있다는 것을 알았다. 간디는 고칼레를 만나고 나면 바로 피닉스 동료들을 만나고 싶었다.

봄베이에 잠깐 머문 뒤 푸나로 향했다. 푸나에서는 고칼레가 이끄는 인도봉사자협회의 회원들이 깊은 애정으로 맞아주었다. 고칼레는 회원들 모두를 불러 간디를 만나게 했다. 간디는 그들과 모든 문제를 솔직히 나눴다. 고칼레는 이 협회에 간디가 가입하기를 원했고 그 또한 그랬지만 그 회원들은 그의 생각이나 일하는 방법이 자신들과 다르다는 것을 알고 있는 것이 문제였다. 고칼레는 간디가 원칙을 고집하기는 하지만 그들의 의견도 잘 수용할 것으로 기대했다. 간디는 고칼레에게 그 협회의 회원이 되든 되지 않든간에 피닉스의 동료들과 함께 구자라트의 한 곳을 택해 아슈람을 만들어 정착하기를 희망하며 간디 또한 구자르트 사람인만큼 이 지역에 봉사하고 싶다는 뜻을 밝혔다. 고칼레는 협회 가입 여부와 상관없이 간디를 회원으로 대하겠다며 환영했다.

간디는 기뻤다. 자금 마련의 부담을 덜게 되었고 믿을 만한 안내자가 있다고 생각하니 즐거웠다. 그래서 데브를 불러 협회에 간디의 거래란을 만들고 아슈람에 필요한 비용과 공공사업 비용으로 간디가 청구하는 경우에는 얼마든지 내주라고 지시했다. 일이 대충 마무리되어 간디는 샨티니케탄으로 갈 채비를 했다.

푸나를 떠나 라지코트로 간 다음 고향인 포르반다르에 가서 홀로된 형수와 여러 친척들을 만나보았다.

남아프리카에서 사티아그라하를 실천하는 동안 간디는 계약 노동자와 잘 어울리기 위해 같은 복장으로 바꾸었고 영국에서도 같은 복장을 하였다. 봄베이에 도착했을 때는 셔츠와 도티, 긴 상의와 하얀 스카프 등 카디와르 지방의 의상을 하였다. 그 천은 모두 인도산이다. 하지만 봄베이에서 기차 여행을 할 때는 삼등칸 객실로 여행해야 하기에 스카프와 긴 상의는 거추장스러워 벗어버리고 싸구려 캐시미르산 모자를 썼다. 이런 모양새는 영락없이 가난뱅이로 보였다.

그 무렵 전염병이 번지고 있었기에 삼등칸 객실 승객은 비람감이나 와드완에서 검역을 받아야 했다. 간디는 약간의 미열이 있었다. 검역관은 이것을 알고 라지코트의 의무관에 신고하라고 요구하고는 간디의 이름을 적었다.

아마도 누군가가 간디가 와드완을 통과한다는 것을 알린 모양이었다. 이 고장의 저명한 운동가인 재봉사 모티랄이 역으로 마중나와 있었다. 그는 간디에게 비람감 세관원이 까다로워 철도 여행객들이 어려움을 겪어야 한다고 했다. 간디는 미열이 있었기에 말할 기분이 나지 않아 간단히 대답하고 끝내려고 하였다.

간디는 모티랄을 그냥 평범한 청년으로 생각하고 감옥갈 준비가 되어 있느냐고 물었다. 그는 생각이 확고하였으며 모든 시련을 극복할 의지가 있었고 간디가 자신들을 지도해 줄 것을 바라고 있었다. 뒤에 그와 친하게 되었고 모티랄은 새로 시작한 아슈람에서 한 달에 며칠은 아이들에게 재봉일을 가르치기도 하였다. 그는 간디에게 비람감에서 일어나는 일을 말했고 승객들이 겪는 고난은 차마 보기 어려운 지경이라고 하였다.

라지코트에 도착한 다음날 아침 의무관에게 자진해서 신고했다. 의사는 간디를 알아보고 다시 검역관에 가지 않도록 했고 대신 그를 보내주었다.

유행병이 번지고 있는 경우 삼등칸 승객을 검역하는 것은 필요한 일이다. 지도자들이 삼등칸 객실로 여행하려 한다면 다른 사람들이 지키는 규정을 지켜야 한다. 간디의 경험으로는 관리들은 그들을 같은 동포로 보지 않고 양떼로 생각하는 것 같았다. 그들에게는 모욕적인 말도 서슴치 않으며 대답이나 항변을 허용하지 않았다. 또한 그들은 마치 하인처럼 복종해야 하며 관리는 승객을 마음대로 욕하고 협박하며 기차표를 빼앗아 까다롭게 굴었고 심지어 기차를 타지 못하게 하기도 했다. 이런 일을 개선하기 위해서는 싸우지 않을 수 없다.

카디와르에서도 비람감 세관의 횡포에 대해 들을 수 있었다. 월링튼의 제안이 생각났다. 간디는 즉시 세관의 횡포에 관한 모든 자료를 수집해서 읽었으며 그런 불평은 충분한 근거가 있다는 확신을 얻었다. 하지만 월링튼은 그 책임을 델리로 돌렸다.

간디는 델리정부에 서한을 보냈으나 단지 접수되었다는 답변만 있었다. 뒷날 첼름스포드를 만나는 기회를 얻고서야 비로소 그 문제를 해결할 수 있었다. 그는 그런 사실을 듣고 놀랐으며 이 문제에 관해 아무것도 아는 것이 없었다. 이 면담이 있은 지 얼마 뒤 간디는 신문에서 비람감 세관이 철거되었다는 것을 읽었다.

간디는 이 사건을 인도에서의 사티아그라하의 시작으로 생각했다. 봄베이정부와 면담할 때 지사의 비서는 간디가 카디르의 바가스라에서 행한 연설에서 사티아그라하를 언급했던 것을 협박으로 여겼다.

2. 산티니케탄

라지코트에서 산티니케탄으로 향했다. 교사들과 학생들이 사랑으로 간디를 맞이했다. 피닉스 아슈람의 모든 규칙을 관리하는 책임자는 마간랄 간디였다. 그의 덕분에 그곳은 좋은 분위기로 바뀌고 있었다. 앤드류스가 이곳에 와 있었고 피어슨도 같이 있었다.

간디는 그곳 교사와 학생들과 금방 어울렸고 선생들에게 요리사를 고용하는 것보다 손수 요리해 먹는 이점에 대해 말해 주었다. 반대도 있었지만 대부분 찬성하였다. 간디는 타고르에게 의견을 물었고 그는 교사들이 찬성한다면 이 실험은 스와라지자치로 가는 길이라고 했다.

하지만 이 실험은 얼마 후 중지되었다. 이곳에 머물고 싶었지만 운명은 다른 길로 이끌었다. 간디가 이곳에 온 지 일주일도 채 안 돼 푸나로부터 고칼레의 사망을 알리는 비보를 받았다. 산티니케탄은 슬픔에 잠겼다. 그날로 간디는 아내와 마간랄 간디를 데리고 푸나로 향했다. 나머지 사람들은 이곳에 머물도록 했다.

3. 삼등칸

산티니케탄에서 푸나로 가는 기차 여행은 고역이었다. 도중에서 부르드완 기차를 갈아타야 했지만 우리 일행은 그곳에서 삼등칸 객차 승객이면 누구나 겪는 일로, 가차표 구입의 어려움에 직면했다. 3등 차표는 예매가 되지 않았다. 역장을 찾아가 어려움을 호소했지만 거절당했다. 매표 창구가 열리자마자 사람들이 몰려들었다. 간디도 갔지만 새치기을 하는 통에 계속 밀려 첫 줄의 마지막이 되었다.

기차 타는 것도 힘들었다. 이미 타고 있던 승객과 막 기차를 타려고 하는 사람들간에 욕설과 밀치기가 일어났다. 우리는 폴랫폼을 달리며 이 칸 저 칸으로 옮겨 다녔지만 자리가 없다는 말만 들었다. 마간랄 간디를 보고 어디든 들어가 보라 말하고는 아내와 함께 특실로 가 자리를 잡았다. 차장은 우리에게 할증료를 내라고 했다. 어쨌든 푸나로 가야했다. 차장과 싸울 때가 아니었다. 차장이 요구하는 푸나까지의 할증료를 지불할 수밖에 없었다.

아침에 모갈사라이에 도착했다. 마간랄 간디가 어떻게 해서 자리를 하나 마련해 아내와 간디는 그곳으로 옮겼다. 차표 검사원에게 전후사정을 말하고는 삼등칸으로 옮겼다는 증명서를 요구했지만 바로 거절당했다. 철도 당국에 이를 항의했지만 증명서 없이 할증료를 낸 것은 반환해 줄 수 없다는 대답을 들었다.

삼등칸 승객의 비애가 철도 당국의 횡포와 고압적인 태도에 기인하지만 승객들의 무례, 불결, 이기적인 행동, 무지 등도 비난받아 마땅하다. 가련한 것은 그들 스스로 불결하게 또는 이기적으로, 나쁘게 행동하고 있다는 것을 당연한 것으로 믿고 있었다. 이는 모두 교육받은 자들이 고통받은 사람들에 대한 무관심 때문일 것이다.

푸나에 도착한 우리는 슈라다 힌두교의 천도 의식을 치르고 인도 봉사자협회의 앞으로의 일과 간디의 협회 가입 문제를 의논했다. 고칼레가 살아 있을 때는 가입의 필요성을 느끼지 못했지만 그가 없는 지금은 고인을 위해서라도 가입하는 것이 도리일 듯 했다.

하지만 간디의 가입 문제를 두고 협회 회원들은 양분되었다. 찬성하는 쪽도 있었지만 그의 가입이 설립 목적에 위배된다고 생각하는 회원들도 있었다. 그들은 오랫동안 토론했지만 결론을 내리지 못하고 최종 결정은 다음으로 미루었다.

집으로 돌아왔지만 마음이 착잡했다. 다수결로 가입하는 것이 옳은 일인지, 그것이 고칼레를 위하는 일인지 확실하지 않았다. 그들의 의견이 양분된 만큼 스스로 입회를 철회하는 것이 옳은 것 같았다. 입회를 철회함으로써 협회와 고칼레를 위한 것이라 생각되었다. 간디는 사스트리에게 서한을 보내 다시 회의를 소집하지 않도록 요청했다. 간디의 가입을 반대한 사람들은 나의 결심을 높이 평가했다. 그들이 난처한 입장에서 벗어날 수 있었고 또한 간디와 협회 회원들간의 우정이 보다 가까워 질 수 있었다.

그뒤의 경험으로 비추어 보면 그때의 결정은 잘한 것이었다. 공식적 협회의 회원은 아니지만 정신적으로는 언제나 회원이었던 것은 사실이다. 정신적이 관계는 육체적인 관계보다 훨씬 귀중한 것이며 정신적인 관계로부터 분리된 육체적 관계는 혼이 없는 몸과 같다.

4. 사티아그라하 아슈람

쿰바 축제 순례는 하드바르에 두 번째로 갔을 때였다. 슈라다난다지가 하드바르에 아슈람을 정착시키기를 원했다. 캘커타의 몇몇 친구들은 바이다야나다담을 추천했다. 또 다른 사람들은 라지코트로 정하자고 했다. 하지만 간디가 아메다바드를 지날 때 동료들이 이곳을 강력히 원했고 그들은 아슈람의 경비를 모금해 주었을 뿐 아니라, 우리가 거처할 곳까지도 마련해 주었다. 간디도 아메다바드로 마음이 기울었다. 그는 구자라트 출신이므로 이곳에서 봉사하는 것도 의미가 있었다. 그리고 이곳은 옛부터 수직물 생산의 중심지인 만큼 그곳 산업을 부활시키는 데 가장 좋은 곳이 될 것 같았다. 이곳은 구자라트의 수도인 만큼 부유층의 재정적 지원이 다른 어느 곳보다도 쉬울 것 같았다. 아메다바드의 친구들과 의논한 과제 중에는 불가촉민 문제가 있었다. 간디는 아슈람에 특별히 문제가 없다면 불가촉민 희망자를 받아들이는 최초의 기회를 삼겠다는 것을 그들에게 분명히 밝혔다.

1915년 아메다바드에 사티아그라하 아슈람을 만들었다. 숙소에 관해서는 지반랄 데자이가 주로 도왔다. 그는 고츠라브에 있는 방갈로는 빌려주겠다고 해서 그것을 빌리기로 했다.

먼저 할 일은 아슈람의 명칭이었다. 동료들과 의논한 결과 우리의 봉사 방법을 전하기 위해 사티아그라하 아슈람으로 정했다.

아슈람을 운영하기 위해서는 규칙과 준수 사항의 규약이 필요했다. 규약 초안이 마련되었고 의견을 구했다. 구르다스 바네르지는 준수 사항에 겸손을 넣어야 한다고 한 것이 기억에 남는다. 젊은 세대는 겸손이 결여되어 있다고 생각했다. 겸손이 준수 사항이 되는 그 순간 겸손이 실천되지 않게 되지 않을까 두려웠다. 겸손의 참된 의미는 자아의 소멸이다. 자아의 소멸은 곧 모크샤해탈이며 스스로 이를 준수할 수 없다면 이를 성취하기 위해 다른 계율이 필요할 것이다. 모크샤를 향해 정진하는 사람이나 봉사하는 자가 사리사욕이 있거나 겸손이 없다면 모크샤나 봉사의 열망이 없는 것이나 마찬가지이다. 겸손 없는 봉사는 이기주의이며 자기 중심주의인 것이다.

아슈람에 수개월이 지난 뒤 전혀 예기치 않았던 사건이 닥쳤다. 암리틀랄 다카르로부터 불가촉민 가족이 아슈람에 들어오기를 희망한다는 편지를 받았다.

순간 당황하였다. 그렇게 빨리 오겠다는 것을 예상하지 못했다. 그 가족 모두 아슈람의 규칙을 준수한다면 그들을 받아들이겠다는 내용의 편지를 동료들에게 보냈다.

하지만 이들의 수용으로 아슈람을 돕고 있는 친구들간에 동요가 일어났다. 맨 처음은 우물 사용이었다. 그 우물에 대한 권리의 일부를 방갈로의 주인도 가지고 있었는데 그는 불가촉민인 두다바이가 물을 기를 때 떨어지는 물방울이 자신을 오염시킨다는 것이다. 그는 아슈람의 사람들에게 단호하게 말하고 그를 괴롭혔다. 간디는 그 사람의 괴롭힘을 참고 어떤 일이 있어도 물을 길어 오도록 했다. 그러자 처음에는 욕을 하고 행패를 부렸지만 아무도 그를 상대하지 않자 창피스럽게 여기고 그만두었다.

하지만 모든 재정 지원이 끊어졌고 아슈람을 배척한다는 소문까지 돌았다. 우리는 이 모든 문제에 대비해야 했다. 간디는 동료들에게 만약 우리가 일상적인 시설 사용이 거부되더라도 우리는 이곳을 떠나서는 안 된다고 했다. 차라리 불가촉민촌에 가서 육체노동이라고 하면서 살 것이라고 하였다.

결국 자금이 바닥났다는 말을 듣고 있었던 어느 날 아침 한 소년이 밖에 한 서드가 간디를 만나고 싶다고 전해 왔다. 그를 만나러 갔더니 그는 아슈람에 도움을 주고자 한다며 기부를 받아들이겠느냐고 물었다. 물론 받는다고 하자 그는 다음 날 와서 간디에게 13,000루피를 주고는 떠났다. 이런 도움을 기대하고 있지는 않았지만 실로 가뭄에 단비를 만난 듯 했다. 간디의 기억으로는 한 번 그를 보았을 뿐이다. 그는 아무런 조건이나 대가 없이 돈만 주고 갔다. 이 도움으로 우리는 1년 동안 편안히 지낼 수 있었다.

아슈람에는 내부적으로 찬바람이 일었다. 남아프리카에서는 불가촉민의 친구들이 간디의 집에서 살며 같이 식사도 했지만 아슈람의 간디의 아내와 그 외의 부인들은 그들과 같이 있는 것을 좋아하지 않았다. 재정적인 어려움은 걱정되지 않았지만 내부의 거센 바람은 견디기 어려웠다. 불가촉민 부부에게 사소한 모욕은 참도록 타일렀다.

이 가족을 받아들인 것이 아슈람으로서는 매우 가치 있는 교훈이었다. 애초 간디와 동료들은 불가촉민제도를 찬성하지 않는다고 세상에 선언하였기에 아슈람을 돕기 원했던 사람들은 미리 경계를 하게 되었고 이런 방향으로 아슈람 일은 단순하게 되었다. 전통 힌두 대부분이 늘어나는 아슈람의 비용을 부담한다는 사실은 곧 불가촉천민제도가 근본적으로 흔들리고 있다는 것을 입증하는 징후였다. 이러한 징후는 그외에도 많이 있었지만 진실한 힌두교도들이 불가촉민과 식사를 같이 하고 있는 것을 보고도 아슈람을 주저하지 않고 돕는 착한 힌두들이 있다는 사실은 결코 작은 징후는 아니었다.

5. 폐지 운동

계약 노동자란 인도로부터 5년 또는 그 이하의 계약을 맺고 노동을 하기 위해 남아프리카로 이주한 사람들을 가리킨다. 1914년 스머츠·간디협약으로 나탈에 계약 노동자 이주자는 3파운드 세금은 폐지되었으나 인도로부터 이주하는 일반인은 여전히 교섭이 필요했다.

1916년 3월에 마단 모한 말라비야지가 영국 하원에서 계약 노동자 제도의 폐지를 위한 결안안을 제출하였다. 이에 하딩거는, 정부로부터 적절한 시기에 폐지하겠다는 약속을 받았다고 공표하였다. 그러나 그 약속은 너무 모호하여 만족할 수 없었다. 간디는 즉각 폐지를 위한 운동에 나서야 한다고 생각했다. 그동안 인도는 태만하여 계약 노동자 제도를 참아왔지만 이를 바로잡기 위해 폐지 운동을 할 때가 되었다. 이 문제는 사티아그라하의 적절한 과제임을 의심하지 않았으나 그 실천 방법은 생각나지 않았다.

1917년 2월에 다시 말라비야지는 계약 노동자의 즉각 폐지를 위한 법안 제출을 허락해 줄 것을 요청했으나, 첼름스포드는 거부했다. 유세를 시작하기 전에 총독을 만나 보는 것이 적절하다고 생각하고 그와 대화를 나눴다. 확실하지는 않지만 도움을 약속받았다.

간디는 봄베이를 시작으로 순회여행을 시작했다. 예한기르 페티트가 제국시민협회의 주최 하에 집회를 개최하는 일을 맡았다. 협회의 집행위원회는 먼저 집회에서 제안할 결의안을 작성하기 위해 회의를 가졌다. 스탠리 리드, 랄루바이의 사말다스, 나타얀 그리고 페티트가 위원회 회의에 참석했다. 토론은 언제 법안 철폐를 요청할 것인가를 정하는 데 집중했다. 세 가지 제안이 있었다. 가능한 즉시 폐지, 7월 31일까지 폐지, 그리고 즉각 폐지였다.

간디는 두 번째 안을 찬성했다. 정부가 정해진 시간 내에 우리의 요구를 수용하지 못한다면 우리가 무엇을 해야 하는가를 결정할 수 있기 때문이다. 말루바이는 즉각 폐지를 찬성했다. 즉각이란 7월 31일보다도 짧은 기간을 가리키는 것이라고 했지만 간디는 일반 사람들은 즉각이라는 말을 이해하지 못함으로 우리가 무슨 일을 성취하기를 원한다면 보다 분명한 날을 정해야 한다고 말했다. 즉각이라는 말은 모든 사람이 제각기 해석할 것이다. 만일 그때까지 아무 조치가 없다면 우리가 취할 다른 방법이 없을 것이다. 리드는 이 논의가 설득력이 있다고 보았으며 랄루바이도 결국 동의했다. 회의 참석자는 7월 31일을 채택했다. 그래서 이 날짜로 집회에서 통과되었고, 전인도의 집회에서도 그 결의에 따랐다.

간디는 카라치와 캘커타 그리고 그밖의 여러 지방을 방문했다. 모든 곳에서 집회가 열렸고 열정은 대단했다. 간디는 그같이 드높은 호응을 기대하지는 않았다. 당시 간디는 혼자 여행했으며, 놀라운 경험을 많이 했다. 범죄수사국의 요원들이 항상 그를 뒤따랐다. 그러나 간디는 감출 것이 아무것도 없었기에 그들이 간디를 괴롭히는 일은 없었고 간디도 그들에게 문제를 일으키지 않았다. 아직은 마하트마라는 칭호를 받지 않고 있었다는 것이 다행스러웠지만 간디를 알아보는 곳에서는 '마하트마'를 부르짖는 일도 있었다.

가끔 형사들이 정거장에서 간디를 괴롭히곤 했다. 기차표를 보여 달라고 하고는 기차표 번호를 적기도 했다. 간디는 형사가 묻는 질문에 순순히 대답했다.

그러나 형사는 아무것도 아니었다. 정말 고난은 삼등칸 여행이었다. 가장 쓰라린 경험은 라흐르에서 델리로 가는 기차 여행이었다. 간디는 카라치를 출발하여 라흐르를 경유하여 캘커타로 가는 길이었다. 라흐르에서 기차를 갈아타야 한다. 갈아타는 기차에서는 자리를 잡을 수 없었다. 객차 안에는 사람들로 가득 차 있었고 문도 잠겨 있어서 창으로 들어가고 있었다. 예정된 집회일까지 캘커타에 도착해야 했다. 이 기차를 놓치면 시간에 맞추어 도착할 수 없었다. 기차에 탈 희망이 거의 없었다. 아무도 받아들이려고 하지 않았다. 다행히 한 짐꾼이 12안나를 받고 간디를 객차에 태워주었다.

밤은 시련이었다. 승객들은 바닥에 앉아 있었고 간디는 윗칸 침대 쇠줄인도 열차 삼등칸 침대를 지탱하기 위해 매달아 놓은 쇳줄을 붙들고 2시간이나 서 있어야 했다. 그들은 다리를 쭉 펴고 누워서 자리를 좀체 양보하지 않으면서 간디를 보고 왜 서 있느냐고 물었다. 그들이 물을 때마다 공손하게 이유를 설명했더니 그것이 그들을 누그러뜨렸다. 그중 몇이 간디 이름을 물었고 간디라고 했더니 미안해 하며 자리를 내주었다. 피로는 말할 수 없었다. 머리는 흔들리고 어지러웠다. 신이 바로 그때 도움을 주셨다.

겨우 델리에 도착했고 거기서 다시 캘커타에 도착했다. 카심바자르의 번왕이 캘커타 집회의 의장이었고 간디는 초청받았다. 카라치에서와 마찬가지로 열정은 대단했다. 이 집회에는 영국인 몇 사람도 참석했다. 7월 31일이 되기 전에 정부가 인도인 계약 노동자의 이주를 중지한다고 발표했다.

앞서 1894년에 간디는 계약노동자제도에 항의하는 첫 청원서를 기초했고, 이 준노예제도는 언젠가는 종식하게 되기를 바랐다. 준노예제도라는 말은 헌터가 쓰기 시작했다. 1894년에 시작한 이 운동은 많은 사람들의 도움이 있었고 잠재적 사티아그라하가 준노예제도의 종결을 앞당겼다.

6. 참파란 조사 준비

참파란이라는 곳은 비하르 북부의 자나카가 지배하고 있는 곳이다. 지금은 망고나무로 숲을 이루고 있지만 1917년 당시만해도 인디고의 재배 농장으로 가득 차 있었다. 법률에 이 참파란 지방의 소작농은 20개 농지 중 3개 농지는 지주를 위해 인디고를 재배하도록 의무화되어 있었다. 이 제도는 팅카디아 제도로 알려져 있었다. 20분의 3은 인디고를 재배해야만 했다.

간디는 참파란의 지리적 위치는 물론 그 지명도 알지 못했다. 인디고의 재배에 관해서도 문외한이었다. 인디고의 묶음을 본 일은 있었지만 참파란에서 수천 명의 농민이 매우 힘들게 재배하는 것은 상상도 하지 못했다.

라즈쿠마르 슈클라는 참담하게 약탈당하고 있는 농민 중의 한 사람이었고, 자신과 마찬가지로 고난을 겪는 수천 명의 농민이 인디고의 얼룩을 말끔히 씻어버려야 한다는 열의로 가득 차 있었다. 이 사람이 럭나우에서 간디를 붙들었다. 1946년의 국민회의에 참석하기 위해 럭나우에 가 있었다. 그는 간디에게, 바킬 바부 인도총독부 허가 변호사가 자신들의 고난에 대해 모든 것을 말해 줄 거라고 하면서 참파란으로 가자고 졸랐다. 바킬 바부은 다름 아닌 브리즈키소레 프라사드였고 참파란에서 함께 일하게 된 사람이다. 그는 비하르에서 일하는 재야운동의 중심 인물이었다. 슈클라는 그를 간디의 숙소로 데리고 왔다. 그는 순진한 농민을 이용해 먹는 변호사쯤으로 보였다.

슈클라는 국민회의의 도움을 바라고 있었다. 브라즈키소레 프라사드는 참파란의 사람들에 대해 동정을 표하며 결의안을 제출했고, 결의안은 만장일치로 채택되었다. 슈클라는 기뻐하기는 했으나 만족하지 않았다. 그는 간디를 보고 직접 참파란을 방문하여 그곳 농민의 참상을 봐 주기를 바랐다. 그는 하루면 충분하다고 말했다.

간디는 럭나우에서 카운포레에 갔다. 그곳으로 따라와 집요하게 하루만 시간을 내달라고 순진무구한 농민과 함께 1917년 초 캘커타를 떠나 참파란을 방문했다. 둘은 시골사람 차림으로 길을 떠났다. 간디는 어떻게 가야하는지도 몰랐다. 그를 따라 다음 날 아침 파트나에 도착했다. 이것이 간디의 첫 번째 파트나 방문이었다. 그곳에 같이 지낼만한 생각나는 친구도 친지도 없었다. 슈클라는 비록 소박한 사람이었지만 파트나에서는 영향력이 좀 있는 사람으로 알았다. 하지만 그와 같이 여행하면서 그는 아무것도 모르는 사람이란 걸 알았다. 그가 자기의 친구라고 알고 있는 변호사들은 전혀 그런 사람들이 아니었고 그들 사이는 마치 홍수 때 갠지스 강폭 만큼의 간격이 있었다.

슈클라는 간디를 라젠드라 프라사드[1]의 집에 데리고 갔다. 리젠드라는 외출하고 없었다. 그의 방갈로에는 한두 명의 하인이 있었지만 우리를 거들떠 보지도 않았다.

비하르에서는 불가촉민에 대한 차별이 심했다. 방갈로의 하인들은 우물을 사용하고 있었지만 간디는 물을 기를 수 없었다. 간디가 어떤 카스트에 속한지 모르니 그들은 간디가 물을 기르다가 물을 떨어뜨리면 자신들을 오염시킨다고 생각하기 때문이었다. 슈클리는 간디를 집안의 화장실을 가라 했지만 하인들은 바로 집 밖에 있는 화장실로 가라했다. 그제서야 간디는 그의 도움을 받을 수 없다는 것을 알게 되었고 알아서 하기로 했다.

간디가 런던에서 유학할 때 마울라나 마자롤 하크를 알았다. 1915년 그가 무슬림연맹 의장으로 있던 해에 봄베이에서 개최된 국민회의에서 그를 다시 만나 교류를 하였고 파트나에 오는 기회가 생기면 언제든지 자신의 집에 오라는 초대를 했었다. 그때를 회상하고는 파트나를 방문하게 된 목적을 메모해 그에게 보냈다. 그는 바로 승용차로 와서는 자신의 집으로 가자고 했다. 감사의 말을 전하고 그에게 다음 목적지로 갈 수 있는 기차편을 안내해 달라고 부탁했다. 그는 슈클리와 얘기를 나누고는 먼저 무자파르푸르로 가라고 했다. 그곳으로 가는 기차가 바로 그날 저녁에 있었다. 무자파르푸르에는 그때 마침 크리팔라니[2] 교수가 있었다. 간디는 줄곧 그를 알고 있었다. 이미 그는 무자파르푸르 국립대학에서 교수로 재직하다가 그 무렵 교수직을 그만두었다. 간디가 그곳을 방문할 거라고 했더니 한밤중임에도 불구하고 마중나와 주었다. 그의 집에는 방이 없어 말카니 교수와 같이 지냈으므로 간디는 사실상 말카니의 손님이 되었다. 간디같은 사람을 유숙留宿시키는 것은 극히 이례적인 일이었다.

크리팔라니는 비하르 특히 티르후트 지역의 절망적인 상태를 설명하고, 간디의 일이 상당히 어려울 거라 했다. 그는 비하르 지방 사람들과 매우 친근한 관계를 유지하고 있었고, 간디가 비하르에 오게된 것에 관해 비하르 사람들에게 이미 말해 두었다. 아침 일찍 변호사 단체가 간디를 찾아 왔다. 그들 가운데 아직까지 기억에 남은 사람은 람나브미 프라사드였는데 그의 진지한 모습은 아직도 선하다. 그는 가야 바부를 대신해 간디를 초대했다.

가야는 편하게 자신의 집에 머물도록 했고 주변 사람들도 다정스럽게 대했다. 브라지키쇼레가 다르방가에서 왔고, 라젠드라도 왔다. 브라즈키쇼레는 간디가 럭나우에서 만났던 그가 아니었다. 겸손함과 강한 신앙이 간디를 사로잡았다. 그것은 비하르 사람들의 특성이었다. 비하르 변호사들이 그를 존경하는 것이 놀라운 일이 아니었다. 간디는 이들과 얼마되지 않아 평생 우의를 나눈 친구처럼 되었다.

브라즈키쇼레는 사건의 진상을 설명해 주었다. 그는 가난한 소작농들의 사건을 맡곤 했다. 간디가 갔을 때도 그런 사건 두 가지가 계류 중이었다. 그는 그런 사건에서 승소했을 때는 가난한 이들을 위해 조금이라도 한 일이 있다고 위안했다. 그렇다고 소박한 농민으로부터 수임료를 받지 않은 것은 아니었다. 수임료를 받지 않으면 가정을 꾸릴 수 없었으며 또한 가난한 이들에게 실효성 있는 도움을 줄 수 없을 것이라고 생각하였다.

간디는 그에게 이 문제는 법원을 통해 해결하기보다는 비하르에서 팅카디아 제도가 없어질 때까지 행동해야 한다고 말했고 그는 그 일이 해결될 때까지 모든 도움을 아끼지 않겠다고 하였다. 우리는 밤늦게까지 얘기를 나누었다. 간디는 그들에게 말했다.

"내가 보기에 당신들의 법률 지식은 별 소용이 없습니다. 사무 보조와 통역이 필요합니다. 투옥을 당할지도 모릅니다. 그러나 여러분들이 그런 모험을 감수할 수 있으면 좋겠지만, 그것은 여러분들 스스로 그렇게 할 수 있을 때만이 가능합니다.

여러분들 스스로 기약없이 직업을 포기하면서까지 그런 일을 하는 것이 결코 쉬운 일은 아니지요. 나는 사투리를 잘 모르고, 카디비하르 북부지역의 언어나 우르두어로 쓴 문서를 읽을 수 없습니다. 여러분들이 번역해 주서야 합니다. 우리는 이 일을 위해 지불할 돈이 없습니다. 사랑으로 그리고 봉사 정신으로 모두 해내야 합니다."

브라즈키쇼레는 이 말을 금방 이해했다. 그리고는 간디와 자신의 동료들을 향해 번갈아 가면서 반대 질문을 했다. 그는 간디가 말한 내용 모두, 즉 자기들의 봉사는 얼마나 필요하고 그들 가운데 몇 사람이 필요한지, 교대로 봉사해도 되는지와 변호사들에게 그들이 희생할 각오가 되어 있는지 다시 한 번 확인하였다.

간디의 목표는 참파란 농민들의 실태를 조사하고 인디고 농장주의 불평불만을 알아내는 데 있었다. 이 목적을 위해서는 수천 명의 소작인들을 만날 필요가 있었다. 하지만 조사를 시작하기 전에 이 사건에 관련된 농장주들의 입장을 알아보아야 했고 또한 담당 공무원도 만나보는 것이 필요한 것 같았다. 양쪽에 면담을 요청했고 허용되었다. 농장주협회 사무총장은 나에게 외부 사람이 농장 주인과 소작인 사이에 끼어들 일이 아니라면서 진정을 내려면 서면으로 하라고 했다. 간디는 점잖게 자신은 외부인이라고 생각하지 않으며 소작인들이 원한다면 그들의 실태를 조사할 권리가 있다고 하였다.

공무원도 만나봤지만 간디를 위협하면서 떠나라고 했다. 이런 사실을 동료들에게 알렸다. 그리고 만약 구속되면 모티하라나 또는 베티아에서 체포되는 것이 가장 좋을 듯하다고 했다. 참파란은 티르후트의 한 군郡이고 모티하리는 그 중심이다. 슈클리의 집은 베티아 근처에 있었다. 그 인근에 있는 코티스에 속하는 소작인들은 그곳에서 가장 가난한 사람들이었다. 슈클리는 간디가 그들을 만나주기를 바랐고 나 역시 그렇게 하고 싶었다.

그래서 간디는 동료들과 함께 바로 모티하리로 출발했다. 고라크 프라사드가 우리 일행을 그의 집에 머물도록 했고 그 집은 마치 여관처럼 되었다. 일행 모두를 수용할 수는 없었다. 같은 날 일행은 모티하리로부터 약 5마일 떨어진 곳에서 한 소작인이 학대받고 있다는 소식을 들었다. 다라니다르 프라사드를 동행하도록 하고 다음날 우리는 코끼리를 타고 그곳으로 향했다. 코끼리는 참파란에서는 구자라트의 소달구지와 마찬가지였다. 가는 도중에 경찰서장의 대리인이 와 서장이 안부를 묻는다고 했다. 간디는 그것이 무엇을 말하는지 알았다. 그는 즉시 참파란을 떠나라는 통지서를 전해 주었다. 밤새도록 간디는 여러 사람들에게 편지를 썼고, 브라즈키쇼레에게는 필요한 지시를 내렸다.

앞서 말한 내용과 소환장 내용이 그 일대에 불길처럼 번졌고, 그날 모티하리에서는 전례없는 광경이 벌어졌다. 고라크의 집과 법원에는 군중들이 대거 모여들었다. 다행히 밤중에 모든 일을 끝냈기에 간디는 그 군중을 수습할 수 있었다. 간디의 동료들이 큰 도움이 되었다. 그들은 군중이 간디가 가는 곳마다 따라다녔기 때문에 그들을 정리하는 데 정신이 없었다.

세금징수관, 판사, 경찰서장 등 관리들과 간디 사이에는 일종의 친근감이 생겼다. 발부된 통지서를 거부할 수도 있었다. 그들은 간디가 그들에게 악감정을 갖지 않고 다만 비폭력으로 저항한다는 것을 잘 알고 있었다. 그래서 그들은 간디를 괴롭히는 대신 간디의 동료들과 같이 군중을 정리하는 데 기꺼이 나섰다. 하지만 그것은 그들의 권위가 흔들렸다는 것을 의미하였다. 군중들은 처벌의 두려움이 사라졌고 새 친구가 보여준 사랑의 힘에 순종하고 있었다.

참파란에서는 간디를 알아보는 사람은 아무도 없었다는 점을 유의해야 한다. 농민들은 모두 일자무식이었다. 참파란은 갠지스 강 북쪽 상류로 히말라야 앞 네팔의 접경이어서 인도의 다른 지역과는 단절되어 있었다. 국민회의라는 것이 있는지조차 모르고 있을 정도였다. 그 이름을 들은 사람들도 참여하기를 꺼렸고, 심지어 그 이름을 언급하는 것도 싫어했지만 이제는 국민회의의 의원들이 비록 그 이름을 걸고 오지는 않았지만 보다 훨씬 참된 의미에서 왔다할 것이다.

동료들과 의논한 끝에 국민회의 이름을 내걸지 않기로 했다. 우리가 바라는 것은 일이지 이름이 아니다. 왜냐하면 국민회의라는 이름은 바로 정부와 농장주들의 내통을 의미하였다. 그들에게 국민회의는 법률가들이 논쟁이나 벌이는 장소이자 법망을 피하고, 처세술과 위선의 장소였다. 따라서 그들이 환멸을 느낄 수밖에 없다. 그러므로 우리는 그 이름을 거론하지 않기로 하고, 또한 농민들에게 국민회의라는 조직을 설명하지 않기로 했다. 우리는 그 이름 대신, 국민회의의 정신을 이해하고 따른다면 그것으로 충분하다고 생각하였다.

슈클라는 수천 명의 농민을 움직일 힘은 없었다. 농민들은 아직 정치적인 활동을 해본 적이 없었다. 그들은 참파란 밖의 세계는 알지 못하고 있었다. 그러나 그들은 간디를 마치 오랜 친구처럼 맞이했다. 이들 농민과의 만남에서 간디는 신, 아힘사 그리고 진리를 보았다. 그것은 과장이 아니라 참된 진실이다.

이런 실현이 가능한 것은 오직 사람들에 대한 사랑, 그 이외에는 아무것도 없다는 것을 알게 되었다. 이는 간디의 아힘사에 대한 흔들림없는 신념 이외에 아무것도 아니다.

재판이 시작되었다. 정부 변호인, 판사, 관리들은 조바심이 났고 어찌할 바를 몰랐다. 정부측 변호인은 판사에게 압력을 넣어 재판을 연기하려고 했다. 이에 간디는 참파란을 떠나라는 명령에 불복종한 죄를 인정하고 싶으니 그러지 말라고 하였다. 판결은 연기되었다. 간디는 총독을 비롯하여 많은 사람들에게 자세한 내용을 전했다.

선고를 받으러 법정에 출두하기 전에 판사는 서면으로 부총독이 간디 소송을 취하하라는 통지를 보냈다고 알려왔다. 또한 조사를 자유롭게 해도 좋다며 간디가 원한다면 공무원들의 도움도 받을 수 있다는 내용의 서신을 보내왔다. 간디와 동료들은 그 누구도 이렇게 신속하게 결말이 날지는 예상하지 못했다.

간디는 헤이콕을 방문했다. 그는 정당한 일을 하려고 애쓰는 선량한 사람 같았다. 그는 간디에게 그 어떤 문서라도 보고 싶으면 요구하라고 하면서 언제든지 자기를 자유롭게 만나도 좋다고 했다.

그래서 이 지역은 직접적인 시민적 불복종을 경험하였다. 이 사태는 모든 지방에서 그리고 언론에서 자유롭게 논의되었고 간디의 조사 활동은 예상 외로 널리 알려지게 되었다.

7. 조사

참파란 조사는 진리, 아힘사의 용감한 실험이었다. 우리는 가련한 코락바에게 집을 비워달라 하지 않는 한, 그 집에서는 조사를 해 나갈 수 없었다. 또한 모티하리 사람들은 여전히 겁에 질려 있어 우리들에게 집을 빌려 줄 처지가 아니었다. 하지만 브라즈키쇼레가 능력 좋게 상당히 넓은 공간의 집을 찾아 우리는 그곳으로 옮겼다.

돈 없이는 일하기가 어려웠다. 이런 일을 위해 일반인을 상대로 모금을 한 적이 없었다. 브라즈키쇼레와 그 친구들 대부분은 변호사들이어서 돈이 필요하면 자진해서 내거나 아니면 친구들에게서 모아 내든지 했다. 간디는 참파란 농민들에게는 아무것도 받지 않기로 마음먹었다. 그것은 잘못 해석될 수 있기 때문이었다. 또한 이 조사를 진행하는 일을 두고 적극적으로 모금하지 않기로 결심했다. 그렇게 하면 정치적으로 될 수 있기 때문이다.

봄베이의 친구들이 15,000루피를 보내왔지만 받지 않았다. 브라즈키쇼레의 도움으로 될 수 있는 한 참파란 이외의 지역에 살고 있는 부유한 비하르 사람들에게 도움을 받기로 했고 필요하다면 메타에게 도움을 요청하기로 했다. 그는 필요하면 언제든지 연락하라고 했다. 결국 자금 문제는 이렇게 해결했고 최대한 절약하기로 했다. 실제로 큰 돈이 필요치 않았다. 삼천 루피 이상은 쓰지 않았고 실제로 모금 했던 액수에서 수백 루피를 절약할 수 있었다.

많은 농민들이 진술을 하였고, 그들의 동료들로 사무실과 주변을 가득 메웠다. 간디에게 다르샨영적인 스승에게 축복을 받는 의식을 받으려 몰려온 이들로부터 간디를 구하려고 애를 썼지만 소용이 없는 때가 많았다. 동료들이 조정을 하려고 했지만 소용이 없었다. 부득이 간디는 다르샨을 위해 일정한 시간을 배정해야 했다. 한편 5~7명의 자원자들이 농민들의 진술을 받았지만 워낙 많은 사람들이 몰려 저녁 때 그냥 돌아가는 사람도 있었다. 그 진술에는 중복되는 것이 많았지만 사람들은 자신의 속내를 다 들어내지 못해 아쉬워 했다. 진술을 못하는 것이 불만이었다. 물론 간디는 이들의 상심을 이해할 수 있었다.

간디는 농장주들을 자극하고 싶지 않아, 진술에서 평판이 좋지 않은 농장주에게 편지를 보내고 만나기도 했다. 또한 농장주 조합을 찾아가 소작인들의 불만을 말해 주고 그들의 견해를 듣기도 했다. 농장주 중 몇은 그를 미워했고 또 무관심했으며 소수는 공손하게 대했다.

7. 참파란

간디가 비하르를 잘 알게 됨에 지속적인 사업은 적당한 교육이 없이는 불가능하다는 것을 확신하게 되었다. 농민들의 생활은 비참했다. 그들은 아이들을 방치하고 있었고 하루 몇푼을 벌기 위해 아침부터 밤까지 농장에서 경작하는 일을 하고 있었다. 당시 남상 노동자의 임금은 10피스1피스는 약 2분의 1센트를 넘지 않았고 부녀자는 6피스도 채 되지 않았다. 아이들은 3피스 이하 였다. 하루에 4안나16피스에 해당를 버는 사람은 큰 행운으로 여기고 있었다.

우리들은 의논하여 여섯 개 부락에 초등학교를 열기로 결정했다. 부락민들에게 제시한 조건은 교사의 숙식을 제공해 주는 것이었고 그외의 비용은 우리가 부담하기로 했다. 그들은 현금이라고는 거의 없었으나 먹거리는 제공할 수 있었다. 그들은 곡물과 그밖의 날 것을 제공할 의사가 있음을 이미 밝혔다.

선생이 문제였다. 미미한 수당으로 또는 보수없이 일할 선생을 찾기란 쉽지 않았다. 평범한 교사에게 아이들을 맡기고 싶지 않았다. 학문보다는 도덕성이 더 중요하다고 생각했다. 그래서 자원봉사자를 공개적으로 호소하였다. 반응이 있었다. 강가다라오 데슈판디가 바바 사헤브 소만과 푼달리크를 보냈다. 슈리마티 아반티카바이 고칼레가 봄베이에서 왔고 아난디바이 바삼파안 부인이 푸냐에서 왔다. 간디는 아슈람에 연락해 토탈랄과 데브데스를 오도록 했다. 이 무렵 데자이와 나라하리 파리키 그리고 그들의 부인들이 같이 있었다. 그의 아내도 불렀다. 이렇게 모이니 상당한 진영이 되었다.

간디는 초등교육을 마련해 주는 데만 그치고 싶지 않았다. 마을은 비위생적이었고 길거리는 오물 투성이었고, 우물은 흙탕물과 악취로 진동했으며 마당은 지저분해 차마 볼 수 없었다. 어른들에게 청결의식은 절실했다. 그들 모두 피부병을 앓고 있었다. 그래서 위생에 관한 일들을 많이 하여 청결의식이 일상화되도록 했다. 이 일에는 의사들이 필요했다. 간디는 인도봉사협회에 요청하여 데브의 봉사를 부탁했다. 우리는 절친한 친구였다. 그는 6개월 동안 봉사를 했다. 교사들은 남녀노소할 것 없이 모두 그와 같이 일하기를 원했다. 그들은 다같이 농장주나 정치에 대한 불평을 하지 못하도록 했다. 불평이나 불만이 있으면 간디에게 직접 말하도록 했다. 그 누구도 이 규칙을 어기지 않았다. 친구들은 놀라울 정도로 이를 충실하게 지켰다.

학교에 남녀 각 한 명씩 책임을 맡도록 했다. 이들은 의료와 위생을 돌보도록 했다. 동네 여인들은 이 여성들을 통해 접근하도록 했다. 의료는 극히 간단하였다. 겨우 피마자 기름, 키니네, 유황 연고가 전부였다. 환자가 설태가 생겼다든지 변비로 불편하다고 하면 피마자 기름을 처방했고, 열이 나는 경우 피마자 기름을 준 뒤 키니네를 주었다. 화상이나 가려움증의 경우에는 환부를 잘 씻어낸 뒤 유황연고를 발라주었다. 환자는 어떤 약이든 집으로 가져가지 못하게 했다. 병이 생겼을 때는 의사의 상담을 받았다. 데브는 날짜를 정해 진료소마다 방문했다.

위생 문제는 어려웠다. 사람들은 스스로 청결히 하고자 하는 준비가 되어 있지 않았다. 들에서 일하는 사람들마저도 자신의 집 청소를 하려고 하지 않았다. 하지만 데브가 쉽게 포기하지 않았다. 데브와 자원봉사자들은 정성을 다해 마을을 깨끗이 하기 위해 노력했다. 길과 마당을 쓸고, 우물을 청소하고, 근처의 흙탕물 구덩이를 메우기도 하고 마을 사람들도 자원봉사하도록 설득했다.

비티하르바라는 곳은 아주 작은 마을로 그곳에도 우리 학교가 있었다. 그 주변의 더 작은 마을을 우연히 방문한 일이 있었다. 여인 몇이 아주 더러운 옷을 입고 있었다. 간디는 아내에게 "왜 빨래를 하지 않느냐"고 물어보라고 했다. 그랬더니 한 여인이 아내를 자신의 오두막으로 데리고 가더니 말했다.

"보십시오. 집안에는 옷을 넣어둘 상자나 옷장도 없습니다. 내가 지금 입고 있는 사리가 유일한 옷이에요. 어떻게 빨래를 할 수 있겠습니까. 마하트마께 말씀드려 사리 하나만 얻게 말해 주십시오. 그러면 목욕하고 매일 깨끗한 옷을 입겠다는 약속을 드리지요."

이는 이 집만의 문제가 아니라 인도 촌락에서는 흔히 볼 수 있는 단면이었다. 수많은 사람들이 가구도 갈아 입을 옷도 없이 단지 누더기 옷을 걸치고 있을 뿐이다.

8. 폐지

참파란에서 할 일을 마치자마자 그동안 준비해온 다른 일에 끌리게 되었다. 그러나 몇 달이지만 참파란에서 일한 것이 뿌리를 내려 여러 가지 형태로 영향을 미쳤다.

우리는 사회봉사와 동시에 농민의 불만불평들을 기록 정리하는 일도 신속히 진행되었다. 이런 진술은 수천 건으로 그 효과가 나타날 수밖에 없었다. 진술을 하러 오는 농민의 수가 늘어나자 농장주들의 불만은 증가되었고, 당국은 조사를 빨리 끝내라고 종용하였다.

간디는 조사는 오래 걸릴 수밖에 없으며 이 일의 결과를 볼 때까지 떠날 수 없다고 하였다. 또한 정부에서 농민의 고충을 인정하고 받아주던가, 아니면 확실한 증거가 있는 사례들을 인정하고 즉각 공적 조사를 실시하여 내 조사를 끝나게 하라고 하였다.

부지사는 조사위원회를 구성할 터이니 간디보고 조사위원이 되어 달라고 했다. 간디는 다른 위원들의 이름을 확인하고 그의 동료들과 상의한 후 다음과 같은 조건이면 위원이 될 것을 승낙했다. 조사위원회의 조사를 진행하는 동안이라도 동료들과 자유롭게 협의할 수 있을 것과 또한 위원으로 일하면서도 농민의 대리인 역할을 정부가 인정하는 것 그리고 조사 결과가 만족스럽지 못하면 간디가 농민들에게 어떤 행동을 취할 것인가를 지도한다는 것 등이었다.

부지사는 이러한 조건을 정당하다고 수용하고 조사위원회의 설치를 발표하였다. 프랭크 슬라이가 조사위원장으로 임명됐다. 위원회는 농민들 편을 들었고 농장주들은 위원회가 불법이라고 판정한 강제징수 부분은 되돌려 주어야 하며 딩카티는 법으로 폐지되어야 한다고 권고하였다. 부지사는 조사위원회가 만장일치로 보고서를 채택하도록 하는 데 큰 역할을 했고, 또한 위원회가 권고한 대로 농업 관련법을 통과시키는 데도 중요한 역할을 했다. 그가 단호한 태도를 갖고 있지 않았더라면 위원회보고서는 만장일치로 채택되지 못했을 것이고 농지법은 통과되지 못했을 것이다.

농장주들은 가만히 있지 않았다. 그들은 보고서를 무시하고 법률안을 격렬하게 반대했지만 부지사는 끝까지 버텼고 조사위원회의 권고를 완벽하게 실행하였다.

그리하여 약 1세기 동안 존속된 팅카티 제도는 폐지되었고 그와 함께 농장주들의 군림도 종식되었다. 그동안 모두 압박을 받으며 지냈던 농민들도 이제는 어느 정도 정당한 지위를 확보하였으며 인디고의 오염은 결코 씻어낼 수 없다는 미신도 타파되었다.

몇년 동안 이 건설적인 일을 계속하여 학교를 더 만들고 이러한 사업이 보다 효율적으로 마을에 확산되도록 하는 것이 간디의 바람이었다. 그 기틀은 마련되었으나 종종 그렇듯이 신께서는 간디를 다른 곳에서 일하도록 하셨다. 조사위원회의 일을 끝내지 못하고 떠나게 한 것은 모한랄 판디야와 샹카를랄 파리크 서전트가 간디에게 보낸 한 통의 편지였다. 편지는 케다크구자르트 농업지역의 흉작을 알리면서 세금을 낼 수 없는 농민들 지도해 달라고 부탁하는 내용이었다. 간디는 현장을 보고 조사를 해보지 않고는 어떤 대책도 권고할 의향이나 재간 또는 용기도 없었다.

| 편저자주 |

1. 라젠드라 프라사드는 참파란투쟁에서 간디를 도왔고, 국민회의 운동에 가담했다. 1947년에 국민회의 의장, 1950년에는 독립 인도의 초대 대통령으로 취임하였다.
2. 그는 1917년 참파란 농민투쟁에서 간디를 도왔다. 1951년 인민 사회당 당대표가 되었다.

09

케다
사티아그라하

케다 사티아그라하

1. 방직공 파업지도

케다 주의 흉작을 알리는 편지와 함께 간디는 아메다바드의 노동자 실태에 관한 아나슈야바이의 편지를 받았다. 임금이 낮아 임금 인상을 요구하는 운동이 오랫동안 진행되고 있었다. 가능하면 이 운동을 지도하고 싶었지만 거리가 너무 멀어 지도할 자신이 없었다. 아메다바드로 먼저 가 문제를 해결한 다음 참파란으로 돌아가길 원했다.

하지만 생각대로 일이 진행되지 않아 참파란에 돌아갈 수 없었고 학교는 하나씩 문을 닫고 있었다. 여지껏 일한 것이 허사로 돌아간 셈이다. 참파란에서는 촌락 위생과 교육 외에도 암소보호운동도 있었다. 여행을 하는 동안 암소 보호와 힌디어의 보급이 마르와디참파란 지방의 소젖을 짜는 직업사람들의 특별한 관심사라는 것을 알게 되었다.

케다 농민의 문제가 논의되는 동안 아메다바드의 방직공 문제에 손대고 있었다. 오누이가 싸우고 있었다. 간디는 두 사람을 다 알고 있기에 난처하였다. 여동생은 여직공들의 입장을 오빠는 공장주들의 입장을 대변하고 있었다. 그들은 중재를 받아들이려 하지 않았다. 그래서 노동자들에게 파업을 계속하도록 유도할 수밖에 없었다. 성공적인 파업을 위해 절대 폭력에 의존하지 말 것과 파업 방해자를 괴롭히지 말며 파업 기간 동안 다른 노동으로 생계를 유지하도록 조건을 걸었고 그들은 이 제안을 받아들여 공장주들이 중재를 받아들일 때까지 파업을 하기로 결의했다.

이 파업동안 간디는 발라브바이 파텔과 샹카를랄 반커를 알게되어 친구로 지내게 되었으며 아나수야바이는 그전부터 친했다. 우리는 매일 사바르마티의 강변 나무그늘에 앉아 파업자들과 모임을 가졌다. 수천 명이 참석했고 간디는 그들에게 자신들의 맹세와 임무를 상기시켰다. 노동자들은 매일 에크 테크맹세를 지키자라고 쓴 깃발을 들고 대열을 지어 행진했다.

파업은 21일 동안 계속되었다. 파업 기간에도 간디는 공장주들과 협의하고 노동자들에게 정당한 대우를 하도록 당부했지만 그들은 제3자의 개입을 여전히 거부하고 있었다.

이 노동쟁의에 대해 말하기 전에 아슈람에 대해 잠깐 언급하겠다. 간디는 아메다바드의 근처 코치랍에 있는 아슈람에 대해 관심을 기울이고 있었다. 참파란에 있는 동안 수시로 이 아슈람을 방문하였는데 이 마을에 전염병이 돌았고 이 아슈람에 있는 어린이들이 염려되었다. 주변의 위생상태가 나빠 아무리 아슈람의 안팎을 깨끗이 해도 전염병을 피하기는 역부족이었다. 그래서 우리는 보다 근접성이 좋고 안전한 곳에 아슈람을 만들기로 결정했다.

전염병은 코치랍을 떠나라는 명백한 통보라 느꼈다. 아메다바드에서 장사하는 푼자바이 하리찬드는 여러 가지 일에서 사심없이 우리를 도왔다. 그는 우리를 위해 적당한 땅을 구해 주었다. 그곳은 사바르마티 중앙형무소와 가까워 간디의 마음을 끌었다.

약 8일 만에 매매가 성립되었다. 강변 둑에 자리잡은 외진 곳이라 이점이 있었다. 천막을 치고 양철지붕의 헛간을 부엌으로 썼다. 건물이 완성될 때까지 지내기로 했다. 아슈람이 서서히 자리잡았다. 모두 40여 명이 한 부엌에서 식사를 하였다. 땅은 불모지였고 뱀이 득실거려 이런 곳에서 아이들이 지낸다는 것은 위험하였다. 뱀을 죽이지 않기로 한 이 규칙은 피닉스와 톨스토이 농장 그리고 이곳에서도 실천되었다. 하지만 뱀에 물려 생명을 잃은 경우는 전혀 없었다. 간디는 신앙의 눈으로 자비의 신을 보았다. 불살생을 지킨 25년 동안 아무런 해도 입지 않고 지낸 것은 우연이 아니라 신의 자비라고 믿는 것을 미신이라고 한다면 그는 그 미신을 즐겁게 받아들일 것이라 하였다.

파업을 시작한 지 처음 2주 동안 방직공들은 커다란 용기와 자제력을 발휘하며 매일 대규모의 집회를 가졌다. 그럴 때마다 간디는 그들의 맹세를 상기시켰으며, 그들은 맹세를 지키겠다고 절규하였다.

하지만 시간이 지남에 따라 그들은 동요되었고 파업자들은 방해자들에 대한 태도도 더 위협적이었다. 간디는 파업자들이 난폭한 행동을 하지 않을까 염려되었다. 나날이 집회 참석자들은 줄어들었고 그들의 얼굴은 의기소침하였다.

드디어 파업자들이 흔들리기 시작하였다는 소식이 들렸다. 깊은 곤경에 빠졌고 간디의 의무가 무엇인가를 깊이 생각하게 되었다. 남아프리카에서 대규모 파업을 강행한 일이 있었지만 이곳 사정과는 달랐다. 방직공들은 스스로 맹세를 하였다. 그들은 매일 간디 앞에서 그 맹세를 되풀이 하였으며 이제 와서 그것을 배반한다는 것은 생각할 수 없는 일이었다. 이 감점 뒤에 숨은 것은 노동자들을 위한 사랑인가, 아니면 자존심인가, 아니면 진리에 대한 열정인가, 그리고 누가 이것을 말할 수 있는가.

어느날 아침 집회에서 갈길을 모색하지 못했지만 아직도 분명한 길을 보지 못하고 있었을 때 빛이 보였다. 누가 시킨 것도 아닌데 간디의 입에서 말이 터져나왔다. 파업자들이 모여서 해결이 날 때까지 파업을 계속하든지, 아니면 모두가 공장을 떠나든지 할 때까지 단식을 하겠다고 선언했다. 노동자들은 놀랐으며 차라리 자신들이 단식을 하겠다고 했다. 그리고 그들의 잘못을 빌었다. 하지만 간디는 그들을 말리고 파업이 종결될 때까지 단식을 선언했다.

그러는 동안 발라브바이는 파업자들의 일자리를 시청 산하기관에서 찾아보려 했지만 별다른 진전이 없었다. 마간랄 간디는 아슈람 직조학교 기초를 다지는 데 방직공들을 쓰자고 제안하였다. 그들은 이 안에 찬성했다. 모래를 담은 바구니를 이고 나르는 노동자들의 대열이 끝없이 강변 둔치에서 이어졌다. 그 광경은 참 볼만하였다. 그들은 새로운 힘이 솟는 것 같았다. 그들에게 임금을 주는 게 문제였다.

단식이 문제가 없는 것은 아니었다. 공장주들과 매우 우호적이었기에 간디의 단식이 공장주들에게 영향을 미치지 않을 수 없었다. 사티아그라하의 실천자로 공장주를 반대하여 단식해서는 안 되며 방직공의 파업만으로 공장주들에게 영향이 미치도록 해야 했다. 단식은 노동자들이 잘못했기 때문이며 그 잘못에는 그들의 대표인 간디에게도 책임이 있기에 강행하였다. 단식은 실제로 압박이 되었다. 단식을 개의치 말도록 공장주들에게 말했다. 그들은 이 말을 냉정하게 받아들였고 간디를 빈정거리며 비난을 퍼부었다.

많은 친구들과 방직공들은 단식 첫날에는 같이 했다. 하지만 간신히 그들을 설득하여 단식을 포기하도록 했다. 단식은 주효했다. 공장주들의 마음이 변하기 시작했다. 아난드 샹카르 드루바가 중재에 나섰고 단식 3일 만에 파업이 종결되었다.

화해를 위한 모임에는 공장주들과 지사도 참석했다. 지사는 직공들에게 직공들은 간디가 하라는 대로 해야 한다고 할 정도로 간디를 지지했지만 이후에는 그와 싸워야 했다. 사정이 달라졌기 때문이다.

여기 재미있는 이야기가 있다. 파업이 끝난 뒤 공장주들이 많은 양의 과자를 주문했는데, 수천 명이나 되는 노동자들에게 나누어 주는 게 문제였다. 우리는 맹세를 한 그 나무 아래서 나눠 주기로 했다.

근 21일이나 엄한 규칙을 지킨 사람들이니 질서정연하게 과자가 분배되리라 믿었다. 하지만 과자를 나눠주기 시작하자 줄이 흐트러지고 혼란이 일어났다. 아무리 질서를 찾으려 해도 허사였다. 혼란이 너무 심해 상당한 양의 과자가 발에 밟혀 먹지 못하고 말았다. 결국 밖에서 나눠주는 것을 포기하고 미르자푸르에 있는 셔드 암발랄의 방갈로로 옮겼고, 다음날 순조롭게 나눠주었다. 뒤의 조사에 의하면 아메다바드의 거지떼들이 과자를 나눠준다는 사실을 알고 떼를 지어 밀어닥치면서 그 혼란과 무질서가 일어났다는 것이다.

해마다 빈곤과 기근으로 많은 사람들을 거리로 내몰리고 있으며 그들은 오직 빵을 얻기 위해 체면도 자존심도 없었다. 그런데 우리의 자선가들은 그들에게 일자리 대신 의연금이라는 동냥만 하고 있다.

2. 케다 사티아그라하

파업이 끝나자마자 사티아그라하 투쟁에 돌입해야만 했다. 간디로서는 쉴 틈이 없었다. 케다 지역에 기근이 닥쳐 경작자들은 그 해의 수익세를 면제받는 것을 기대하고 있었다. 암리트랄 타카르는 벌써 이 문제를 조사하여 보고했고 개인적으로 지사를 만나 이 문제를 논의하고 있었다. 또한 모한랄 판댜와 샹카르랄 파리크도 가담하였고 비탈바이 파텔과 카한다스 파레크를 통해 봄베이 하원에서 대책기구를 설치하였다.

그 무렵 간디는 구자라트의회의 의장이었다. 의회는 정부에 청원서와 전보도 쳤으며 지사의 모욕과 협박을 끈기 있게 참아냈다. 경작자들의 요구는 분명하였고 수락을 주장하는 것도 아주 온건한 어투였다. 토지 세법에 따르면 수확이 4안나나 또는 그 이하일 때는 경작자는 그해 수익세 전액 면제를 주장할 수 있었다. 관청은 4안나 이상의 수확을 주장하고 있었다.

그러나 정부는 이를 귀담아 듣지도 않았고 경작자들의 중재 요구조차도 대역죄나 되는 것으로 간주하였다. 결국 모든 청원과 탄원이 실패했으며, 이에 간디는 협력자들과 의논한 다음 케다의 농민들에게 사티아그라하에 의해 행동하라고 했다.

우리는 나디아드 아슈람에 본부를 설치했다. 그곳 외에는 모두를 수용할 만한 장소가 없었기 때문이다.

참파란 투쟁은 인도의 오지였고 신문들은 침묵으로 일관하여 기사화되지 못했다. 하지만 케다의 내용은 매일 신문에 보도되었다. 특히 구자라트 사람들에게 이 투쟁은 처음 겪는 일이었다. 그들은 이 투쟁의 성공을 위해 그들의 재산을 쏟아부을 각오가 되어 있었지만 사티아그라하가 돈으로만 해결될 수 없다는 것을 그들에게 납득시키기란 쉽지 않았다. 간디의 사양에도 불구하고 봄베이 상인들은 필요 이상의 많은 돈을 기부하여 이 투쟁이 끝난 다음에도 잔고가 남았다.

그와 함께 사티아그라하 참가자들은 검소한 생활을 배워야 한다.

이를 완전히 받아들였다고 할 수 없지만, 그래도 상당히 바꾼 것은 틀림없다. 케다 농민들에게도 이 투쟁은 생소하였다. 그래서 간디는 사티아그라하의 원리를 설명하기 위해 마을에서 마을로 돌아다니며, 관리들이란 그들의 봉급을 납세자들로부터 받는 것이니 주인이 아니라 국민의 봉사자라는 것을 인식시켜 공포감을 없애자는 것이었다.

하지만 예의와 당당함을 같이 인식시키는 것은 거의 불가능해 보였다. 농민들이 관리들을 두려워 하지 않게 될 때 관리들에게 받은 모욕에 대한 보복을 어떻게 막을 것인가가 문제였다. 그들이 만약 무례한 행동이라도 한다면 그것은 사티아그라하를 망칠 것이다. 예의란 겉치레가 아니라 진심으로 공손하고 상대방에게 선하고자 하는 것이다. 이것은 사티아그라하 참가자의 모든 행동에 배어 있어야 한다.

케다 투쟁의 초기에는 사람들이 대단한 용기를 과시했지만 정부는 강력한 행동을 취할 것 같지 않았다. 그러나 농민들의 굳건함이 흔들릴 기미가 보이지 않자 정부는 강제하기 시작했다. 집행관들이 주민들의 가축을 마구 팔았고 그들의 손에 닿는 것은 무엇이든지 압류했다. 벌금통지서가 나오고 밭에 있는 작물을 압류하기도 했다. 이것이 사람들을 힘들게 했다. 그들 가운데는 세금을 납부하는 사람도 생겼고 어떤 사람들은 집행관이 오면 가재도구를 세금 대신으로 징수하기를 바라기도 했다. 몇몇은 끝까지 버티고 있었다.

이런 상황에 상카르랄 파리크라는 소작인 중 한 사람이 토지세를 납부한 일이 생겼다. 사티아그라하에 참가하고 있는 그는 세금을 납부한 토지를 자선 목적으로 기부함으로써 그의 소작인이 저지른 잘못을 보상하였다. 그리하여 그는 명예를 회복하고 다른 사람들에게 좋은 모범이 되었다.

간디는 모한랄 판디야의 지도 아래, 부당하게 압류되었다고 생각되는 땅에 있는 양파를 뽑아버리도록 했다. 이를 시민불복종이라 생각하지 않았다. 양파의 압류가 비록 합법적이라 해도 도의적으로는 잘못이며 약탈과 다름없으므로 양파를 뽑아버리는 것이 그들의 의무라고 생각했다. 이것은 그들에게 벌금이나 투옥의 빌미가 되었다. 그는 자진해서 양파를 뽑았고 여기에 7~8명이 가담하였다. 이 일로 그들은 체포되었고 그로 인해 사람들의 감정은 격앙되었다. 투옥의 공포가 사라지자 탄압은 오히려 사람들의 용기를 북돋았다. 재판이 있는 날 군중이 법원을 에워쌌다. 모한랄 판디야와 그의 동료들은 유죄를 인정받고 금고형을 선고받았다. 법정을 피하자는 방침이었기에 공소는 하지 않았다. 군중의 행렬이 감옥으로 가는 죄인을 호송하였다. 그날 모한랄 판디야는 사람들로부터 양파도둑이라는 명예로운 칭호를 받았으며 이를 뒷날까지도 자랑스럽게 여겼다.

사람들이 지친 것이 뚜렷했다. 간디는 모두가 받아들일만한 명예로운 투쟁 종결 방안을 생각해 보았다. 나디아드의 탈루카 지역의 한 세무 공무원이 만약 부유한 농민이 돈을 지불한다면 가난한 이들의 세금을 유예할 것이라 하였다. 이를 서면으로 보증할 것을 요구했고 보증서를 받아냈지만 이것이 탈루카Taluka 지역에만 해당될 수도 있으므로 전 지역을 담당하는 세무 책임자에게 이 보증이 전 지역에 적용되는지 물었다. 그는 그 보증서로 전 지역의 세금 유예 명령이 선포되었다고 하였다. 간디는 이를 몰랐다. 그것이 사실이라면 사람들의 맹세는 이루어진 것이다. 우리는 그 명령에 만족을 표했다. 하지만 사티아그라하가 종결되었다는 것이 그리 기쁘지 않았다. 실지로 그 혜택이 제대로 실행되지 않았던 것이다.

케다 사티아그라하의 교훈은 구자르트 농민들의 마음 깊이 심어졌고, 그들을 구하는 것은 자신들에 달려 있다는 것을 터득하였다. 케다 투쟁을 통해 구자라트에 사티아그라하가 굳건히 뿌리내린 셈이다.

그러므로 그다지 큰 기쁨을 주지는 못했지만 케다 농민들은 그들이 성취한 것이 그들의 노력에 상응한 것이었고 또한 그들의 불평불만을 구제할 수 있는 진정한 실패없는 방법을 찾아냈다는 것을 알았기에 환희에 차 있었다.

3. 항의

케다 사티아그라하 투쟁을 펼치기 시작할 무렵 유럽에서는 전쟁이 벌어지고 있었다. 이제 인도에 위기가 닥쳤다. 1918년 인도총독이 인도의 여러 지도자들을 델리에 소집하였다. 당시 총독 첼므스포드와 간디와의 관계는 좋았다.

초청을 받은 간디도 델리로 갔다. 하지만 회의 참석을 거부하는 몇 가지 이유가 있었다. 알리 형제[1]와 같은 지도자를 배제했기 때문이었다. 알리 형제는 당시 감옥에 있었다. 그들의 소식은 많이 들었지만 만난 것은 한두 번에 불과했다. 모두들 알리 형제의 봉사 정신과 용기를 높게 평가하고 있었다.

남아프리카에서 힌두와 무슬림 간에 진정한 우정이 없다는 것을 알고 있었다. 두 교도의 통합을 가로막는 장애를 제거하기 위해 아무리 작은 기회라도 놓치지 않았다. 남아프리카에서 겪은 경험에 의하면 힌두와 무슬림의 연맹이 간디의 아힘사에 있어 가장 힘든 시련일 거라 확신하고 있다.

힌두와 무슬림의 통합을 위한 신념을 가지고 남아프리카에서 돌아와 알리 형제와 우연히 만나게 되었다. 하지만 그들과의 사귐이 맺어지기 전에 그들은 격리되었다. 마흐메드 알리는 간수가 허가할 때만 편지를 보내왔다. 간디는 그의 면회를 신청했지만 이루어지지 않았다. 무슬림 친구들이 캘커타에서 개최되는 무슬림연맹회의에 참석해 달라는 초정을 받은 것은 이들 형제가 투옥된 뒤였다. 연설을 해달라는 요청을 받았기에 간디는 그들에게 알리 형제들을 석방시키는 것이 무슬림의 의무라고 했다. 그런지 얼마 안 되어 친구들의 안내로 알리가르에 있는 무슬림 대학에 갔다. 그곳에서 조국에 봉사하기 위해 파키르이슬람의 수도자가 되겠다는 젊은이들의 초청을 받았다.

알리 형제의 석방을 위해 정부와 접촉을 했다. 이 또한 칼리파트 Khilafat[2]에 대한 그들의 견해와 활동을 공부하였다. 또한 무슬림 친구들과도 토론을 했으며 정말 그들의 친구가 된다면 그 형제들의 석방과 칼리파트 문제의 정당한 해결을 위해 모든 활동을 다해야겠다고 생각했다. 시간이 지남에 따라 칼리파트에 관한 무슬림의 요구는 간디의 도덕률에도 위배되지 않을 뿐 아니라, 영국 수상도 무슬림의 요구를 정당하다는 것을 인정하고 있다는 것을 알게 되었다. 그래서 간디는 수상의 약속을 제대로 실현하기 위해 자신이 할 수 있는 일이면 무엇이든 해야 겠다고 생각하였다.

친구들과 비평가들은 칼리파트 문제에 관한 간디의 태도를 비난하였지만 그것을 수정하거나 무슬림에 대한 협력을 후회할 이유는 없었다.

회의에 참석하는 데 또 하나의 문제가 있었다. 앤드류는 간디가 전쟁회의에 참석하는 것이 도덕적으로 옳은지 의문을 제기했다. 그는 간디에게 영국과 이탈리아 간의 비밀조약에 관한 신문들의 논란을 말해 주었다. 또한 영국이 유럽의 또다른 나라와 비밀조약을 체결한다면 간디가 어떻게 회의에 참석할 수 있느냐고 물었다. 간디는 조약에 대해 아는 것이 없었다. 그래서 이런 문제를 총독에게 편지를 보내고 총독은 그 문제를 토론하자고 제의했고 간디는 그와 장시간 토론하였고 회의 참석에 동의하였다.

무슬림에 대해서는 총독에게 서한으로 대신하기로 했다. 총독은 간디가 모병 결의안에 찬성해 주기를 간절히 원했다. 간디는 힌디어로 발언할 수 있도록 요청했다. 총독은 받아들이고는 영어로도 말하기를 원했다. 많은 사람들이 간디가 힌두어로 말한 것을 고마워했다. 그런 모임에서 힌두어로 말하는 것은 처음이었다.

하지만 간디는, 총독 주재회의에서 힌두어를 사용한 첫 사람이고 그것을 고맙게 생각하는 것에 대해 민족적 비애감을 느꼈다. 그 나라에서 그 나라 일을 하면서 그 나라 말이 금지되고, 모국어를 말한 것을 고마워한다는 비극적인 현실이 개탄스러웠다.

모병하는 일이 남았다. 케다 지역을 제외하고 어디서 모병을 시작해야 할지 난감했다. 그 누구도 쉽게 제의를 받아들이지 않았다. 제안을 찬성하였던 사람들도 성공 여부에 의구심을 갖고 있었다. 정부에 대해 우호적으로 보는 이가 없었다. 하지만 일을 시작하는 것에 찬성했다. 이 일은 시작부터 난관에 봉착했다. 조세투쟁 때와는 달리 우리에게 그 누구도 달구지나 먹을 것을 제공하지 않았고, 돈을 줘도 구할 수 없었다. 하루 약 20마일을 걸어야 했다. 그래서 자원봉사자들은 각자 먹을 것을 조금씩 준비해 다니도록 했다. 다행이 여름이라 침구가 필요치 않았다.

우리는 가는 곳마다 집회를 열었지만 겨우 한두 사람만이 모병에 응했다. 아힘사의 신봉자가 어떻게 총을 들라고 할 수 있느냐고 질문들이 쏟아졌다. 하지만 꾸준히 활동하여 상당히 많은 이름이 등록되었고 첫 지원자 일진을 보내면 정규의 지원을 받을 수 있게 될 것으로 기대했다.

4. 이질

모병 활동을 하는 동안 건강이 크게 나빠졌다. 당시 간디가 먹은 음식은 주로 땅콩, 버트와 레몬이었다. 버터를 너무 많이 먹으면 건강을 해친다는 것을 알면서도 많이 먹었다. 그래서 약한 이질에 걸렸다. 대수롭지 않게 생각하고 평소 습관대로 아슈람으로 갔다. 식사를 거르면 나을 거라 생각하고 다음날 아침을 먹지 않았더니 상당히 좋아졌다. 그러나 완전히 좋아지려면 단식을 연장해야 하는 것으로 알고 있었고 과일즙만 먹어야 한다고 생각했다.

그날 축제가 있었다. 점심도 굶으려고 했지만 아내의 권유로 식물성 기름을 친 달콤한 밀죽을 먹었다. 아내는 또 멍mung: 인도산 콩을 한 그릇 준비해 주었다. 간디는 이 콩을 매우 좋아해 그만 포식하고 말았다. 그러자 한 시간도 되지 않아 이질이 급성으로 변했다.

그날 저녁에 나다드에 돌아가야만 했다. 천신만고 끝에 사바르마티 역까지 갔다. 우리 일행은 10시경 나마다에 도착했다. 본부인 아슈람은 역에서 불과 800m밖에 안 되었지만 간디에게는 16km나 되는 것 같았다. 겨우 본부에 도착했지만 복통은 점점 더 심해졌다. 멀리 떨어진 화장실을 사용할 수 없어 방 가까운 곳에 화장실을 만들어 달라고 했다. 창피했지만 어쩔 수 없었다. 친구들이 모여 걱정했지만 간디의 고통은 가시지 않았다. 간디는 약을 거부하며 고통을 참았다.

하루에 무려 30번 이상 설사를 했다.

간디에게 있어서 음식 문제는 경전의 권위로 결정될 문제가 아니었다. 인생을 살면서 자연스럽게 습득된 것이지, 외부의 권위에 좌우될 것은 아니었다. 간디는 그 원리를 희생시키면서까지 살고 싶지는 않았다. 그의 동료들과 가족들에게 매정하리만큼 강요했던 원리를 자신을 위해 허용할 수는 없었다. 자신의 인생에서 처음으로 오랫동안 병을 앓으면서 지신의 원리를 검증하고 시험하는 기회가 되었다.

어느 날 저녁, 간디는 죽음의 문턱에 다달았다는 느낌이 들었다. 그래서 아나슈야벤에게 전갈을 보냈다. 발라브바이도 의사 카누가 함께 왔다. 진찰을 한 의사는 괜찮다고 하고서 극도로 쇠약해져 신경이 예민해진 것 같다고 했다. 하지만 간디는 확신할 수 없었다. 한숨도 자지 못하고 밤을 지샜다. 죽지 않고 아침을 맞이했지만 여전히 종말이 가깝다는 느낌에서 벗어날 수 없었다. 살기 위해 산다는 것을 생각해 본 적이 없기에 삶에 대한 모든 관심이 사라졌다. 이런 무력한 상태에서, 동료들의 봉사나 받으며 있자니 고역이었다.

이처럼 죽음을 기다리며 누워 있던 어느 날 탈발카르 의사가 낯설은 사람을 데리고 왔다. 이름은 켈카르이었는데 얼음치료를 해보자고 했다. 간디와 동료들은 그를 얼음의사라고 했다. 이론이야 어쨌든 그의 치료를 받기로 했다. 그 치료법은 온몸에 얼음찜질을 하는 것이었다. 다행히 그의 치료법은 효과가 있어서 식욕을 되찾았고 5분 정도 가볍게 걸을 수 있게 되었다. 차차 건강이 좋아져 공공활동에 관심을 갖게 될 정도로 회복되었다.

이질에 걸려 간디의 항문은 아주 많이 헐었고 그 파열로 인해 대변을 볼 때마다 참을 수 없는 고통을 겪고 있었다. 의사는 몸이 회복되는 대로 수술을 해야 된다고 했다. 또한 몸의 회복을 위해 우유는 반드시 먹어야 하고 주사를 맞는다면 체력 회복을 보증하겠다고 했다. 하지만 우유는 안 된다고 했다. 그리고는 그 경의와 배경에 대해 설명해 주었다. 옆에서 간디의 말을 듣고 있던 그의 아내는 산양의 젖은 괜찮지 않냐고 거들었고 의사도 동의해 결국 간디는 손들고 말았다. 살고자 하는 욕망이 진리에 대한 열의보다 강했다

사티아그라하의 열의 때문에 자신의 이상을 양보하였다. 이 행동의 기억은 지금도 가슴에 맺혀 후회로 가득 채우고, 언제 산양 우유를 그만두나 하고 생각하고 있다. 그러면서도 유혹 중에서도 가장 기묘한 열의, 즉 봉사의 열의 때문에 지금도 그것을 놓지 못하고 있다. 이 행동의 기억은 지금도 간디의 마음에 파고들어 고통스러워 하고 있으며 양심에 가책이 되었다.

5. 반대 투쟁

건강이 회복되어 가고 있을 때 롤라트위원회의 보고서[3]를 때마침 신문에서 읽게 되었다. 이 보고서를 보고 깜짝 놀랐다. 상칼랄 반케르와 우마르 소바니Umar Sobani[4]가 간디를 찾아와 이 문제를 두고 즉각 행동을 취해야 한다는 의견을 내놓았다. 한 달쯤 지나 아메다바드에서 이 문제에 대한 회의를 가졌다. 회의는 아슈람에서 개최되었다. 불과 20여 명 정도였다.

여기서 사티아그라하 서약[5]이 초안되었다. 빈케르는 진지하게 운동를 시작했고 처음으로 그의 놀라운 조직력과 일을 이끌어 나가는 능력을 알게 되었다. 기존의 어떤 기구도 사티아그라하와 같은 생소

한 무기를 받아들일 희망이 없어 보여 사티아그라하 사바아Sabha: 집회, 의회라는 별도의 기구를 설치했다. 회원은 주로 봄베이에서 온 사람들이었기에 봄베이에 본부를 두었다. 스스로 서약하겠다는 사람들이 많아졌고 사티아그라하 서약에 서명하기 시작했다. 회보가 발행되었고 케다 투쟁 때를 연상시키는 대중집회가 여러 곳에서 개최되었다.

간디는 사티아그라하 사바아의 의장이 되었지만 얼마 되지 않아 사바아를 구성하고 있는 사람들 사이에 의견이 일치되는 경우가 많지 않았다. 그리 오래 지속될 것 같지 않았다. 간디가 진리와 아힘사를 강조하는 것이 벌써부터 일부 회원들의 비위를 거스리기 시작했다. 그럼에도 불구하고 초기에 우리는 그 새로운 활동을 정렬적으로 펼쳤고 이 운동은 급속도로 세력이 커졌다.

롤라트보고서를 반대하는 시위가 크게 확대되어 가는 동안 정부는 법안을 발표해 버렸다. 사스트리지Shastriji는 정부에 대해 엄중하게 경고하였다. 하지만 정부는 묵묵부답이었다. 이런 상황에서 간디의 외침은 허공의 메아리 같았다.

법안은 아직 법률로 공표되지는 않았다. 아직도 허약한 상태이지만 마드라스로부터 초청을 받고 장거리 여행의 위험을 감수하기로 결심했다. 아직 집회에서 연설할 만큼 기력이 회복되지는 않았다. 온몸이 떨리고 혈압도 높아 장시간 서서 연설할 엄두가 나지 않았다.

초대는 고인이 된 카스투리 랑가 아엥가Kasturi Ranga Iyengar였지만 마드라스로 가면서 실질적인 초청자는 라자고팔라차리Rajagopalachari: 인도 독립 후 인도총독라는 것을 알았다. 그래서 그를 처음 알게 되었다.

라자고팔라차리는 그 무렵 카스트리 랑가 아엥가 등 친구들의 강력한 권유로 살렘Salem을 떠나 마드라스에서 변호사 업무를 하며 사회운동에 보다 적극적으로 참여하기 위해 온 것이었다. 이것은 그와 이삼 일 동안 지낸 뒤에야 그런 사정을 알게 되었다. 간디가 그와 함께 한 방갈로는 아엥가의 소유였고 우리가 그의 손님인 줄로만 알았다. 하지만 마하데브 데자이가 그렇지 않다고 말해 주었다. 그는 라자고팔라차리와 친근해졌다. 그러나 그는 내성적인 탓인지 항상 뒷전에 있었다. 데자이의 신경을 써달라는 주문에 그렇게 하였다. 그와 함께 매일 투쟁 방법을 의논했지만 대중집회를 개최하는 것 이외에는 다른 대안이 떠오르지 않았다. 사실 롤라트법이 법률로 확정된다면 어떻게 정치적 불복종운동을 전개해야 할지 막막하였다. 아엥가는 이 문제를 해결하기 위해 소수 지도자 회의를 소집하였다. 거기서 두드러진 역할을 한 이 가운데 바자야라가바차리Vijayarghavachari가 있었다. 그는 시타아그라하 투쟁의 포괄적인 매뉴얼을 만들자고 했다. 이런 숙의가 진행되는 동안 법안이 공포되었다는 소식이 왔다.

그날 밤 간디는 이 문제를 생각하다가 잠이 들었다. 아침에 이런 생각이 떠올라 라자고팔리차리에게 말했다.

"지난밤 꿈에 우리는 하르탈hartal: 총파업을 벌이도록 호소해야 한다는 생각이 떠올랐습니다. 사티아그라하는 스스로 정화하는 과정입니다. 우리들의 투쟁은 신성한 투쟁입니다. 스스로 정화하는 행동으로 시작하는 것이 사리에 맞는 것 같습니다. 그러므로 우리 전인도로 하여금 그날은 일을 중지하고 단식과 기도로 지내야 합니다. 무슬림은 하루 이상은 단식하지 않을 것입니다. 그러니 단식은 하루 정도로 해야 할 것 같습니다. 모든 지역에서 우리의 호소에 응할지 그렇지 않을지는 모르겠지만 봄베이, 마드라스, 비하르 그리고 신드에서는 확실하다는 것이 내 생각입니다. 이 지역 모두가 하르탈을 충분히 지킨다면 그것만으로도 우리는 충분히 만족할 것입니다."

모두 환영이었다. 간단한 호소문을 작성하였다. 하르탈은 1919년 3

월 30일로 정했으나 그후 4월 6일로 변경되었다. 사람들에게 하르탈을 설명할 시간이 매우 짧았고 일은 즉각 시작해야 했다. 아무도 그 하르탈이 어떻게 될지 알 수 없었다. 하지만 전인도는 완벽하게 지켰다. 그것은 실로 경이로운 광경이었다.

짧은 남아프리카의 여행 뒤 간디는 봄베이로 갔다. 상카르랄 방커로부터 4월 6일의 집회에 참석해 달라는 요청을 받았기 때문이다. 그런데 델리에서는 이미 3월 30일에 하르탈을 지켰다. 이미 고인이 된 스와미 쉬라다난드지와 하킴 아즈말 칸Hakim Ajmal Khan의 말은 그곳 델리에서는 곧 법이었다. 하르탈을 4월 6일까지 연기하라는 전보가 델리에는 너무 늦게 도착하였다. 델리는 하르탈을 경험한 적이 없었다. 힌두와 무슬림은 일치단결되었다.

쉬라다난드지는 즘마 마스지드에서 연설하도록 초정받았다. 그곳에서 힌두교도가 연설한 것은 극히 이례적이었다. 사태가 커지자 정부는 가만히 있지 않았다. 경찰은 하르탈의 행렬이 철도역으로 가는 것을 막기 위해 총격을 가했고 수많은 사람들이 다쳤다. 그래서 델리에는 탄압 통치가 시작됐다. 쉬라다난드지가 간디를 델리로 긴급히 불렀다. 봄베이에서의 일이 끝나는 대로 델리로 가기로 하였다. 델리에서 일어난 일은 라호르와 암리트사르에서도 반복되었다. 암리트사르로부터는 사티아팔Satyapal과 키츨루Kitchlu로부터 긴급히 와달라는 요청이 왔다.

6일 아침 봄베이 시민 수천 명이 초우파티 봄베이의 해변에 모여 목욕한 다음 행렬을 지어 다쿠르드바르로 향했다. 행렬 가운데는 여인들과 어린이들도 있었고 무슬림이 많이 참가했다. 행렬에 있던 우리 중 몇은 회교도 친구들에게 끌려 한 회교 사원으로 갔다. 거기서 나이두 부인과 간디는 권유에 따라 연설을 했다.

비달라스 제라자니Vithaldas Jerajani는 그 자리에서 스와데시국산장려와 힌두–무슬림연합 맹세를 대중들에게 제의하자고 했지만 맹세란 그렇게 가볍게 하거나 갑작스럽게 해서도 안 되며, 이미 사람들이 하고 있는 것에 만족해야 한다고 하였다. 또한 맹세란 한 번 하면 절대 깨트러서는 안 되고, 힌두–무슬림연합에 대한 맹세에 수반되는 중대한 책임을 충분히 인식한 사람은 내일 다시 모여야 한다고 하였다.

봄베이에서의 총파업은 성공이었다. 시민불복종을 위한 완벽한 준비가 되었다. 이와 관련하여 두세 가지 사항을 의논하여 결정하였다. 즉 대중이 쉽게 불복종할 수 있는 그런 법률만을 하기로 했다. 소금세의 폐지운동은 얼마 전에도 있었다. 그래서 간디는 소금법을 상관말고 각자 자기 집에서 직접 소금 만드는 것을 제안했다. 또한 판매금지된 간행물의 발행도 제의했다. 자신의 책『힌두 스와라지』와『사르바다야』러스킨의 저서의 구자라트 판의 두 권은 이미 판매금지 되었으므로 그것이 이 목적에 잘 맞았다. 공개적으로 재판을 찍고 판매하는 것은 시민불복종의 가장 쉬운 방법이었다. 그래서 우리는 집회에서 판매하도록 준비하였다.

4월 6일 저녁에 자원봉사자들이 이 책들을 판매하는 일에 나섰다. 책은 모두 팔렸다. 판매금은 앞으로 진행될 운동의 활동금으로 쓰기로 했다. 이 책들은 1부에 4안나였지만 대부분 자신의 주머니에 있는 돈을 다 털어 책을 샀다. 어떤 이는 10루피를, 어떤 이는 50루피를 준 것으로 기억한다. 판매 금지된 책을 산 사람이 뒤에 구속될 수도 있다고 말했지만 그들은 전혀 개의치 않았다.

뒤에 알았지만 정부는 판매 금지된 책과 재판을 찍은 책은 다르기 때문에 그것이 법률 위반이 아니라고 생각했던 것이다. 이 소식을 전해듣고 모두들 실망했다.

6. 폭동

간디는 4월 7일 밤 델리와 암리트사드로 향했다. 8일 마투라에 도착했을 때 자신에게 체포령이 떨어졌다는 소식이 들렸다. 마투라 다음 정거장에서 아차르아 기드바니Acharya Gidvani가 간디에게 체포될 것이 확실하다며 도움을 주겠다고 하여 필요하면 도움을 청하겠다고 했다. 팔왈 역에 도착하기 전에 간디로 인해 사회 질서가 무너질 우려가 있으므로 펀자브 주로 들어 가는 것을 금한다는 통지를 받았다.

경찰로부터 기차에서 내리라는 말을 들었지만 간디는 사회질서를 흐뜨리기 위해서가 아니라 불안을 가라앉히려고 가는 것이므로 대단히 미안하지만 그 말을 들을 수 없다고 했다. 팔왈 역에 도착했다. 데자이가 간디와 함께 있었는데 그에게 델리로 가서 슈란다난드를 만나 그동안 있었던 소식을 전하도록 하였다. 또한 시민들에게 평온을 유지하도록 당부해 줄 것과 자신에게 그 어떤 처벌이 내려도 모두가 평온을 유지할 수만 있다만 우리가 승리할 것이라고 하였다.

팔왈 역에서 간디는 경찰에 의해 강제로 내렸다. 델리에서 오는 기차가 도착했다. 경찰이 동행한 가운데 간디는 삼등칸 객차에 올랐다. 경찰서로 끌려갔지만 그들은 간디를 어떻게 할지 말해주지 않았다. 다음날 아침 4시에 봄베이로 가는 화물차에 태워졌다. 낮에 다시 사와이마도푸르Sawai Madhopur에 내렸다. 보링 경위가 간디를 인계하였고 그와 함께 일등칸에 옮겨 탔다. 그제서야 잡범에서 거물 정치범이 되었다. 그는 간디가 펀자브로 들어가면 평온이 깨질 것을 염려하여 이러한 조치를 취한 것이니, 봄베이로 가라고 종용했지만 거부하였다. 결국 봄베이로 압송되었고 그곳에 도착하자 그가 말했다.

"이제는 자유입니다. 마린 라인즈 역에서 내리는 것이 좋을 것입니다. 당신을 위해 기차를 세울 것입니다. 콜라바에는 대규모의 집회가 있을 것 같습니다."

마린 라인즈 역에서 내렸다. 마침 친구가 지나가다 간디를 자신의 차에 태워 레베상카라 자베리라의 집에 내려주었는데, 그는 간디가 체포되었다는 소식을 들은 시민들이 광분하고 있으며 피두니에서는 언제 일이 터질지 모른다고 했다. 그곳에 도착하자 우마르 소바니와 아나슈야벤이 피두니의 사람들이 흥분하여 통제가 되지 않으니 그곳으로 가기를 요청하였다.

피두니에 도착하자 대규모 군중이 운집해 있었다. 간디를 보자 사람들은 어쩔 줄 몰랐다. 즉시 행렬이 이루어졌고 '반데 와타람'과 '알라호 아크바르'[6]의 외침이 하늘을 찔렀다. 피두니에서 우리는 기마대를 보았다. 벽돌 조각이 하늘에서 비처럼 쏟아져 내렸다. 군중들에게 진정하라고 호소했지만 벽돌 조각을 피하기는 어려웠다. 행렬이 압두르 라만 가로부터 밀려나 크르포드 시장으로 행진하려 할 때 갑자기 일단의 기마대와 정면으로 부딪혔다.

그들은 행렬이 요새 쪽으로 가는 것을 막기 위해 출동한 것이다. 군중은 경찰의 방어선을 거의 돌파할 태세였다. 그 넓은 광장에서 내 말소리가 들릴 리 없었다. 바로 그때 군중을 해산하라는 명령이 내려졌다. 즉시 기마대들은 군중을 향해 창을 휘둘렀다.

군중의 대열은 곧 흐트러졌고 혼란에 빠졌다. 겁에 질려 도망가는 군중에 짓밟히는 사람들이 생겼다. 사방이 시위대라 도망갈 곳이 없었다. 창들은 무차별로 군중 속을 휘저었다. 참으로 처참한 광경이었다. 그렇게 시위대는 순식간에 해산되었다. 간디가 탄 자동차는 나가게 해주어 빠져나왔다.

경찰서로 향했다. 경찰의 처사에 항의하려고 서장실로 가는 동안 계단 전체에 무장한 군인들을 보았다. 베란다도 어수선했다. 서장을 만나 간디가 목격한 것을 설명하자, 그는 행렬이 요새로 가는 것을 원하지 않았기에 내려진 불가피한 조치라고 하였다. 그는 또한 간디가 곧바로 펀자브로 가지 않고 이곳으로 와 이런 사태가 발생했다고 책임을 전가시켰다. 물론 자신이 잘못한 것이 있다면 당연히 처벌을 받을 것이지만 간디를 방해한 것이 군중들을 자극하였다고 하였다. 간디는 그에게 초우파티에서 집회를 열어 사람들에게 평온을 유지해 달라고 당부할 것이라 말하고 나왔다. 초우파티 해변 집회에 비폭력의 의무에 관해 그리고 사티아그라하의 한계에 관해 오랜 시간 설명하고는 사티아그라하의 중요성을 역설하였다.

아나슈벤도 아메다바드에서 폭동이 일어났다는 소식을 접했다. 누군가가 그도 체포되었다는 소문을 퍼뜨렸다. 방직공들은 그의 체포 소문에 흥분하여 파업하고 수위 한 명을 죽였다. 시위는 폭력적으로 변하여 경찰관 한 명이 살해되었다. 간디는 아메다바드로 향했다. 나디아드 역 근처에서는 철로를 걷어내려 했으며, 비람감에서는 정부 관리 한 명이 살해되었다. 아메다바드에 계엄령이 선포되었다는 소문이 돌았다.

역에서 간디를 기다리던 경찰관에 의해 경찰서로 가야 했다. 분노하고 있는 서장에게, 공손히 소요에 대해 유감을 표하며 계엄령은 필요없으며 질서 회복을 위해 적극적으로 협력하겠다고 하였다.

사바르마티 아슈람에서 대중집회를 개최할 것을 요청했고 그 제안은 받아들여졌다. 집회가 있은 직후 계엄령은 해제되었다. 집회에서 사람들에게 그들의 잘못을 인식하도록 하였으며 간디는 스스로 참회를 위해 3일간의 단식을 선언하고 대중들에게 하루동안 동조 단식을 촉구하였다. 대중들에게 죄를 자백하기를 권하고 정부에 대해서는 그들을 선처해 줄 것을 제안했지만 양쪽 모두 받아들여지지 않았다. 더불어 폭력을 행사한 사람들은 그들의 죄를 자백할 것을 촉구하였다.

이미 고인이 된 라만바이와 아메다바드의 시민들이 간디에게 와서 사티아그라하의 중지를 호소하였다. 그 호소는 하지 않아도 좋았다. 왜냐하면 이미 사람들이 평화를 지켜야 한다는 것을 깨닫지 못하는 한 사티아그라하를 중지하기로 결심하고 있었다. 그들은 만족스러워하며 돌아갔다.

하지만 이 결정에 반대하는 사람들도 있었다. 그들은 간디가 모든 곳에서 평온을 기대하고 또한 사티아그라하를 실행하는 전제조건으로 생각한다면 대중의 사티아그라하는 불가능할 거라고 생각하였다. 그들과 의견을 달리한 것이 아쉬웠다. 간디는 그들과 같이 일을 했고, 비폭력과 고통을 감수할 준비가 되었다고 생각하였지만 그들이 비폭력을 지키지 못한다면 사티아그라하는 불가능하다. 대중을 사티아그라하로 이끌어 가기를 원하는 사람들은 대중을 비폭력의 테두리 안에 가둘 수 있어야 한다는 생각은 지금도 변함이 없다.

7. 히말라야 오산

아메다바드 집회 뒤 간디는 곧바로 나디아드로 갔다. 이곳에서 '히말라야 오산'이라는 표현을 처음으로 썼고 그뒤 널리 사용되었다. 아메다바드에서 자신의 잘못을 어렴풋이 느끼기 시작했지만 나디아드에서 실상을 보았고, 케다에서는 수많은 사람이 체포되었다는 소식을 들었다. 그때서야 자신이 큰 잘못을 저질렀다는 생각이 들었다.

'히말라야 오산'이라는 것은 누구든지 시민불복종을 실천하려면 나라의 법을 스스로 준수하지 않으면 안 된다. 대체로 우리는 처벌받는다는 두려움 때문에 법을 지킨다. 도덕률에 관계되지 않는 법인 경우에 특히 그렇다. 가령 도둑질을 처벌하는 법이 있든 없든 정직한 사람이라면 도둑질을 하지 않는다. 하지만 이 사람이 저녁에 자전거에 전등을 켜야한다는 규칙을 지키지 않는 것에 대해서는 아무런 가책을 느끼지 않는다. 사실 그 점에 관해 주의를 기울이라고 친절하게 말을 해줘도 이를 받아들일지는 의심스럽다. 그러나 그는 그 사소한 위반으로 당할 고소의 번거로움을 피하기 위해서만 지킬 것이다. 그렇게 마지못해 하는 복종은 사티아그라하를 하는 데 필요한 자발적 순종은 아니다.

사티아그라하 실천자는 사회의 모든 법을 이지적으로, 자신의 자유의지로 준수한다. 그렇게 하는 것이 자신의 신성한 의무라고 생각하기 때문이다. 이와 같이 사회의 법을 성실히 지킨 후에야 어떤 법은 선하고 부정한지를 판단할 수 있다. 그 다음에야 어떤 특별한 법에 대해, 분명한 조건 아래에서, 시민불복종을 할 수 있는 권리를 그에게 부여하게 된다. 간디의 잘못은 사전에 이러한 점들을 그들에게 충분히 말하지 못한 데 있었다. 간디는 사람들에게 그럴 자격을 갖추기 전에 시민불복종에 나서라고 했던 것이며 이와 같은 잘못이 바로 히말리야처럼 거대한 것이었다.

케다에 들어서자 케다 사티아그라하 투쟁의 모든 과거의 기억이 되살아났고 그처럼 분명한 것을 어찌하여 인식하지 못했는가 회의에 빠졌다. 사람들이 시민불복종을 하기에 앞서 먼저 시민불복종의 깊은 의미를 충분히 이해해야 한다는 것을 알게 되었다. 그러므로 대규모 시민불복종을 시작하려면 먼저 사티아그라하를 잘 이해하는 훈련된 사람들이 형성되어야 한다. 그들은 대중에게 이 모든 것을 설명해야 하며 그들이 옳은 길에서 벗어나지 않도록 주의를 기울여야 한다.

이런 생각을 하며 봄베이에 도착하고는 그곳에 있는 사티아그라하 사바아를 통해 자원자를 모집했다. 그리하여 그들의 도움으로 사티아그라하의 모든 것을 사람들에게 가르치기 시작했다. 이 일은 주로 그 문제에 관한 교육적 성격을 지닌 소책자의 발행으로 대체되었다.

그러나 이 일을 하면서 간디는 사람들로 하여금 사티아그라하의 평화적인 면에 관심을 갖도록 하는 것이 매우 어렵다는 것을 알았다. 자원봉사자도 많지 않았다. 심지어 지원자조차 정규의 조직적인 훈련을 받지 못했다. 또한 시간이 갈수록 새로운 지원자가 증가하기는커녕 점점 줄어들었다. 간디가 기대했던 만큼 빠르게 진전되지 않았다.

비폭력을 준수하기 위한 이러한 운동이 서서히 그러나 꾸준히 진행되고 있었지만 정부의 불법적인 탄압정책이 편자브에서는 노골적으로 이루어지고 있었다.

그곳에서는 계엄령이 선포되어 지도자들은 체포되었고 특별 재판소가 설치되었다. 레지날드 다이어Reginald Dyer 장군의 명령으로 암리트차르에 모인 무고한 시민들이 무차별 총격을 받아 죽었고, 총격을 피해 우물로 뛰어든 사람만 100명에 달했다. 그들의 학살로 천 명이 넘는 사상자가 발생하였다. 또한 영국인 선교사 셔우드 양이 폭행당했던 곳을 지나가는 인도인들을 마치 벌레처럼 기어다니게 하였으며, 무고한 시민들에게 폭행과 고문을 두 달에 걸쳐 자행하였다.

인도인과 세계의 주목을 끈 잘리안와랄 바그 학살[7] 앞에서 시민불복종은 그 빛을 잃었다. 결과를 생각할 것 없이 즉시 편자브로 가라는 압력에 간디는 서둘렀다. 총독에게 허가를 요청하는 서신을 보내고 전보도 쳤지만 허사였다. 허가없이 펀자브로 간다면 경계를 넘지 못할 것이고, 이곳에 있으면서 시민불복종으로 무엇을 얻는가를 보게 될 것이다. 진퇴양난이었다. 간디는 심각한 딜레마에 빠졌다. 불법적으로 펀자브로 들어가는 것은 시민불복종으로 볼 수 없었다. 간디가 원하는 평화로운 모습을 볼 수 없을 뿐만 아니라 펀자브에서 벌어지고 있는 난폭한 탄압은 분노를 더욱더 심화시킬 것이기 때문이다.

그러므로 이러한 때 시민불복종을 행한다는 것이 비록 가능하다고 해도 그것은 오히려 몸에 기름을 끼얹고 불로 뛰어드는 거나 마찬가지였다. 그래서 동료들의 권유에도 불구하고 펀자브에 가지 않기로 결심하였다. 극단적인 불의와 탄압에 관한 이야기가 펀자브로부터 쏟아져 들어왔지만 간디가 할 수 있는 것은 없었다.

그때 「봄베이 크로니클」지를 유력지로 만든 호니만Horniman이 당국에 의해 행방불명되었다. 그는 간디가 사티아그라하 위원회의 허가없이 펀자브 주州정부의 금지령을 어기는 것을 찬성하지 않았고, 간디의 시민불복종 중지 결정을 전적으로 옹호하였다.

크로니클 이사들로부터 「크로니클」지가 정간되었으니 주간이던 「영 인디아」를 「크로니클」의 공백을 메우기 위해 주 2회 발행하자는 제안을 받아들였다. 사티아그라하의 깊은 의미를 대중에게 자세히 설명하기를 원했고 펀자브 사태의 진상을 밝히고 싶었다. 간디는 그 권유를 받아들였다. 「크로니클」이 복간되었다. 그래서 「영인디아」는 주간으로 복귀되었다. 두 곳에서 주간지를 발행하는 것이 간디로서는 불편했고 또한 비용도 많이 들었다. 아메다바드에서는 이미 「나바지반」이 발간되고 있으므로 「영인디아」를 옮기자고 제의하였다.

그런데는 다른 이유가 있었다. 간디가 「인디안 오피니온」을 발행하면서 얻은 경험은 자체의 인쇄 시설이 필요하다는 것이다. 더군다나 당시의 출판법은 엄격하며 자신의 의사를 자유롭게 개진하면 이윤을 추구하는 인쇄소들이 인쇄하기를 꺼릴 수가 있었으므로 우리는 인쇄소가 필요했다. 이 일은 아메다바드에서는 쉽게 할 수 있기에 「영 인디아」도 그곳에서 발행하도록 해야 했다.

간디는 이 두 간행물을 통해 사티아그라하에 대한 교육을 시작하였다. 두 간행물은 다같이 널리 보급되었고 한때는 4만 부 가까이 되었다. 하지만 「나바지반」의 발행 부수는 증가했지만 「영 인디아」의 부수는 느린 속도로 증가했다. 간디가 투옥당한 뒤로는 두 간행물의 발행 부수는 8천 부까지 떨어졌다.

이 주간지들에 광고는 싣지 않기로 하였지만 그로 인해 손해 본 것은 없다고 생각하였다. 도리어 잡지의 독립성을 유지하는 데 적지 않은 도움이 되었다. 이들 간행물은 시민불복종을 직접할 수 없을 때 이 간행물들을 통해 자신의 의견을 맘껏 개진할 수 있었다. 따라서 어려운 시기였지만 두 간행물은 사람들에게 좋은 봉사가 되었고 계엄령의 폭압을 완화시키는 데 미력하나마 기여하였다.

미카엘 우드와이어와 일부 펀자브의 청년들은 펀자브에서 일어난 모든 일과 계엄령의 책임이 간디에게 있다고 했다. 그들은 간디가 시민불복종을 중단하지 않았다면 잘리안와랄 바그의 학살은 일어나지 않았을 거라 하였다. 그들 중 몇몇은 간디가 펀자브에 오면 죽이겠다고 위협까지 하였다. 하지만 간디는 정당하며 문제될 것이 없기에 지각 있는 사람이라면 오해의 여지가 없을 것으로 생각하였다. 사실 간디는 그곳에 간 본 적이 없기에 더욱더 직접 사태를 보고 싶은 마음이 간절했지만 펀자브 행은 계속 연기되었다.

그러던 중 펀자브의 바그 학살을 조사하기 위한 헌터위원회가 구성되었다. 앤드루즈는 이미 펀자브에 도착했다. 편지에 의한 그곳 형편을 읽을 때마다 가슴이 아파 견딜 수가 없었다. 다시 한 번 총독에게 펀자브 행을 요구했고 며칠 뒤에 그곳으로 갈 수 있을 것이라는 답변을 받았다.

라흐르에 도착해 목격한 광경은 평생 잊을 수 없을 것이다. 역 전체가 사람들로 가득 차 있었다. 모두 열렬한 환호로 간디를 맞이하였다. 그는 람바지 두트의 방갈로에 묶었다.

펀자브의 주요 지도자들은 모두 감옥에 있었고, 말라비야지, 모티랄지, 슈라다난다지가 그 자리를 대신하고 있었다. 말라비야지와 슈라드하난다지는 이미 잘 알고 있는 사이이다. 감옥에 가는 특권을 면했던 그 지방 지도자들은 모두 간디에게 친근하게 대하여 낯선 곳에 갔다는 느낌이 전혀 들지 않았다.

간디는 이들과 헌터위원회에서 먼저 증거를 제시하지 않기로 만장일치로 결정한 것은 하나의 역사적인 사실이었다. 그렇게 결정한 이유는 발표했기에 여기서 되풀이 하지는 않겠다. 다만 상당한 시간이 흐른 지금 그 당시를 회상하면 헌터위원회를 배척하기로 한 결정은 정당한 일이었다. 헌터위원회를 거부하기로 한 논리적 결과로 민간조사위원회를 조직하기로 결정하였고, 국민회의를 대신하여 거의 모든 조사를 병행하였다. 모티랄 네루, 데슈반드, 압바스텝지, 자야칼 그리고 간디가 이 위원회에 지명되었다. 우리는 조사를 위해 여러 곳으로 갔다. 위원회의 업무를 조직하는 책임과 가장 넓은 지역의 조사 또한 간디에게 주어졌기에 펀자브 사람들과 마을을 자세히 관찰하고 접촉할 기회를 얻게 되었다.

이 조사 기간 동안 펀자브의 부인들과도 알게 되었다. 마치 오랜 친구들 같았다. 가는 곳마다 부인들이 몰려들어 간디 앞에 실꾸러미를 한 더미씩 쌓아 놓았다. 조사를 하면서 펀자브는 대규모의 카디업

고장이 될 수 있을 거라는 생각을 하게 되었다.

　세계대전 때 영국에 가장 많은 군인을 보냈던 이 지역이 그 짐승 같은 폭압을 가장 많이 당해야 했다는 사실이 너무도 놀라웠다. 이 위원회의 보고서 초안도 간디에게 맡겨졌다. 펀자브 주민들에게 가해진 만행이 궁금한 독자는 이 보고서를 읽어 보라고 권하고 싶다. 이 보고서는 오직 진실만을 기록했으며, 영국 정부가 어느 정도까지 불법을 자행할 수 있었는지와 권력 유지를 위해 어떠한 비인도적이고 야만적 행위도 할 수 있는가를 보여 주고 있다. 자신이 알고 있는 한 이 보고서에는 반박할만한 진술은 없다고 확언한다.

8. 통합 노력

　국민회의도 영국의 펀자브 학살에 대해 조사를 시작했다. 그때 간디는 칼리파트 문제를 토의하기 위해 델리에서 개최되는 힌두-무슬림 연합회의에 참석해 달라는 초청을 받았다.

　간디의 기억으로는 1919년 11월에 열렸다. 회의는 킬라피트 사태, 힌두교와 무슬림이 함께 평화 축제에 참석할 것인지 여부에 관해 논의하기 위한 것이었다. 아울러 이들 문제 외에 암소 보호 문제도 다룰 것이며, 이 회의는 그 문제를 해결할 기회가 될 것이라고 했다. 간디는 이 두 가지 의제를 각각 다룬다는 답장을 보냈다. 하킴 아즈말과 슈라드난디지에게도 자신의 생각을 밝히고 토론하였으며, 회의에서 그 문제를 제의할 것을 위임받았다. 회의에서 간디는 칼리파트 문제가 정말 정당하고 합법적이라면 그리고 영국 정부가 중대한 잘못이 사실이라면 힌두와 무슬림은 의연히 일어나 칼리파트의 잘못을 시정할 것을 요구해야 한다고 했다. 이 문제와 관련해 소 문제를 들고 나오거나, 혹은 이 기회를 무슬림과의 타협의 기회로 삼는 것은 잘못이며, 무슬림도 소 도살을 중지하는 것을 마치 힌두교도가 이 칼리파트 문제를 지지한 대가처럼 약속하는 것은 잘못이라고 하였다.

하지만 무슬림 스스로 도살 중지를 결정한다는 것은 아주 잘한 일이라고 하였다. 그러므로 이 회의에서는 칼리파트 문제만 토론해야 한다고 주장하여 회의 참석자들의 찬성을 얻었고, 다른 것은 토론되지 않았다. 한편에서는 펀자브 문제를 칼리파트 문제와 연계시켜야 한다는 제안이 있었지만 간디의 반대로 무마되었다.

이 회의 통과안 중 하나는 힌두교도와 무슬림이 함께 스와데시운동과 외국상품 불매를 요구하는 결의안도 있었다. 카디는 아직 제자리를 잡지 못한 때였다. 하스라트는 그 결의안을 받아들일 수 없었다. 그의 목적은 칼리파트 문제를 두고 정의가 거부당하였으므로 영국에 보복하자는 것이었다. 따라서 영국 상품에 한해 불매운동을 하자는 수정안을 내놓았지만 간디는 실행성도 없고 명분도 서지 않는다는 이유로 반대했다. 또한 이 회의에서 비폭력에 대한 자신의 입장을 피력했다. 앞서 하스라트 모하니가 대중들에게 우뢰와 같은 갈채를 받았기에 자신의 연설은 별다른 호응을 얻지 못할까 주저했지만 입장을 밝히지 않는다면 의무를 포기하는 것이라는 생각이 들어 연설을 했다. 다행히 간디의 예상은 반대였다. 의원들은 그의 말에 비상한 관심을 가졌고, 뒤이은 연설자들이 그의 견해를 지지하였다.

간디는 힌디어나 우르두어를 잘하지 못해 곤란을 겪었다. 특히 인도 북방의 무슬림들이 많이 참석한 데서 연설하기는 처음이었다. 새로운 생각에 대해서는 적당한 단어가 떠오르지 않아 고심했지만 비협력이라는 말로 표현했다. 이 표현은 여기서 처음 사용했다. 마울리나의 연설을 들으면서 그가 협력하고 있는 정부에 대해, 무력에 호소하는 것은 불가능하거나 바람직하지 않는 일인 듯 했다. 정부에 대한 유일한 저항은 정부에 협력하는 것을 그만두는 것이다.

계엄하의 펀자브 정부는 무고한 수백 명의 사람들을 가두고 있을 수 없었다. 이 불법 행위에 대한 항의가 확산되어 수감자 대부분 국민회의가 열리기 전에 석방되었다. 랄라 하르키샨랄과 그밖의 지도자들이 국민회의가 진행되고 있는 동안 모두 석방되었다. 알리 형제도 석방되어 바로 회의장으로 왔다. 자신의 직업을 버리고 펀자브를 중심으로 활동했던 모티랄 네루는 국민회의의 의장이 되었고 스와미 슈라다난드지는 행정위원회 위원장이었다.

이 암리트사르 국민회의 동안의 간디의 역할은 힌디어로 연설하여 힌디어의 장려를 주장하고 해외에 있는 인도인들의 사정을 알리는 것이었다. 이전에도 여러 번 그랬지만 갑자기 중대한 책임이 주어졌다. 그때 영국 국왕이 새로운 개혁안[8]를 공표하였다. 모두 불만이었다. 하지만 그때 간디의 생각에는 수용할 만하다고 생각했다. 국왕의 발표문은 신하[9]의 생각인 것으로 보였고 그것이 조그만 희망을 주었다. 하지만 로카만야와 데샤반두 치타란잔 다스[10]와 같은 다수의 강경파들은 고개를 흔들었다. 말라비야지는 중립이었다.

말라비야지는 그의 방에 간디를 머물게 했다. 그의 방은 마치 빈민들의 무료 숙소처럼 보였다. 누구든 환영했고 있고 싶은 만큼 있을 수 있도록 하였다. 한쪽 귀퉁이에 간디의 간이침대가 놓여 있었서 매일 그와 토론할 수 있었다. 그는 맏형처럼 친절한 태도로 각 정파의 이해관계를 설명해 주었다.

당시 간디는 몬터규가 인도의 대의를 배반하거나 인도 문제가 배반당하도록 허용하지는 않을 것으로 믿었고 알리 형제와 기타 수감자들이 석방된 것도 좋은 징조로 여겨졌다. 그래서 몬터규개혁안은 거부할 것이 아니라 수용하는 결정이 옳은 일이라고 생각했다.

간디에게 암리트사르회의는 의회 정치에 첫발을 들여 놓은 것으로 여겨야 할 것이다. 그 이전에 참석한 것은 단지 해마다 국민회의에 대한 충성을 확인하는 것에 지나지 않았다. 그때마다 이렇다할 일은 하지 않았다. 암리트사르에서 겪은 경험 한두 가지는 자신에게 의미가 있기도 하고 국민회의를 위해서도 유익하였다. 또한 로카만야, 데샤반두, 모틸랄과 그밖의 지도자들이 편자브 조사에 있어서 간디의 역할에 매우 기뻐하였다는 것을 알았다.

1920년대에 간디의 관심을 끄는 두 가지 일이 있었다. 하나는 잘리안왈라 바그 학살 기념비이었다. 의회는 대단한 열의로 결의안을 통과시켰다. 기념비 건립을 위해 약 50만 루피의 기금을 마련해야 했다. 간디도 그 위임자의 한 사람으로 뽑혔다. 말라비야지는 공공사업을 위한 구걸에서 거지들의 왕초라는 별명을 얻기도 했다. 자신도 그에 뒤지지는 않는다고 자부한다. 말라비야지처럼 인도 토후로부터 가장 많이 기부를 받은 것은 아니지만, 기부금을 걷는 것은 문제가 없었다. 봄베이의 너그러운 시민들이 아낌없이 기부했고 상당한 잔고가 은행에 예치되었다. 그런데 지금 당면한 문제는 힌두교와 무슬림 그리고 시크교도가 피를 섞어서 성역화된 이 땅에 어떤 종류의 기념비를 세우는가 였다. 세 종교 단체는 우의와 사랑으로 뭉치지 못하고 싸우고만 있어 이 기념비 기금을 어떻게 사용할 지를 모르고 있다.

국민회의가 활용할 수 있는 또 하나의 자질은 각종 안건의 기안 능력이었다. 국민회의의 지도자들은 간디가 오랫동안 변호사를 하면서 터득한 상황을 집약적으로 표현할 줄 아는 능력이 있다는 것을 알았다. 당시 국민회의 헌장은 고칼레의 유산이었다. 그는 의회 운영의 기본 규칙으로 몇 가지 안도 만들었다. 고칼레로부터 직접 그 규약을 만든 흥미로운 과거사를 들은 적이 있었다. 하지만 지금은 늘어나는 의회의 사무에는 맞지 않았다. 해마다 그 문제가 절실했다.

당시 의회는 회의와 회기 중간, 년중 일어나는 돌발적인 일을 다룰 수 있는 어떤 기구도 없었다. 지금의 규정은 간사 셋을 두고 있지만 사실상 한 사람만이 업무를 보는 간사였고 나머지는 비상임이었다. 그가 혼자 의회 사무국을 어떻게 운영하고 장래를 생각하며, 전년 대회에서 위임한 의무를 수행할 수 있을 것인가.

로카만야와 데샤반두가 가장 영향력 있는 인사이니 대중의 대표로 규약기초위원회에 참가하게 해달라고 요청하였다. 하지만 그들이 규약 기초에 직접 참여할 시간이 없을 것이 분명하므로 그들이 신임하는 두 사람을 지명하여 규약기초위원회에서 일하도록 해 달라고 했다. 또한 위원 수는 세 사람으로 제안해야 한다고 했다. 이 제안은 수락됐고 각각 그들의 대리로 켈카르와 센을 천거했다.

규약기초위원회는 단 한 번도 같이 모인 적은 없었지만 서신으로 서로 의논할 수 있었고 만장일치의 보고서를 제출했다. 우리가 이 규약을 완벽하게 실천할 수 있고, 또 그렇게 일한다는 사실만으로도 우리를 스와라지로 인도할 것으로 본다.

9. 물레의 재발견

1908년에 『힌두 스와라지』라는 책에서 인도의 빈곤과 그 빈곤 퇴치의 일환으로 손베틀과 물레를 말했지만 실제로는 한 번도 본 일은 없었다. 빈곤에서 벗어나기 위해 도움이 되는 그 무엇이 있다면 그것은 동시에 스와라지도 이룰 수 있다는 의미에서 그것을 말했다.

사바르마티에 사티아그라하 아슈람을 만들 때 우리는 겨우 몇 대의 손베틀을 들여놓았지만 난관에 봉착했다. 기술자가 한 사람도 없었던 것이다. 직조 기술자가 필요했다. 드디어 팔란 푸르에서 한 사람을 데려왔으나 그는 자신의 기술 전부를 가르쳐 주지 않았다. 말간 랄 간디는 쉽게 포기하지 않았다. 기계에 대해 선천적인 재능이 있어 그는 오래지 않아 그 기술을 완전히 터득하였고 아슈람에서 하나둘씩 직조공을 만들어 냈다.

당초 우리의 목표는 우리가 만든 천으로 옷을 만들어 아슈람의 모든 입주자는 우리 옷을 입기로 했다. 이것으로 우리는 많은 경험을 얻었다. 베짜는 사람들과의 직접적인 접촉으로 그들의 삶, 생산 범위, 실 공급을 확보하는 과정에서 겪은 어려움과 속임수로 그들의 부패는 자꾸 늘어난다는 사실을 알게 되었다.

우리에게 필요한 천을 바로 만들지 못하여 따로 길쌈하는 사람들에게서 천을 사야 했다. 공장에서 만든 면사로 제조한 천은 포목상점에서도 쉽게 구할 수 없었고 직접 직조하는 사람에게서도 살 수 없었다. 부단한 노력으로 우리는 스와데시라는 이름의 면사로 직물을 만들어 주겠다고 생색내는 직물업자 몇을 찾아냈다. 단 그들이 만드는 직물은 모두 인수한다는 조건이었다. 그리하여 방직공장에서 만든 면사로 제조한 천으로 우리들의 옷을 만들기로 했고 이를 친구들에게 널리 알림으로써 방직공장의 자발적인 홍보요원이 되었다.

우리는 방직공장과 접촉하면서 그들의 공장 경영의 문제점과 어려움을 어느 정도 알 수 있었다. 그들은 자신들이 뽑은 것으로 더많은 옷감을 짜는 게 목적이어서 시큰둥한 반응을 보였다. 우리는 자체적으로 면사를 만들기를 원했다. 그렇게 할 수 있을 때까지 공장에 의존해야 했다.

끝없는 난관에 봉착했다. 물레는 구하지도 못했고 물레질을 가르쳐 줄 사람도 구할 수 없었다. 아슈람에서 바퀴를 이용하여 실을 감아보았지만 되지 않았다. 이렇게 시간이 흘렀고 초조해졌다.

1917년 구자라트 친구들 권유로 브로치 교육회의의 의장으로 지명되었다. 그곳에서 강가벤 마즈무다르Gangaben Majmudar라는 미망인을 만났다. 교육 수준은 그다지 높지 않았지만 용기와 일반 상식은 뛰어났다. 그녀는 아무런 두려움 없이 학대받고 있는 계층 사람들을 위해 활동하고 봉사하고 있었다. 그녀에게 손물레에 대한 고민을 털어놓았더니 물레를 반드시 찾아주겠다고 약속하여 간디의 짐을 덜어주었다.

구자라트 곳곳을 찾아 헤맨 끝에 바로다 주의 비자푸르에서 물레를 찾아냈다. 그곳 사람들은 집에 물레를 많이 가지고 있었지만 대부분 방치해 두고 있었다. 그들은 그녀에게 소면梳棉: 면화를 손질하여 만든 솜뭉치을 공급해 주고 그것으로 뽑은 실을 사준다면 바로 물레질을 할 수 있다고 하였다. 하지만 소면을 마련하는 것이 어렵다는 것을 알았다. 이 일을 우마르 소바니에게 말했더니 자신의 공장에서 소면을 공급해 주기로 하여 그 난관을 해결하였다. 우마르 소바니로부터 받은 소면을 마즈무다르에게 보냈다. 그러자 곧 면사가 쏟아져 나왔고 이를 처분할 것이 문제가 될 정도였다. 우바르 소바니는 매우 관대했지만 오랫동안 신세를 질 수는 없었다.

그로부터 계속 소면을 받는 것이 편하지 않았다. 공장의 소면을 사용하는 것이 근본적으로 잘못인 것 같았다. 공장의 소면을 사용할 수 있다면 또한 공장의 실은 왜 사용하지 못하는가. 그전에는 소면을 공급받는 공장이 있었던가. 이런 생각을 하면서 마즈무다르에게 소면을 만들어 줄 수 있는 직능인을 찾아봐 달라고 당부했다. 그녀는 솜을 틀겠다는 솜틀꾼을 고용했다. 월 35루피를 요구했다. 월급을 가지고 시비할 상황이 아니었다. 그녀는 솜을 틀 수 있는 젊은이 두세 사람을 양성하였고 간디는 봄베이에 솜을 요청했다. 봄베이에서 방직공장을 운영하는 아슈반트프라사드 데자이는 곧 응해 주었다. 마즈무다르의 기업은 이리하여 예상 외로 번창했다. 그녀는 비자푸르에서 뽑은 면사로 천을 짜는 직공을 찾아냈으며 이 천은 비자푸르의 지명을 따 비자푸르 카디라는 이름을 얻게 되었다.

비자푸르에서 이렇게 일이 진척되는 동안 아슈람에서는 물레가 빠른 속도로 자리잡았다. 마간랄 간디는 기계에 대한 탁월한 능력을 발휘하여 물레 바퀴를 현저히 개선했고, 아슈람에서는 물레와 그 부속품을 만들기 시작했다. 아슈람에서 만든 최초의 카디 천은 1야드 당 17안나의 비용이 들었다. 이 조잡한 카디를 그 값으로 사라했고 간디의 친구들은 기꺼이 그 값을 지불했다.

간디는 봄베이에서 병으로 눕게 되었지만 그곳에서 물레를 찾는 일정도는 할 수 있었다. 결국 실짜는 두 사람을 만나게 되었다. 그들은 1세르 즉 28톨라인도의 무게 단위. 1파운드의 약 4분의 3에 해당의 면사에 1루피를 내라 하였다. 당시 카디에 대한 적정 가격을 몰랐다. 손으로 짠 실의 가격이 비싼 것이 아니라고 생각했다. 비자푸르에서 지불한 값과 여기서 낸 값을 비교해 보고는 속았다는 것을 알았다. 물레질꾼들은 값을 낮추는 것을 거부했다. 그래서 그들에게 일하지 말라고 했지만 그들은 자신들의 할 일을 한 셈이었다. 그들은 슈리마티스 아반티카바이, 샹카랄 방커의 모친인 라미바이 캄다르에게 면사 뽑는 방법을 가르쳤다. 간디의 방에서 물레도는 소리가 들리기 시작했고 이 일은 자신의 건강을 회복하는 데 적지않은 역할을 하였다.

봄베이에서는 또다시 손으로 만든 실을 확보하는 문제가 대두되었다. 레바샨카르의 저택 앞을 매일 같이 지나가는 솜틀꾼이 있었다. 그를 불러 소면을 만들어 달라고 했다. 값을 많이 요구했지만 그러마 했다. 그렇게 해서 마련한 면사를 바슈나들에게 팔아 파비트라 에카다쉬 축제의 화환을 만들었다. 시비지가 봄베이에서 물레질 교실을 시작했다. 이 모든 실험에는 상당한 비용이 들었는데 친구들이 기꺼이 지불해 주었다. 그들은 카디에 대해 신념을 가지고 있었다. 그렇게 사용한 돈은 낭비가 아니었다. 물레 발견의 가능성을 열었다.

카디를 사용해 자신의 옷을 만들고 싶은 생각이 간절했다. 간디의 도티는 여전히 방직공장에서 만든 것이었다. 아슈람과 비자푸르에서 만든 굵은 카디는 폭이 30인치에 불과했다. 간디는 마즈무다르에게 편지를 써서 한 달 안으로 폭 45인치의 카디 도티를 마련해 주지 않으면 굵은 카디 도티를 만들겠다고 했다. 이 최후 통첩이 그녀에게는 충격을 주었지만 잘 처리해 주었다. 바로 한 달 안에 그녀는 간디에게 45인치 폭의 카디 도티 한 벌을 보내주어 난처한 상황에서 간디를 구해주었다.

그 무렵 라크슈미다스가 그의 아내와 함께 직조공 람지를 데리고 아슈람으로 와서 카디 도티를 만들었다. 이 부부가 카디를 보급시키는 데 행한 역할은 적지않다. 그들은 구자르트와 그밖의 지방 사람들에게 손으로 만든 실로 베짜는 기술을 가르쳐주었다. 그녀가 베틀에 앉아 있는 모습은 감탄할 만하다. 학식은 없지만 침착하게 일할 때에는 거기에만 열중하고, 주의를 딴곳으로 돌리지도 않았다.

10. 비폭력 결의안

알리형제에 의해 시작된 강력한 칼리파트 운동이 최고조로 진행되고 있을 때 간디는 마울라나 압둘 바리와 다른 학자들과 더불어 무슬림은 비폭력의 규칙을 어느 정도 지킬 수 있는가 하는 문제로 오랫동안 토론하였다. 결국 그들은 무슬림으로 하여금 비폭력을 따르지 못하도록 하는 것은 아니며 그 정책을 따르기로 맹세한 이상 충실하게 따른다는 데 의견의 일치를 보았다. 결국 칼리파트 회의에서 비폭력 결의안이 제안되었고 장시간 토론을 거친 뒤 통과되었다. 알리하바드에서 한 위원회가 이 문제를 두고 밤새도록 논의하였다.

그뒤 얼마 지나지 않아 열린 구자라트 정치회의에서 간디는 비협력 결의안에 동의하였다. 반대 측에서 제의한 예비적 논란은 주 의회가 국민회의에 앞서 결의안을 채택할 권한이 없다는 것이다. 이에 대해 간디는 그 제한은 퇴보적인 운동에 대해서만 적용되는 것이며, 진취적인 운동에 있어서는 하부조직이 그렇게 하는 것은 합법적이며 용기와 자신만 있다면 마땅한 의무라고 했다. 뿐만 아니라 스스로 책임질 각오만 있다면 상부조직의 위신을 높이려고 그 일에 반드시 허락을 받을 필요는 없다고 했다. 간디의 토론은 날카로우면서도 합리적인 분위기 속에서 진행되었고 제안에 대한 토의는 표결에 들어가 절대 다수의 결의안이 가결되었다.

국민회의 위원회는 비협력 문제를 협의하기 위해 캘커타에서 1920년 9월 특별회의를 개최하기로 결정했다.[11] 이를 위해 대규모의 준비가 진행되었다. 랄라 라즈파트 라이[12]를 의장으로 선출했다. 국민회의와 칼리파트를 위한 특별 열차를 봄베이에서 캘커타로 운행하였다.

캘커타는 대의원과 방청객이 대대적으로 몰렸다. 마울라나 샤우카트 알리의 요청으로 간디는 그 기차에서 비협력 결의안의 초안을 작성하였다. 이때까지 간디는 비폭력이란 단어를 다소 피했다. 연설에서는 제한하지 않았다. 그 제목에 관한 단어는 아직도 구상 중이었다. 비폭력이라는 말을 산스크리트어만 가지고 무슬림들에게만 전달하기에는 역부족이라는 것을 알았다. 그래서 마울라나 아불 칼람 아자드에게 그에 해당하는 다른 말을 알려달라고 요청했다. 그는 바아 만이라는 단어를 제시하였다.

원래 초안에는 비협력이라는 말을 쓰지 않았다. 간디와 같은 칸에 있던 마울라나 샤유카트 알리에게 그 말이 빠진 것을 말하지 않고 초안을 건네주었다. 밤에서야 잘못을 알아차렸다. 아침에 초안을 인쇄소에 보내기 전에 빠진 것을 고쳐달라고 했다. 하지만 이미 초안이 인쇄되었다. 같은 날 저녁 의제議題위원회가 열리도록 되어 있었다. 그래서 인쇄된 초안에 수정을 가하도록 했다. 나중에 안 일이지만 간디는 초안을 손질하지 않았다면 대단히 곤란했을 것이다.

그럼에도 간디의 입장은 실로 어려웠다. 누가 그 결의안을 찬성하고 누가 반대할 것인가를 전혀 예견할 수 없었다. 랄라지가 어떤 태도를 취할지도 몰랐다. 캘커타에서의 투쟁을 위해 모여든 사람들 가운데는 베잔트 여사를 비롯 말라비야지, 비자야라지하바차리, 모틸랄지,데샤반두 등이 있었다.

간디의 결의안에는 펀자브 학살과 칼리파트에 대한 당국의 부당행위에 보상을 받아낸다는 견지에서만 비협력을 규정해 놓았다. 비자야라지하바차리와 모틸랄지는 스와라지 요구를 결의안에 포함시키기를 원했다. 곧 그들의 제안을 수락하여 결의안 초안에 스와라지의 요구를 삽입했고, 이 결의안이 격론을 벌인 뒤 통과되었다.

모틸랄지가 가장 먼저 동의하였다. 그는 간디가 선택한 자구를 약간 수정할 것을 제안하기도 했다. 그는 데샤반두를 이 운동에 가담시키도록 설득하는 일을 맡고 나섰다. 데샤반두의 마음이 기울기는 했지만, 그는 이 계획을 실천할 대중의 능력에 관해서는 회의적이었다. 국민회의의 나그푸르[13]에 가서야 그와 랄라지가 그 결의안은 전폭적으로 수용하였다.

캘커타 특별회의에서 채택한 결의안은 나그푸르 연례회의에서 승인받았다. 이곳도 캘커타와 마찬가지로 대의원과 방청객으로 붐볐다. 그때만 해도 국민회의의 대의원 수는 제한이 없었다. 참가자는 약 1만 4천 명 정도였다. 랄라지가 동맹휴교에 대한 문구를 약간 수정할 것을 제의했고 간디는 이를 받아들였다. 마찬가지로 데샤반두의 제안도 있어 약간 수정했다. 그런 다음 비협력 결의안이 만장일치로 통과되었다. 이 대회에서는 국민회의 법 개정에 관한 결의안이 상정되었다. 캘커타회의 때 분과위원회에서 초안이 제출되었고 그때 이미 철저히 검토되어 첨삭이 가해졌다. 나그푸르 대회에서 이를 최종적으로 처리하기로 약속했다. 비자야라가바차리가 의장이었다.

의제위원회는 단 한 가지만 수정하고는 초안을 통과시켰다. 간디의 초안은 대의원 수를 1,500명으로 정하도록 했으나 위원회는 6,000명으로 대체되었다. 그것은 성급한 판단이었고 수년의 경험에 비추어 간디의 견해가 맞다는 것이 확인되었다. 대의원이 다수라야 일이 잘 된다거나, 민주주의 원리를 지킨다고 보여지진 않는다. 대중의 이익을 대변한 1,500명이 무작위로 선정된 6,000명 보다는 민주주의를 보다 잘 수호할 것이다. 민주주의를 지키려면 사람들은 독립심, 자존심이 있어야 하며 선량하고 성실한 사람들만 선출해야 한다. 하지만 위원회처럼 대의원의 수에만 구애된다면 6,000명 이상으로 늘어날 수도 있을 것이다. 따라서 6,000명은 타협의 산물이다.

국민회의 목표에 관한 문제는 날카로운 토론을 일으킨 의제가 되었다. 간디가 제출한 국민회의의 목표는, 가능하다면 영국 내에서, 또 필요하면 밖에서 스와라지를 획득하는 것이다. 국민회의 내의 한 정파는 스와라지의 목표를 영국 안으로 제한하기를 원했다. 이러한 견해를 표명한 것은 말라비야지와 진나였다. 하지만 그들은 많은 표를 얻지 못했다. 또한 기초 법안은 그 달성의 수단을 평화적이고 합법적이어야 한다고 규정했다. 이 조건 역시 반대에 부딪쳤다. 즉 수단에도 그 어떤 제한를 두어서는 안 된다는 반론이었다. 하지만 대회는 결의안 원안을 채택했다.

힌두와 무슬림의 통합, 불가촉민제도의 폐지, 카디에 관한 결의안도 통과되었다. 그리하여 국민회의의 힌두교도 대표들은 힌두교로부터 불가촉민제도의 저주를 제거하는 책임을 어기게 되었고 카디를 통해 인도의 대중들과 생생한 관계를 확립하게 되었다. 그밖에도 칼리파트를 위해 대영비협력을 채택한 것은 국민회의가 힌두-무슬림 통합을 이루기 위해 실천한 위대한 기도였다.

나그푸르 대회를 지낸 이후 간디의 생애는 공적인 것이 되었고 간디에 관해 사람들이 모르는 것은 아무것도 없게 되었다. 더욱 1921년 이후로는 국민회의 지도자들과 매우 친밀한 관계를 유지하면서 일했기에 그때부터는 그 지도자들과의 관계를 언급하지 않고는 간디 생애의 그 어떤 이야기도 할 수 없다.

1. 사우칸트 알리와 모하메드 알리. 이들은 칼리파트 운동과 여러 운동을 지
   도하였다. 모하메드 알리는 국민회의 의장을 역임하였다

2. 칼리파 제도를 말한다. 칼리파란 예언자 마호메트의 뒤를 이어 이슬람교도
   의 순수성을 간직하여, 이슬람 공동체를 통칭하는 이슬람제국의 통치자.

3. 세계대전이 끝났지만 인도에 전시 상태를 계속 유지하여 영장없이 체포, 재
   판없는 투옥 등을 담은 롤라트 위원회의 보고서.

4. 봄베이 방직공장주로 간디의 활동에 자금을 제공하였다.

5. 보고서가 채택된다면 시민불복종을 한다는 내용을 담고 있다.

6. 반데 와타람은 '모국 찬가'라는 뜻. 알라호 아크바르는 '신은 위대하다'라는
   무슬림의 기도로 무슬림 영주의 탄압에 항거하며 혈투를 벌인 벵골 힌두교
   도의 투쟁을 소재로 한 소설의 일부를 타고르가 작곡한 노래. 한때는 '국민
   회의 노래'라고 불릴 정도로 많이 불렀다고 한다. 그러나 무슬림들은 반 이
   슬람이라 하여 혐오의 대상이었다.

7. 1919년 4월 13일 암리차르 한복판에 있는 잘리안왈라 바그 광장에서 영국
   의 인도 탄압법인 롤라트법에 반대하는 집회가 열렸다. 이에 대해 영군군
   다이어 장군과 그의 휘하 구르카 소총부대가 무장하지 않은 군중에게 무차
   별 총격을 난사하여 379명이 학살당했으며, 1,000여 명이 부상하였다. 이 사
   건은 엄격한 언론 통제로 4개월 동안이나 은폐되었는데, 이듬해 인도국민
   회의에 의해 사건조사 보고서가 공포되었다. 헌터위원회는 다이어 장군의
   중대한 과오를 저질렀다고 결론내렸다.(헌터보고서)

8. 몬터규 · 쳄스퍼드 개혁Montagu · Chelmsford Reforms: 당시 인도 담당 국무장관
   E.S.몬터규(1879~1924)와 인도총독 F.쳄스퍼드(1868~1933)가 1918년 의회에 보
   고서를 제출하였다. 이에 의거하여 1921년 12월에 공포되었다. 주요 내용은
   중앙집권제에서 주정부州政府에 어느 정도의 권한을 이양하고, 입법기관에
   직선제를 도입한 점이다.

9. 1915년 국민회의 때 의장을 역임했고, 자치를 강조하였다.

10. 간디의 영국 협력을 비판했고, 네루와 함께 스와라지 파를 만들었다.

11. 특별회의는 1920년 9월 4일부터 9일까지였다. 당시 인도 전역에서 간디의
지도 아래 반영국 비협력 운동이 시작되고 있었다. 이 운동은 영국으로부
터 부여받은 칭호나 명예직은 물론이고 등교 거부, 군복무 거부, 외국상품
불매운동 등이었다. 이 회의에서 카디를 착용한 대의원들이 많았다. 간디시
대의 개막을 다시 확인하는 대회였다.
12. 펀자브 자치운동을 주도하였다. 국민회의 내의 급진파로 1915년 국외로 추
방되었다가 1919년에 귀국했다.
13. 나그푸르 대회는 1920년 12월에 개최되었다. 캘커타 특별회의의 결의를 전
면적으로 승인하였다. 이 대회 이후 '비협력에 의해 자리를 획득하자'라는
결의가 국민회의의 공약이 되었다. 또한 간디의 발의 하에 국민회의 조직
의 대중화, 전국화를 추진하게 되었다.

10

영국 투쟁

영국 투쟁

1. 비협력

간디는 그의 활동이 정치라기보다는 종교적인 활동이라 생각했다. 남아프리카에서 인도로 돌아온 후 국민회의에 참석하여 그가 한 것은 남아프리카 인도인을 지지하는 결의안을 제출한 게 고작이었다. 국민회의란 각 정파들이 모인 비공식적 인도 의회라 생각하고 있었다. 어느 한 정파에 속한다는 것은 다른 정파로부터의 분리를 의미함으로 그러한 분리나 분열을 싫어하였다.

그럼에도 1920년에 전인도자치연맹All-India Home Rule League의 의장이 되었다. 그의 목표는 인도의 독립이었다. 그의 정치 행보는 평생 예측불허였다. 원칙을 지켰지만 중재와 타협도 마다하지 않았다. 투사지만 평화주의자였다. 승리와 체면보다 우선한 것은 진리였고 도덕과 종교였다. 정계의 중심에 도달하는 여정은 실로 험난했다. 인도 독립을 원하는 수많은 사람들과 마찬가지로 그도 원했고 그 열망은 바로 인도 민족의 상징이었다. 간디는 식민지의 노예에서 해방된 자유의 화신이었다.

간디의 비협력은 아주 단순했기에 대중들은 스폰지처럼 그것을 흡수하였다. 자신이 받은 참전 메달과 남아프리카에서 행한 활동으로 받은 메달을 총독에게 반납했다. 많은 이들이 그를 따랐다. 네루 부자, 다스, 발라브바이를 비롯한 수천의 사람이 영국 법정의 일을 그만두었고 직업 교육을 포기하고 귀농하여 문맹퇴치와 비협력을 가르쳤다. 농민들은 세금 납부를 거부했으며, 주류酒類 수입을 거부하였다. 살인적인 폭염 속에 전국을 다니며 대규모 집회에서 연설을 하였다. 확성기가 없는 시절이라 그의 목소리가 들리지도 않았지만 군중들은 그의 정신에 부합하기만을 바랐다. 7개월에 걸친 기차 여행이었지만 그는 감행하였고, 마하트마를 외치는 군중들을 위해 기차는 밤낮을 가리지 않고 멈추어야 했다. 아삼, 벵골, 마드라스에서는 알리형제의 동생 모하메드 알리와 함께 했다. 집회 때마다 군중들은 자신들이 입고 있는 외국산 옷들을 벗어 불태웠고, 물레로 면사를 뽑아 그 천으로 옷을 만들어 입었다. 간디도 하루 30분씩 물레 돌리는 것을 잊지 않았고 잠이 오지 않는 날에는 물레 돌아가는 소리를 리듬으로 삼아 '라마'를 찬송했다.

1921년 9월부터 간디는 항상 쓰고 있던 모자를 벗고, 소매없는 자켓이나 도티인도 고유의상 등의 단출한 옷차림을 하였다. 가방 대신 천주머니를 휴대하였다. 수도자의 차림새였다. 그리고 10월의 국민회의에서는 모든 인도 군인과 공무원들은 자신의 직장을 떠나 시민불복종을 실천하라고 하였다. 이때 영국의 태자 에드워드 8세가 인도에 국빈 방문했지만 국민회의는 그의 인도 여행을 거부하였다. 봄베이에서 그를 환영나온 사람들이 공격을 받았고 유혈폭동이 일어났다. 정치 지도자들이 줄줄이 구속되었다. 불과 석 달 만에 시민불복종으로 2만 명에 달하는 사람들이 구속되었다. 지방에서는 농민들의 세금 거부운동이 자발적으로 일어났고, 인도인 공무원들도 그 자리를 떠났다. 영국 정부는 이에 공포정치로 대응했다. 이런 폭압을 간디는 계엄령보다 더 심한 탄압으로 규정하였다.

1921년이 지났지만 자치는 이루어지지 않았다. 국민회의 내에서는 폭등혁명을 주장하였다. 하지만 간디는 비겁과 폭력 중 선택하라면 폭력을 택하겠지만, 비폭력은 폭력보다 더 많은 용기가 필요하다며 비폭력을 굽히지 않았다.

봄베이 부근의 바로돌리 마을을 시민불복종의 시험대로 지목하였지만 그 마을에서 8백 마일 떨어진 차우리 차우라chauri chaura에서 사건이 일어났다. 시위행렬에 경찰이 발포하였고, 총알이 떨어지자 경찰들이 시청 안으로 피하였다. 군중은 시청 건물에 불을 질렀고 밖으로 나온 경찰들을 살해하였다. 이 일로 바로돌리에서의 시민불복종운동을 중지시켰고 모든 운동의 중지를 선언했다.

사바르마티 아슈람 근처에서 간디는 체포되었다. 죄목은 민중 선동을 위한 연설과 논설의 발표였고 6년형을 선고받았다.

2. 침묵

간디는 예라브다 감옥에서 푸나의 삿손 병원으로 옮겨졌다. 간디는 급성 맹장염에 걸렸다. 정부는 의사가 봄베이에서 가차로 세 시간 걸려 도착하는 것을 기다리기로 했지만 교도소 내의 의사는 바로 수술해야 한다고 하여 간디는 동의했다. 수술 중 낙뢰로 정전이 되었고, 플래시를 비추고 수술을 했으나 수술은 성공적이었다. 수술 후 석방되어 산티꾸와르 모라르지Shantikuwra Morarji의 집에서 요양하기 위해 봄베이 근처 주후의 해변 가로 갔다. 모티랄 네루와 다스는 간디가 있는 곳까지 와서 그 동안의 정국에 대해 의견을 나눴다.

간디가 감옥에 있었던22개월 기간 동안 힌두 무슬림간의 정치적 연맹이 깨졌고, 비협력운동도 종식되었다. 많은 변호사들은 다시 개업을 했으며 몇은 폐업을 후회하였다. 등교거부를 했던 학생들은 학교로 돌아갔다.

네루를 비롯한 많은 지도자들이 도시와 지방, 의회로 들어가 행동하자고 했다. 그 계획은 1922년 말 스와라지당의 발족으로 현실화되었다. 목표는 연방의 지위를 확보하는 것이었다. 간디의 입장을 지지하는 자들은 수구세력이라 하였고, 자치라는 목표는 같았지만 두 파는 적처럼 싸웠다. 주후에서 간디·다스협약으로 간디를 따르는 파와 스와라지당독립당이 서로 공존하자는 데 합의하였다. 간디의 비협력, 시민불복종운동은 지지부진하였지만 스와라지당에 많은 사람들이 모였다. 간디는 힌두와 무슬림간의 진정한 연맹이 바로 스와라지라 생각하였고 이는 진나와 의견을 같이했다.

석방된 후 많은 동료들이 비폭력에 대한 신념이 없다는 것을 알았을 때 간디는 오열했고 힌두─무슬림간의 충돌에 관한 국민회의의 보고가 그를 무겁게 짓눌렀다. 이에 간디는 모하메드 알리 집에서 21일간의 단식으로 대응하였다.

단식은 실패로 끝났다. 종교 간의 불화는 지속되었다. 간디의 비폭력은 투쟁적인 민족주의의 열정을 소멸시켰다. 지금은 영국과의 투쟁이 문제가 아니었다. 힌두─무슬림의 단합, 불가촉민제도의 철폐 그리고 카디인도 의상 착용의 확신에 더 치중해야 할 때라 생각되었다.

간디는 국민회의의 지도자가 된 것을 후회하였고 1924년 출옥 후 정계를 은퇴하겠다고 발표하자 반대의 함성이 전인도를 휩쓸었다.

1925년 한 해 내내 간디는 인도 전역을 다녔다. 이때는 삼등칸이 아닌 이등칸을 이용했다. 삼등칸에서는 원고를 쓸 수도, 휴식을 취할 수도 없었기에 묵인하였다. 그는 가는 곳마다 군중들에게 휩싸였다. 목욕할 때조차도 혼자 있는 것이 허용되지 않았다. 낮에 많은 사람들이 간디의 무릎과 발을 만져 저녁에는 연고를 발라야만 했다. 사람들은 간디를 신격화하기 시작하였다. 곤드족Gonds들은 모두가 그를 숭배하고 있었다. 그는 이런 지나친 숭배를 강력하게 부정했고 가장 두려워 했다. 그는 자신은 나약한 인간일 뿐이고 마하트마가 아니라고 했다. 많은 사람들은 그를 신으로 생각했고 인도에 강림했다고 생각했다. 사람들이 너무 많아 무대를 돌아다니면서 연설해야 했다. 청중들이 가만히 앉아 간디를 볼 수 있게 한 배려였다. 여러 번 청중에 떠밀려 압사당할 뻔하였다.

벵골의 다카Dacca에서는 70의 한 노인이 자신의 목에 간디의 사진을 걸고 있었는데, 그는 땅에 엎드려 간디가 자신의 만성적인 마비증세를 고쳐 주었다고 했다. 그는 모든 치료법이 실패하자 간디의 이름을 불렀고 그랬더니 어느 날 자신의 병이 완전히 치유되었다는 것이다. 그것은 간디가 치유한 것이 아니라 신이라고 하며 사진을 떼라고 부탁했다.

간디는 허리띠를 두르고 밝은 웃음을 지으면서 샌들을 신고 때로는 맨발로 천천히 걸어 연단에 서서 호소하였다. 비하르에서는 기차가 잠시 멈춘 1분간 동안 면사를 뽑는 물레와 카디를 마련하기 위해 카디를 판다고 했다. 말을 마치고 청중들 속으로 들어가 카디 착용을 호소하자 사람들은 소액이지만 동전을 기부하였다. 그리고 면직물과 허리띠, 여인들의 사리도 팔았다. 동료들도 같이 판매하였다. 대도시에서는 간디가 도착하기 전에 기부금을 모아 전달하는 것이 관례가 되었다.

1924~1927년까지 카디를 착용하는 것이 보편화되었다. 학교에서는 면사 뽑는 방법을 가르쳤고, 국민회의의 모임에서는 작은 상자에서 물레를 꺼내 놓고는 회의가 진행되는 동안 조용히 면사를 뽑기도 했다. 간디가 만들어 낸 유행이었다. 간디의 친근한 친구 몇은 그가 카디 극단주의에 빠졌다고 비난했지만, 물레는 연간 적어도 4개월 이상 아무 일도 하지 않는 수백만 명에게 일자리를 제공하고 있으며 인도에 천값으로 6억 루피를 지불하고 있다고 반박했다.

그에게 있어서 면사를 뽑는 일은 심신을 통합하고 도시와 마을은 물론, 부자와 빈곤자를 연결시키는 의사소통의 통로이며 사랑의 실천이었다.

네루도 카디를 입었다. 그도 간디처럼 거리에서 카디를 팔았다. 카디는 1920년대 중반부터 인도 민족주의의 표지가 되었다. 그들은 이제 서양 옷을 입고 농촌을 가는 것은 생각조차 할 수 없었다. 경제적 가치를 떠나 카디는 인도의 정치적 교육에 기여하게 되었다. 카디를 통해 빈곤과 문맹 그리고 비정치적 인도를 의식화시켰다.

그는 일로 지쳤다. 하루에도 서너 번의 집회, 산더미같이 몰려드는 편지, 정치적 문제와 개인적 문제까지 그의 의견이 필요했다. 수없이 많은 사람들과의 면담을 무더운 날씨에 해야 하기에 지칠 대로 지쳤다. 1925년 11월에 간디는 70일간의 단식에 돌입했다. 자신의 내면에 더 깊이 들어가기 위해서였다. 그는 단식하면서도 물레를 돌려 면사를 뽑았고 매일 기도 모임에 참석했다.

1925년 12월 칸푸르Kanpur에서 개최된 국민회의에서 의장직을 사임했다. 그리고 일 년 간의 정치적 침묵을 맹세했다. 휴식이 필요했다. 스와라지당은 영국과 서서히 협력하는 쪽으로 전환하고 있었고, 진 나, 모하메드 알리 등의 무슬림연맹은 정치적 정파에서 종교적 정파 로 방향을 설정했다. 간디는 민족주의에 입각해 인도가 단결되기를 원했지만 종교적으로 분열되고 있었다. 그는 침묵하기 좋은 시기라고 생각했고 침묵이야말로 참된 언어라고 단언했다.

3. 다시 민중 속으로

간디 스스로 침묵의 해를 정했지만 52주 동안 월요일 이외에는 침 묵이 없었다. 그날은 여행을 하지 않았고 연설도 하지 않았지만, 담 소를 나누고 글도 썼으며 방문객을 맞이했으며 수천 명의 사람들과 서신 교환을 했다.

1926년 어윈Irwin이 래딩Reading총독의 후임으로 인도로 왔다. 간디는 별다른 관심을 보이지 않았지만 정계의 변화가 심상찮았다. 총독부의 정책이 힌두교도와 무슬림을 분열시키고 있다고 보았다. 힌두 무슬 림의 분열로는 독립이 힘들다고 생각하였다.

하지만 여전히 여러 지역에서 두 종교 간에 충돌이 일어나고 있 었다. 간디는 항상 소수의 무슬림에 대해 다수의 힌두교도가 잘 대 해 주어야 한다는 것이었고 상호 비폭력을 말했다. 힌두교도는 간디 를 친무슬림이라고 비난했다. 그해에 일어난 개犬에 관한 논쟁을 두 고서도 이런 비난이 일어났다. 이 논쟁은 아메다바드의 직물공장 주 인이 그의 공장 시설물을 손상시키는 들개 60마리를 죽인 일로 시작되었다. 그는 죄책감으로 간디에게 그 사실을 털어놓았고 그를 위로하였다. 이 말을 들은 아메다바드 인도주의협회는 그 대화 내용을 가지고, 불살생을 어기며 개를 죽인 것을 정당화하느냐는 편지로 항의한 것을 시작으로 끝없는 논쟁에 휘말렸다. 이 논쟁에서 간디는 자신의 비폭력을 사람들이 정확히 이해하지 못하고 있다고 보았고 그가 발행하는 간행물을 통해 자신의 논설을 개제하였다.

그외에도 송아지 논쟁도 있다. 아슈람에 있는 송아지 한 마리가 병에 걸려 정성을 다해 돌봐주었지만 고통스러워하자 안락사安樂死를 생각했다. 완강히 반대한 아내도 열심히 돌보았지만 너무 고통스러워하는 것을 보고는 그의 의견에 동의하였다. 이 문제로 항의 편지들이 쏟아졌지만 간디는 옳은 일이라고 주장했다. 그밖에도 성에 관한 솔직한 논의가 있었다. 젊은 사람들은 성에 관한 충고를 듣기를 원하는 이들이 많았다. 간디는 조혼을 반대했었고 산아제한에 찬성하였다.

간디는 침묵의 해가 끝난 뒤에도 그의 견해는 바뀌지 않았다. 그는 여전히 힌두-무슬림의 통합, 불가촉민제도의 폐지, 그리고 여전히 카디의 촉진이었다. 그의 주장은 수십 년 동안 똑같았다.

1926년 12월 사바즈마티 아쉬람을 떠나 곳곳에서 집회를 가진 다음 국민회의 연례회의에 참석하기 위해 인도 동부지방 아삼의 가우하티Gauhati에 도착하였다. 오는 도중 비극적인 이야기를 들었다. 한 무슬림 청년이 병상에 누워 있는 저명한 힌두 민족주의자 스와미 슈라다난다를 권총으로 그를 살해하였다는 것이다.

무슬림 신문은 그 스와미를 인도의 힌두 지배 옹호자로 줄곧 공격해왔다. 간디는 국민회의 연례회의에서 스와미는 무슬림들의 적이 아니라고 확언했다. 그리고 압둘 라시드도 죄가 없다고 했다. 죄가 있는 자들이란 '서로 증오의 감정을 부추기는 자들'이라고 했다.

그는 다시 전국 순회를 시작했다. 그는 집회마다 불가촉민의 자리가 따로 정해져 있는 것을 보고 그들 사이에 들어가 앉았고 브라흐만과 다른 카스트를 보고 자신처럼 같이 앉도록 했다. 어느 연설 도중에 그는 왼손을 들어 올려 다섯 손가락을 폈다. 첫손가락을 오른손의 두 손가락 가운데에 끼워놓고 흔들면서 이것이 불가촉민을 위한 평등이라고 했다. 둘째손가락은 수직 면사를 뽑는 것이라고 했다. 셋째 손가락은 절제로 금주, 마약 금지이고, 넷째는 힌두교와 무슬림의 우호이며, 다섯째는 여성 평등이라 했다. 허리는 비폭력이라고 했다. 이러한 다섯 가지 덕은 비폭력을 통해 각자의 신체를 자유롭게 하는 것이며 따라서 인도를 자유롭게 하는 것이라고 강조했다.

집회 도중 너무 피곤하거나, 청중이 너무 시끄러울 때는, 20만 명이나 되는 청중이 조용해질 때까지 연단에서 침묵을 지키며 앉아 있기도 했다. 계속 침묵을 지켜 모두 침묵하면 두 손을 모다 청중을 축복하고 웃음을 머금고 자리를 떴다. 이는 말을 하지 않는 의사소통이고 대중의 침묵은 자아 통제, 자아 탐구의 훈련이었다. 수천 명의 도시민들이 카디를 입고 집회에 나오기도 했다. 어떤 지방에서는 세탁업자가 카디 외에는 세탁을 해주지 않았다. 조혼도 널리 받아들여졌고 집회에서 남녀가 같이 앉기도 했다.

하지만 힌두-무슬림의 문제는 간디의 노력을 외면했다. 간디는 무력했다. 그래도 그의 순방은 계속됐다.

1927년 10월 26일 마하트마가 서해안의 망갈로르[Mangalore]에 있었다. 총독으로부터 간디를 만나고 싶다는 메시지를 받았다. 간디는 이틀의 순회 여행 끝에 뉴델리에 도착했다. 어원은 존 사이먼[John Simon]을 단장으로 인도 헌법 개정을 검토하기 위해 영국 의회가 위원들을 파견한다고 했다. 간디는 이 문제로 자신을 보자고 했느냐고 묻고는 조용히 남인도로 돌아왔다. 그는 다시 인도 지도자들에게 사이먼위원회의 도착 예정을 알렸다. 위원회는 1919년에 제정된 인도통치법의 실상과 문제점 등을 조사하여 인도에 있어서 책임정부제 채택의 조건을 심의하는 임무를 맡았다.

사이먼위원회가 설치됐다는 소식은 인도를 놀라게 했다. 인도의 운명을 결정할 위원회에 인도인은 한 사람도 없었다. 전인도에서 사이먼위원회의 조사를 돕지 않기로 하고 위원회에 제안을 내놓지도 않기로 하는 등의 반대운동이 일어났다. 국민회의는 물론이고 무슬림연맹의 진나도 거부하는 쪽으로 기우는 듯 했다.

사이먼위원회가 1928년 2월 3일 봄베이에 도착한 그를 환영한 것은 검은 깃발과 "사이먼은 돌아가라"고 외치는 시위행렬이었다. 이 구호는 영어를 모르는 인도인들이 외쳤고 인도에 머무는 동안 사이먼위원회의 귀청을 때렸다. 거부는 정치적이며 사회적이었다. 위원회는 고립되었고, 대표적인 인도 지도자들은 사이먼위원회를 외면했다.

1930년에는 영국의 지시에 인도인이 무조건 복종하는 것은 과거의 일이 되었다. 1928부터 30년 사이에 인도인은 자유인으로 바뀌고 있었다. 몸은 비록 묶여 있었지만 정신은 자유로웠다. 간디가 열쇠를 풀어 놓은 것이다. 군대를 지휘하는 그 어떤 장군도, 정당성을 방패로 삼고 도덕적 대의를 창으로 삼아 무장한 성자를 넘어서지 못했다.

4. 바로돌리 투쟁

간디는 매우 천천히 투쟁에 들어갔다. 영국은 단지 간디에게 그의 독특한 무기인 시민불복종을 이용할 기회만 주었을 뿐이다. 1922년 2월 차우리 차우라Chauri Chaura에서 일어난 인도 군중의 경찰관 살해로 바로돌리Bardoli 시민불복종운동을 중지시키도록 하였다. 그러나 그는 결코 잊지 않았다. 6년 동안 기다렸다가 1928년 2월 12일 간디는 같은 곳에서 사티아그라하 실행의 신호를 보냈다.

간디는 직접 나서지는 않았다. 그는 사티아그라하에 관한 글을 썼고 일반적인 운동 방향을 제시하고 고무하였다. 실질적인 지도자는 사르다르 파텔Sardar Vallabhbhai Patel이었고, 압바스 티엡지Abbas Tyebji라는 이름의 무슬림이 도왔다. 파텔은 자유를 쟁취하기 위해서는 농민의 지지가 필요하다는 간디의 이론에 매료되었다. 파텔은 간디의 권유로 영국정부가 시행한 22%의 세금 증세에 대한 평화적인 반대를 위해 8만 7천 명의 농민들을 지도하였다. 바로 봄베이의 바로돌리에서 농민들은 파텔의 지도에 따라 세금 납부를 거부했다. 징수관은 경작지와 물소를 압류했고 농민들을 그들의 농장에서 쫓아냈으며 항아리와 냄비, 마차와 말도 압수했다. 그러나 농민들은 비폭력을 지켰다.

수개월이 지났다. 농민 수백 명이 구속되었다. 정부는 불법을 저지르고 있다고 비난을 받았다. 그 누구도 테러라고 부르지 않았다. 아무도 테러를 당하지는 않았기 때문이다. 인도는 주의를 기울이기 시작했다. 투쟁의 유지를 위해 자발적인 기부금이 넘쳐 들어왔다. 정부 관리들이 자동차를 몰고 지방을 돌아다녔다. 정부는 마을 동산 전체를 박탈했다. 농민들은 가축들로 집둘레에 바리게이트를 치자 징수원들이 달구지를 가져갔다.

정부는 몰수한 땅은 경매에, 세금을 납부하지 않으면 경매에 부치겠다고 공포했다. 간디는 바로돌리를 위해 1828년 6월 12일 하탈(hatal: 대규모 파업)을 호소했다. 국내외의 인도인들이 파텔에게 거액의 지원금을 보냈다. 간디는 바로돌리를 잠깐 방문했고, 많은 인도의 민족적 지도자들이 바로돌리를 응원하였고 정부에 대해 정의를 구현할 것을 요구했다. 7월 13일 사티아그라하 운동이 최고조에 달하였다.

인도 전역에서 간디에게 다른 지방에서도 시민불복종운동을 시작하도록 해야 한다고 요구했지만 그는 인내를 권유했다.

8월 6일, 결국 영국정부는 손을 들었다. 수감자들은 석방되었고 몰수한 땅과 가축 등은 반환하고, 세금 증액은 취소하기로 했다. 파텔은 농민들이 종전의 세율로 세금을 납부하도록 할 것이라고 약속했다. 바로돌리 농민과 정부는 합의를 지켰다.

간디는 어원과 인도에 사티아그라하라는 무기의 효능을 보여주었다. 간디는 엄청난 위력을 지닌 이 무기를 사용할 것인가. 간디는 위기의 정황을 탐지했다. 그의 말 한 마디면 바로돌리 시민들은 전인도를 향해 행동을 옮길 분위기였다. 하지만 간디는 용의주도하게 전투를 위한 올바른 때와 장소를 선택하였다. 그는 국민의 힘을 그리고 인도와 국민회의의 약점을 알고 있었다. 인내심을 가지고 버티면 전투는 피할 수 있다. 그는 피할 수 있는 모든 가능성이 소진된 다음에야 비폭력를 취하는 결단을 내렸다. 국민회의 연례회의는 전쟁을 논의하고 있었다. 간디의 반대에도 국민회의는 즉각적인 독립을 선언하고, 독립전쟁을 원했다.

1929년 가혹하고 결정적인 해가 될 것으로 예상되었다. 1930년을 대비하여 간디는 1929년에 인도 각지를 순방했다. 이번에는 삼등칸을 타고 여행했다. 1929년 2월 인도 서부지역의 신드를 순방하고 있을 때 개최된 뉴델리 국민회의에서 외국직물 반대위원회의 위원장직을 맡았다. 그는 영국산 직물만 불매하는 것은 찬성하지 않았다. 오직 카디를 보호하기 위해서 불매운동을 하기로 하였다. 1930년의 주요 투쟁 목표는 카디 입기 운동의 보급이었다. 인도인들은 수직 직물인 카디를 제복으로 입고 투쟁한다는 것이 그의 목표였다.

어윈은 영국의 새 노동당 정부의 각료들을 비롯하여 그의 전임자 등과 수개월 동안 인도 문제에 대해 협의한 뒤 1929년 10월에 인도로 돌아왔다. 어윈은 인도 상황이 비상사태에 준한다고 보고 영국정부 대표와 영국령 인도의 대표 및 토착 번왕 대표가 자리를 함께 하는 원탁회의를 개최한다는 성명을 발표했다. 수일 후 인도 지도자들은 성명서를 발표했다. 총독의 성명에 찬성하지만 보다 우호적인 분위기를 조성하는 조치로 정치범들을 석방해야 하며 인도국민회의가 앞으로 있게 될 원탁회의에서 최대 대표가 되어야 한다는 것이었다.

간디와 원로 정치인들의 타협적인 태도를 두고 국민회의의 거센 항의에 직면했지만 간디와 원로들은 영국과의 평화로운 합의가 이루어지면 전 민족이 수용할 것이라 확인하고, 어윈과 회의를 가졌다. 하지만 영국의회는 인도에 연방의 지위를 부여하는 어떠한 공약도 반대하고 있었다.

1929년 12월 국민회의 연례회의는 인도의 완전 독립을 찬성하는 결의안이 채택되었다. 이제 모든 인도인들은 입법의회에서 철수하고, 세금거부운동을 포함한 시민불복종을 채택했다. 국민회의 전인도위원회는 간디에게 사티아그라하를 결정할 권한을 위임하였다.

5. 소금행진

1930년 새해 전날 간디는 폭력 없는 시민불복종을 어떻게 실천할 것인가를 생각하였다. 그의 지나칠 정도의 폭력 혐오는 힌두교와 자이나교, 불교에 영향을 받은 것이지만, 특히 그의 인간애에서 기인한 것이다. 그는 그에게 오는 모든 사람들을 사랑하는 능력을 가지고 있었다. 사랑으로 돌봐주었고 개인적인 소망을 기억해 두었다가 그들의 소원을 기꺼이 이루도록 해주었다. 1928년의 성공적인 바로돌리 사티아그라하에서도 폭력은 전혀 없었다.

세계적 경제 침체의 확산은 인도를 더 어렵게 만들었다. 농산물 가격은 폭락하였고, 소비는 줄었다. 부채가 늘어나면서 농가는 파산하였다. 또한 총독부의 노동조직 탄압으로 노동자의 불안은 더욱 깊어졌다. 수많은 인도 청년들은 자유를 위한 피의 투쟁을 전개할 기회라고 생각하였다. 그들은 테러와 방화 무장 폭등을 생각하고 있었다. 간디의 신념은 흔들리지 않았지만 그렇다고 지금의 상황을 방관하고 있을 수도 없었다.

6주 동안 그는 자신의 영혼의 소리를 들으려고 줄곧 기다리고 있었다. 그는 그 소리를 들은 것 같았고 결심하게 되었다. 1930년 3월 2일 간디는 총독에게 편지로, 영국의 지배가 초래한 해악을 말하고 소금법과 토지세 등에 의한 가혹한 착취로 인한 인도인의 빈곤화를 지적하면서 영국의 정책 변경을 요구하고 그렇지 않으면 9일 내에 시민 불복종을 시작할 것이라고 통고하였다. 총독은 아무런 반응도 보이지 않았다. 3월 11일이 가까워지자 인도는 흥분으로 들끓었다.

다음날 찬가를 부르면서 사바르마티 아슈람에서 간디와 남녀 78명이 남쪽의 단디Dandi로 행진했다. 간디는 대나무 바닥에 두꺼운 쇠붙이를 붙인 지팡이에 의지해 걸었다. 이 마을에서 저 마을로 바람이 불어 먼지 간디는 길을 걸었다. 그들은 24일간 320㎞를 행진하였다. 농민들이 길에 물을 뿌려주었고 그들에게 풀잎을 씌워주었다. 수 킬로에 걸쳐 농민들이 모였고 이 순례행진이 지나가는 길옆에 무릎을 꿇고 축복하였다. 하루에도 여러 번 행진이 집회를 위해 중단되었다. 집회에서 그들은 항상 카디 입기, 술과 마약을 금할 것, 조혼 금지, 청결을 지킬 것, 순수한 생활을 하며 소금법의 파기를 호소하였다.

간디는 걷는 데 아무런 어려움이 없었다. 그는 하루에 20㎞ 정도 걸었다. 몇몇은 지쳤고, 병이 난 사람도 있어 달구지를 타고 가야 했다. 간디를 위해 말을 준비했지만 타지 않았다. 당시 그의 나이는 61세였다. 그는 매일 면사를 뽑았고 일기를 썼으며 아쉬람 동료들에게 똑같이 하기를 원했다.

그들이 지나간 지역에서는 3백 명 이상의 촌장이 그 직책을 그만두었고 어떤 마을에서는 주민들이 간디를 따라 다음 마을까지 가기도 했다. 4월 5일 단디에 도착했을 때는 수천 명의 비폭력 부대로 불어났다. 도착한 날 밤새 기도하고 간디는 아침에 해변으로 간 뒤 해변가에 있는 소금을 조금 집어 들었다. 소금은 영국정부만이 판매하는 전매專賣로 이를 어기면 법을 어기는 것과 같았다. 그가 기차나 자동차로 가서 소금을 얻었어도 그 효과는 상당했겠지만 24일이나 걸어 전인도의 주의를 집중시켰고 정부를 공공연히 무시하고 한 줌의 소금을 집어 들어 범죄자가 된 것이다. 보스Boss는 이를 '나폴레옹이 엘바에서 돌아와 파리로 행진하는 것 같았다'고 비유했다.

소금행진을 한 뒤 그는 모습을 나타내지 않았다. 인도에 신호를 보낸 것이다. 다음 행동은 무기 없이 반란을 일으키는 것이다. 인도의 긴 해안선에 산재하고 있는 마을마다 주민들이 냄비를 들고 바다에 들어가 소금을 만들었다. 경찰의 대대적인 체포 작전이 시작되었고 폭력을 사용하기 시작했다. 시민불복종 자들은 체포에는 대응하지 않았지만 그들이 만든 소금을 빼앗으려 드는 것에 대해서는 저항했다. 국민회의 자원봉사자들이 공개적으로 도시에서 금지된 소금을 팔았다. 많은 사람들이 체포되었고 단기형을 선고받았다.

델리에서는 1만 5천이 모인 집회에서 말라비야가 외국산 직물에 대한 불매를 호소한 뒤 불법 소금을 샀다. 경찰이 국민회의 봄베이 본부를 급습하고 수색했다. 그곳에서는 건물 지붕 위에 철판을 놓고 소금을 만들고 있었다. 6천 명의 군중이 모였다. 수백 명에게 수갑을 채우거나 끈으로 팔을 묶어 유치장으로 데려갔다. 마하마다바드에서는 1만 명이 단디에서 행사가 있는 뒤 첫 일주일 동안 국민회의로부터 불법소금을 얻었다. 가능한 대로 소금 값을 지불했고 돈이 없는 사람은 무료로 받았다. 간디가 해변에서 얻은 소금이 경매에 부쳐져 1600루피로 낙찰되었다. 그해 국민회의 의장인 네루가 소금법 위반으로 알라하바드에서 체포되었다.

불복종과 소요사태가 마하라슈트라와 벵골 지역으로 확산되었다. 켈커타의 시장市長이 집회에서 외국산 천으로 만든 옷을 입지 말 것을 호소해 6개월의 징역형에 처해졌다. 주류 판매점과 외국 천을 취급하는 가게가 전국에서 폐쇄되기 시작했다. 경찰은 강압적으로 대처했다. 비하르에서도 시민 저항이 시작되었다. 입법의회 의원직을 사임한 사람을 포함하여 17명의 비하르 사티아그라하 들이 6개월에서 2년의 징역형을 선고받았다. 교사들과 교수 그리고 학생들이 바닷가에서 그리고 내륙에서 소금을 만들었고 무더기로 투옥되었다. 카라치에서는 경찰이 시위 군중에 발포하여 자원봉사자 두 사람이 살해되었다. 국민회의는 소금 제조법을 알려주는 책자를 배포하였고, 많은 지도자들이 체포되었다. 많은 도시에서는 국민회의의 지도자들이 체포되자 총파업을 단행했다.

파트나, 비하르에서는 수천 명이 도시를 떠나 소금을 만들 수 있는 곳으로 행진했다. 그러나 경찰이 도로를 봉쇄하자 군중은 제자리에 주저앉아 도로에서 대치하였다. 경찰은 기마대를 동원하였다. 기마대가 달려들었고 군중은 모두 땅에 엎드렸다. 말들이 멈췄고 사람들을 짓밟는 일은 없었다. 경찰들이 시위자들을 트럭에 태워 유치소로 데려갔다. 다시 다른 시위자들이 뒤를 이었다.

영국은 지방 관리들에게 이 문제에 대처하라고 압력을 가하기 시작했지만 관리들은 사임했다. 카라치에서는 5만 명이 해변에서 소금을 만들었다. 군중이 너무나 많아 경찰이 오히려 포위되었다. 서북변경주 페샤와르에서는 경찰이 장갑차로 군중 속으로 돌진하며 기관총을 난사하여 70명을 죽였고 백여 명이 부상을 입혔다. 벵골의 일부 지역과 중부연합주 그리고 구자라트에서는 농민들이 임차료와 토지세의 납부를 거부했다. 정부가 모든 민족주의 신문을 검열하려고 하자 신문들이 스스로 발행을 중단했다. 국민회의 지방 사무실이 폐쇄되었고 그 재산과 사무실 비품은 몰수되었다. 어윈은 6만 명을 감옥에 가두었다.

간디가 단디 해변에서 소금을 집어든 지 한 달이 지난 뒤 인도는 분노의 반란으로 들끓었다. 그러나 치타공을 제외하고는 폭력은 없었고 인도의 어느 지역에서도 국민회의의 폭력은 없었다. 인도인들은 1922년의 차우리 차우라 사건을 기억하며 폭력을 행사하지 않았다.

간디는 단디의 카라디Karadi에서 체포되었다. 그에게는 아무런 재판도 선고도 없었고 형의 기간도 정해지지 않았다. 형무소에서 간단한 신체검사를 했다. 그리고 그를 확인할 수 있는 표식을 몸에 달았다.

체포 적전 그는 몇몇 동료들과 함께 다라사나 소금 제조 작업장을 공격할 의도를 알리는 서한을 총독에게 보내기 위해 초안을 작성해 두었다. 동료들과 함께 그 일을 진행하였다. 지원자 2,500명과 그곳에 도착하여 아침 기도를 마치고 난 뒤 그들에게 "구타당할지 모르지만 저항해서는 안 되며 구타를 막기 위해 손을 올리는 것도 해서는 안 된다"고 했다.

마닐랄 간디가 선두에 서서 소금 만드는 커다란 양철 판이 있는 곳으로 접근했다. 그곳은 6명의 영국군 장교와 수라트의 경찰관 4백 명이 있었고 철책과 실개천으로 둘러 싸여 있었다. 침묵 속에 자원자 일행이 들어가 철책 앞 100m 앞에 멈추었다. 경찰은 물러나라고 경고했다. 계속 행진하자 경찰들은 시위대를 향해 철체 곤봉으로 시위대를 가격했다.

하지만 시위대 그 누구도 그 곤봉을 막기 위해 팔을 올리지 않았다. 군중은 신음소리를 냈고 맞을 때마다 고통으로 숨을 죽였다. 얻어맞은 사람들은 쓰러졌고 의식을 잃은 사람이 생겼고 두개골이 깨지거나 어깨가 부서져 신음하는 사람도 있었다. 남은 사람들도 쓰러질 때까지 대열을 유지하며 조용히 전진해 갔다. 첫줄이 쓰러지면 다음 대열이 전진했다. 그들은 누구나 맞을 것이고 자칫 죽을 지도 모른다는 것을 알았었지만 아무도 동요하거나 겁을 먹지 않았다. 그들은 죽음을 무릅쓰고 나아갔다. 경찰이 돌진하며 조직적으로 둘째 대열을 무너뜨렸다. 싸움도 없었고 투쟁도 없었다. 그들은 그냥 걸어가고 있을 뿐이다. 다시 25명이 나아가 자리를 잡고 앉았다. 경찰이 앉아 있는 사람들의 배를 걸어차기 시작했지만 또 다른 대열이 나아가 자리 잡았다. 화가 난 경찰이 그들의 팔과 다리를 끌고 실개천으로 던졌다. 또 한 사람을 실개천에 처넣고 곤봉으로 머리를 쳤다. 시간이 지날수록 움직이지 못하는 사람들, 피를 흘리는 사람들이 늘어나 들것에 실려 나갔다. 오전 11시가 되자 기온은 40도에 달했고 자원자들의 활동이 저조해졌다.

부상자는 320명이나 되었고 그들 대부분 의식을 잃고 있었으며 그 밖의 사람들은 고통으로 신음하고 있었다. 두 사람이 사망했다. 이런 일이 수일 동안 계속되었다.

영국은 경찰봉과 개머리판으로 인도인을 때리고 있지만 그들은 움추리지 않았고 불평도 하지 않았으며 후퇴하지도 않았다. 그것이 영국을 무력하게 만들었고 인도인들에게 불굴의 의지를 갖도록 했다.

6. 협약

많은 노동당 각료들과 투표자들이 인도의 독립를 지지하였다. 노동당으로서는 간디와 수만 명의 인도 민족주의자들을 계속 감옥에 가두고 있는 것이 당혹스러웠다. 어윈에게는 간디의 투옥은 당혹스러움 이상이었다. 그의 행정을 마비시키고 있었기 때문이다. 세입은 급격하게 줄었고 불안은 고조되었다. 간디의 체포 소식이 봄베이 공업지대 숄라푸르Sholapur에 전해지자 주민들이 경찰을 압도했으며 깃발을 높이 들고 독립을 선언하였다. 페샤와르는 칸 압둘 가 칸의 조직인 '붉은 셔츠'에 떨어졌다. 3일 후 동원된 군대는 평화로운 시민들에게 기관총 사격을 가했다. 그러나 영국의 유명한 힌두교도 부대인 소총소대가 무슬림에 사격을 거부하여 군법회의에서 10~14년의 중노동 선고가 내려지기도 했다. 6월 30일에는 모틸랄 네루가 체포되었다. 1만 명 이상의 인도인 그리고 국민회의 지도자들이 감옥에 갇혔다.

이 사태는 영국정부로서는 견디기 어려웠다. 감옥에 있는 간디나, 소금행진하고 있는 해변에 있는 간디나 또는 아슈람에 있는 간디나 모두 골치였다.

제1차 원탁회의가 1930년 11월 12일 런던에서 개최되었다. 진나, 수리나바사 샤스트리 그밖의 사람들이 참석했다. 회의는 아무런 성과도 없었다. 그러나 노동당 정부의 타협적인 태도는 분명했다. 1931년 1월 19일 마지막 회의에는 국민회의가 대표자를 보내 주기를 바란다는 메시지에 의해 어윈은 간디와 네루 부자 그리고 20명 이상의 국민회의 지도자들을 석방하였다.

어윈과 간디간의 첫 회담은 총독의 새 관저에서 개최됐다. 우뚝 솟아 있는 화려한 관저는 영국 지배의 상징이었다. 길고긴 회담 끝에 3월 5일에 어윈·간디협정이 이루어졌다. 협정 내용은 시민불복종은 중지하고 비폭력 정치범들의 석방이었다. 또한 소금 채취의 허용과 제2차 원탁회의를 개최한다는 것이었다.

어윈·간디협정에 대한 불만이 대두되었다. 간디는 다시 새 총독 윌링던willingdon과 협상하게 되었다. 한편 4월 카라치에서 열린 국민회의는 약간의 조정을 거쳐 어윈·간디협정을 인준했고 또한 간디를 제2차 원탁회의의 유일 대표로 선출하였다.

원탁회의를 위해 1931년 8월에 간디는 봄베이를 출발하여 런던으로 향했다. 9월 12일에 런던에 도착하였고, 12월 5일까지 머물렀다. 그는 이스트 엔 세틀먼트East and settlement 하우스에 머물렀다. 그곳은 도심에서 8km나 떨어진 곳이었고, 원탁회의가 열리는 곳과는 많이 떨어져 있었다. 친구들이 호텔에서 지내면 상당한 시간을 절약할 수 있을 것이라 했지만 간디는 돈을 쓰는 것을 원치 않았다. 그는 런던 중심에 있는 인도인이나 영국인의 신세를 지는 것도 원치 않았다. 그는 저녁마다 때로는 아주 늦게 숙소로 돌아오곤 했다. 그는 자신과 같이 가난한 사람들 속에서 사는 것을 좋아했기 때문이었다. 면담을 원하는 사람들이 멀리까지 오지 않도록 하기 위해 가까운 곳에 사무실을 두라는 강권을 받아 조그만 사무실을 얻었다.

아침마다 간디는 숙소 주변의 빈민가를 산책하였고 일하러 나가는 사람들과 웃으며 인사를 했고, 이야기를 나누었다. 간디는 그들 몇 사람의 집을 방문하기도 했다. 아이들이 달려와 손을 잡기도 했다.

또한 버킹엄 궁에서 국왕 조지 5세 내외와 차를 마신 일이 있었는데 그의 옷차림이 화제가 되었다. 허리만 천으로 두른 인도 의상에 샌들이었다. 찰리 채플린도 그를 만나기를 원했지만 거절했다. 영화배우에 특별한 관심이 없었다. 극작가 조지 버나드 쇼를 비롯하여 수많은 사람을 만났다. 처칠은 간디와의 면담을 사절했다. 미국 컬럼비아 방송에서 간디의 인도 독립에 관한 연설을 방송하였다.

간디는 영국에 체류하면서 항상 인도의 독립이 무엇을 의미하는가를 밝히도록 노력했다. 그는 원탁회의에서 영국정부와 토론보다는 영국 국민에게 직접 호소하였고 그 반향이 일어날 것이라고 생각했다. 자신의 외국산직물 반대운동으로 실업률이 높았던 랭커셔Lancashire도 방문하여 그곳 노동자들과의 우호적인 만남을 만들었다.

런던경찰청 두 사람이 간디를 경호하였다. 그들도 그를 좋아하게 되었다. 간디는 그들과 이야기를 나누고 그들의 집을 방문하기도 했다. 영국을 떠나며 간디는 그들과 함께 이탈리아 여정을 원했다. 이유를 묻는 당국의 질문에 "그들은 내 가족의 일원"이라고 했다.

그는 하루 21시간 활동하였고 새벽 2시에 취침할 정도로 몸을 혹사했다. 원탁회의가 지루했지만 빠짐없이 참석했고 때로는 눈을 감고 앉아 있었고 중간중간에 졸기도 하였다.

원탁회의는 인도 내의 종파 분열을 보다 심화시켜 인도의 장래에 먹구름을 드리우게 하였다. 영국은 인도의 약 3분의 1에 해당하는 번왕국 인도와 영국 통치 지역들의 연방을 만들자고 하였다. 이는 영국의 꼭두각시 번왕의 비중을 높여 인도 정부에 편입시키려는 것이었고, 영국 통치 지역의 대표 선출로 인도의 분열을 더 심화시키도록 하였다. 영국은 인도를 분할하여 통치하려고 하였다. 인도를 위한 해결책은 정치에서 종교성을 추방하는 것이었다. 그러나 인도는 스스로 통합하는 힘이 결여되어 있었다.

1931년 12월 1일, 마지막 원탁회의에서 제임스 맥도널드James Ramsay MacDonald는 간디를 힌두교도라 언급하자 그는 "힌두교도가 아니다"라고 외쳤다. 신에게 간디는 힌두교였지만 영국 수상과 정치에 있어서는 인도인이었다. 원탁회의에서 그러한 인도인은 거의 없었고, 또한 인도에서도 그러한 인도인은 거의 없었다. 그것이 원탁회의의 결말이었다. 완전한 결렬이었다. 인도의 사태는 더 악화되었다.

7. 로맹 롤랑

귀향하는 도중 간디는 파리에 하루 머물렀다. 그는 영화관에서 개최된 대규모 집회에서 연설을 했고, 그 다음날 기차를 타고 스위스로 갔다. 그곳에 5일 동안 체류하면서 레만Leman 호의 동쪽에 있는 빌뇌브villeneuve에서 세계적인 문호 로맹 롤랑Romain Rolland: 그는 간디의 전기를 썼다과 지냈다. 롤랑은 톨스토이Lev Nikolayevich Tolstoy의 영향을 받았다. 롤랑은 '톨스토이는 폭풍 같다면 간디는 조용한 바다'로 비교하였다.

간디가 그곳에 오기 전 롤랑은 간디의 방문에 관해 수많은 편지를 받았다. 어느 이탈리안은 복권이 당첨될 번호를 간디로부터 알아내기를 바란 이가 있는가 하면, 스위스 음악가들은 간디가 머무는 창가에서 밤마다 세레나데를 연주하겠다고 제의했다. 레만의 우유협동조합은 그가 머무는 동안 우유 제품을 제공하겠다고 나섰다. 기자들은 롤랑의 집 주의에 진을 치고 있었다. 경찰은 인도의 방문객을 보려고 관광객들이 호텔을 메우고 있다고 보고했다.

62세의 간디와 65세의 롤랑, 두 사람은 옛 친구처럼 만나 다정하게 서로 존경하며 대했다. 간디는 비가 내리는 추운 저녁 일행들과 함께 도착했다. 다음날은 월요일이었다. 간디의 침묵의 날이다. 롤랑은 90분 동안 1900년 이후 유럽의 비극적인 도덕과 사회에 관해 이야기를 했고 다음날은 간디의 로마 여행을 논의했다. 롤랑은 그가 파쇼정권에게 이용당할 것을 염려하여 중도적인 인사들과 지내도록 권했고, 간디는 약속을 지켰다. 두 사람은 진리, 예술, 전쟁에 대한 의견을 나누었으며 헤어지기 마지막 날 저녁에 간디는 롤랑에게 베토벤을 연주해 달라고 요청했다. 롤랑은 제5 교향곡 안단테와 엘리시안 필즈 Elysian Fields을 연주하였다.

이탈리아 정부는 간디를 빈객貧客으로 초대하기를 원했고 그에 따른 준비를 했지만 간디는 점잖게 거절하고 롤랑의 친구 모리스moris 장군 집에 머물렀다. 도착한 날 두체Duce: 1922~1945년까지 무솔리니(Mussolini)의 칭호를 만났다. 교황은 간디를 접견하지 않았다. 성 베드로 대성당 Basilica of St. Peter의 그리스도 십자가상을 보고 감동의 눈물을 흘렸다.

간디는 로마를 떠나기 전 톨스토이의 딸을 찾았다. 간디를 경호한 두 형사와 작별했다. 같이 동행했던 롤랑의 친구인 에드몽 프리바 Edmond Privat 교수 내외에게 간디는 즉석에서 인도 여행을 제의했고 그들은 간디 일행과 함께 인도 봄베이로 향했다. 12월 28일 아침 대규모의 군중이 간디의 도착을 환영하며 갈채를 보냈다. 간디는 군중에게 말했다.

"저는 빈손으로 돌아왔습니다. 그러나 내 조국의 명예를 저버리는 타협을 하지 않았습니다."

그것은 원탁회의에서 인도가 어떻게 행동했는가를 한마디로 요약한 말이었다. 그러나 사태는 간디가 생각했던 것 이상으로 암울했다.

11

옥중 투쟁

옥중 투쟁

1. 예라브다 감옥

인도의 부분적 자유화는 간디와 어윈 그리고 영국 노동당 덕에 이루어졌다. 어윈은 떠났다. 그리고 1931년 10월에 노동당 정부는 맥도 날드를 재임명했지만 대부분 보수당 각료로 대체되었다. 새 내각의 인도 국무장관으로 사뮤얼 호어Samuel Hoare가 임명되었는데, 간디에 따르면 그는 정직하고 솔직한 보수당원이었다.

새 영국정부는 인도에 공격적이었다. 봄베이에 도착한 간디을 기다린 것은 비상 조치였다. 자와할랄 네루와 국민회의 지방조직 의장이 간디를 마중하러 봄베이로 오던 중에 체포되었다. 긴급 조치는 통합지역주와 서북변경주 그리고 벵골에서 확산되고 있는 토지세 거부운동에 대처하기 위해 발령되었다. 군대가 임의로 건물 압류, 은행 예금 압수, 재산 몰수, 영장 없이 혐의자 체포, 법정 재판 중지, 보석 및 구속 영장의 폐지, 언론의 우송 특전 박탈, 보석 및 시위와 불매운동의 금지를 할 수 있도록 하였다.

간디는 즉각 총독과의 면담을 요청했지만 영국은 더 이상 대화를 하지 않았고 국민회의에 대한 공격은 강력했다. 국민회의의 조직은 폐쇄되었고 거의 모든 지도자가 투옥됐다. 1만 4천8백 명이 1932년 1월에 정치적 이유로 감옥에 수감되었고, 2월에는 1만 7천8백 명이 수감됐다. 마하트마 간디는 예라브다 감옥에 수감되었지만 서신 왕래는 할 수 있도록 하였다. 교도소 소장은 간디를 위해 한 달에 3백 루피는 쓸 수 있도록 당국의 허락을 받았다고 하였지만 그것은 인도에 부담을 준다면 한 달에 35루피가 초과하지 않도록 부탁했다. 파텔과 데자이가 예라브다로 이송되었다. 간디는 그들을 만나게 해주도록 요구해 여러 번 대화를 나눌 수 있었다.

예라브다 교도소에서 그는 평소보다 더 주의 깊게 신문을 읽었으며 옷을 세탁했고 독서를 하였다. 또한 사바르마티Sabarmati 아슈람에 보내는 편지 형식으로 쓴 소책자를 마무리하였다. 제목은 『예라브다 만디르로부터』From Yeravda Mandir였다. 만디르란 '아슈람'을 뜻한다. 감옥은 그가 그곳에서 신을 숭배한 사원이었던 것이다. 내용은 자신이 쓴 논설로 진리, 비폭력, 금욕과 아쉬람에 대한 그의 기본적 사상을 밝히고 있는데 여기서 그 일부만 소개한다.

> 진리는 신이자 사랑이다. 진리로부터 비폭력이 태어난다. 진리는 개개인에 따라 다르게 나타나므로 그 빛에 따라 진리를 따르는 자는 잘못이 없다. 각자 스스로 진실에 충실해야 한다. 그러나 진리를 추구하는 자가 자신의 방법으로 사람들을 파괴한다면 그는 진리로부터 멀어질 것이다. 죽이고 손상을 입히며 어떻게 신을 인식할 수 있단 말인가. 비폭력이란 평화를 초월한다. 비폭력은 사랑이며, 나쁜 생각, 부절적한 성급함, 거짓말, 혐오를 배제한다. -중략-

첫째는 사티아그라하(진리)이며, 둘째는 아힘사(비폭력) 또는 사랑이며, 셋째는 브라마차리아(금욕)이다. 가령 한 남녀의 사랑만으로는 보편적 사랑이 될 수 없고, 혼인한 사람들은 결혼한 부부가 서로 형제자매로 알고 행동한다면 그들은 자유롭게 모든 사람에게 봉사하게 된다. ─중략─

그 다음은 불투도不偸盜이며 그것은 무소유를 의미한다. 문명이란 번창하는 데 있는 것이 아니라 욕망을 사려 깊게 제어하는 데 있다. 왜 우리는 우리들의 자손들이 우리들보다 능력이 없고 행운을 얻지 못할 것이라고 걱정하는가. 어린이들을 위해 돈을 절약한다는 것은 그들에 대해 그리고 신에 대한 믿음이 없다는 반증이다. 돈이나 소유에 집착하는 것은 공포의 산물이다. 폭력은 공포의 결과이다. 부정직不正直은 공포이다. 무공포無恐怖는 진리로 가는, 신으로 가는, 사랑으로 가는 열쇠이며 그것은 덕성의 으뜸이다. 그 나머지 덕성은 불가촉민제도의 제거이며, 그것은 온 세상에 대한 사랑 그리고 봉사를 의미한다. 그리고 빵을 얻기 위한 노동 혹은 규칙적인 육체노동, 모든 종교의 관용과 겸손 그리고 외국인을 향한 악의 없이 국내 민족경제의 진작과 물레를 돌려 면사를 뽑는 일 등은 덕이다.

2. 하리잔

간디가 예라브다 감옥에서 책을 집필하는 동안 인도는 현대 역사상 가장 긴장된 두 주간으로 향하고 있었다.

'9월의 고난'은 그해 초에 이미 닥치기 시작했었다. 간디는 신문에서 영국의 새 인도 통치법이 과거처럼 힌두교도와 무슬림뿐만 아니라 불가촉민도 분리 선거구를 설치한다는 것을 알게 되었다. 그는 사무엘 호어에게 3월 11일 편지로, 그 조치의 취소를 요구하고 그 요구가 받아들여지지 않는다면 죽을 때까지 단식을 하겠다고 경고하였다. 결정된 바가 없다는 답변이 있은 지 5개월 뒤였다. 8월 17일 제임스 램지 맥도널드James Ramsay MacDonald 영국 수상은 분리 선거구 결정을 발표하였다. 이에 간디는 바로 맥도널드에게 편지를 보내 그 결정에 저항하기 위해 죽을 때까지 단식을 하겠다고 하였다.

당혹한 것은 맥도날드만이 아니었다. 많은 힌두, 특히 카스트 힌두는 곤혹스러웠다. 자와할랄 네루는 감옥에서 간디가 단식할 것이라는 소식을 듣고 "그가 정치적 문제를 두고 종교·감상적으로 접근하고 있다"고 비판하였다. 네루는 불가촉민은 부차적인 문제이며 독립이 가장 중요한 문제라고 보았다.

정부의 시민불복종운동에 대한 탄압은 이 운동을 파괴하고 있어 비관적으로 생각했다. 하지만 그의 단식은 이러한 침체에서 민족주의 인도를 이끌어냈다. 하지만 커다란 성과에 볼 때 그것은 작은 부산물이었다.

그는 젊은 시절부터 카스트 힌두와 불가촉민 간의 차별에 반대하였다. 불가촉민에게 주어진 분리 선거구란 불가촉민이 카스트 내에 완전히 존재하지 않는다는 것을 합법화 시키는 것이며, 이는 불가촉민과 카스트 간의 분열을 영구화시키는 것이다. 이는 힌두교 정신의 말살이고 불가촉민에게 독을 주입하는 것이라 생각하였다.

다양성 가운데 조화를 이루는 것이 폭력을 제거하는 유일한 방법이다. 분열은 전쟁을 말한다. 간디는 힌두와 무슬림의 통합을 위해 단식을 결심했다. 그는 두 인도를 원하지 않았지만 이제 인도는 셋으로 분열될 위기에 직면하였다. 힌두와 무슬림의 대립도 정치적 재앙인데, 불가촉민까지 분열시키는 것은 종교적 자살 행위와 같은 것이었다. 그러므로 그런 우려가 완전히 없어질 때까지 단식을 결심했다. 그의 단식은 힌두의 올바른 양심을 불러일으키는 데 있었다.

1932년 9월 13일 그는 20일의 죽음을 향한 단식을 시작을 선언했다. 정치지도자와 종교지도자들이 행동에 돌입했다. 불가촉민 지도자인 라자Rajah가 간디를 지지하였다. 사프루Sapru는 정부에 간디의 석방을 청원했으며, 무슬림 지도자 후사인Husain은 불가촉민에게 분리 선거구를 거부하라고 했다. 라젠드라 프라사드는 힌두에게 불가촉민들이 사원과 우물의 공동 사용, 학교에 갈 수 있도록 호소하였고, 말라비야는 19일 지도자회의를 소집할 것을 제의했다. 라자고팔라차리는 인도 전체가 20일 기도와 단식에 돌입할 것을 호소하였다.

타고르에게 자신의 단식을 축복을 해달라는 편지를 썼다. 그가 편지를 보내자마자 타고르로부터 그의 단식을 축복한다는 전보를 받았다. 간디는 망고나무 그늘 아래 하얀 간이침대에 누워 있었다. 파텔과 마하데브 데사이, 나이두 여사가 그를 지키고 있었다.

힌두 지도자들과 불가촉민 대표 솔란키Solanki와 암베드카르Ambedkar[1] 비를라 저택에 모여 회의를 진행하고 있었다. 간디는 다른 이들과 해결책을 모색하고 있었다. 사프루가 새로운 안을 회의에 내놓았다. 힌두와 불가촉민은 같이 선거하고, 그들에게 할당된 의석에서는 후보자 셋을 예비 선거에서 불가촉민이 선출하고 본 선거에서 힌두와 불가촉민이 대표 한 사람을 선출한다는 것이었다. 이 안을 암베드카르는 수락했고 간디와 협의하였다. 간디는 본 선거도 불가촉민이 선출하자고 했다. 그는 간디의 수정안을 받아들였다. 그날 카스투르바이가 사바다르마티 감옥에서 이송되어 그의 곁으로 왔다.

9월 23일 단식 4일째, 혈압이 놀라울 정도로 높아 죽을 가능성이 있다는 진단이 나왔다. 부수적인 협의 내용이 남았지만 결론이 쉽지 않았다. 단식 5일째, 그들은 세부적인 사항까지 마무리하고 예라브다 협정에 서명했다. 전체 회의에서 그 협약은 인준되었고 영국 정부의 승인을 기다렸다.

간디의 생명은 급속도로 쇠퇴하고 있었다. 그는 아내에게 침대 주위의 물건들을 정리하라 하였다. 몇 시간 뒤 런던과 뉴델리에서 동시에 예라브다 협정의 인준 발표가 났다. 타고르와 푸나에서 온 친구들이 송가를 불렀다. 간디는 그들에게 고개를 끄덕이며 고마움을 표하고 가냘프게 웃음을 지었지만 말은 할 수가 없었다.

단식을 중단할 수 있게 되었다. 월요일 오후 타고르를 비롯한 여러 친구들이 지켜보는 가운데 그의 아내로부터 오렌지 주스 한 컵을 받는 것으로써 그의 단식은 끝났다. 타고르는 벵골의 찬가를 불렀다. 모두 눈물을 흘렸다.

협정을 위한 논의 동안 카스트 힌두는 그의 말을 따랐다. 그가 단식을 시작한 바로 그 주에 캘커타와 바라나시의 사원은 불가촉민에게 사원을 개방하였고, 봄베이에서는 모든 불가촉천민에게 사원을 개방하였다. 또한 단식일 전날 알라하바드의 12사원이 처음으로 불가촉민에게 허용되었고 단식 첫날 가장 신성한 힌두교 사원 여러 곳이 불가촉민에게 문을 연 것을 시작으로, 힌두 성역이 불가촉민에게 장벽을 낮추었다.

네루의 어머니 네루 여사는 정통적인 힌두임에도 불가촉민이 주는 음식을 받아먹었고 수천의 힌두 부인들이 그 뒤를 따랐다. 힌두 바라나시 대학에서는 학장과 수많은 브라민들이 불가촉민과 공개적으로 식사를 같이 하였다. 촌락과 소도시 그리고 대도시에서는 종교 집회, 여러 조직체들이 불가촉민에 대한 차별을 중지할 것을 약속하는 결의를 채택했고 촌락과 소도시에서는 우물을 같이 쓰도록 허용하였다.

개혁과 참회 그리고 자아정화의 정신이 전국에 확산되었다. 간디의 단식이 전행된 6월 동안 대부분의 카스트 힌두는 영화관이나 극장에도 가지 않았고 식당에 가서 외식하는 것도 삼갔다. 혼인식도 연기하였다.

간디와 암베드카르 간에 정치적 합의가 이루어졌지만, 간디의 단식이 없었더라면 전국에 그런 영향이 미치지는 못했을 것이며, 그 합의는 불가촉민의 불만을 덜어주었을지 모르지만 카스트 힌두의 불가촉민에 대한 사사로운 대우에 관한 한, 하나의 사문서로 그칠 수도 있었다. 또한 단식이 없었다면 카스트 힌두는 대부분 그 합의를 듣는 일조차도 없었을 것이다.

그러나 그의 단식도 3000년 이상 된 불가촉민의 저주를 말살할 수는 없었다. 단식이 끝났을 때도 불가촉민의 차별은 종식되지 않았다. 그러나 단식 이후로는 이 제도를 묵인해온 인식이 사라졌다.

전통적인 카스트 힌두가 서명한 이 협정은 종교적, 심리적 개혁을 이룩한 획기적인 일이었다.

1933년 2월에 여전히 영어圈圈의 몸으로 하리잔Harijan: 신의 자식들이란 뜻으로 불가촉민을 말함을 돕기 위해 '하리잔봉사협회harijan sevak sangh'를 발족시켰으며, 발간 금지된 「영 인디아」를 대신해 「하리잔」 주간지를 창간하였다. 5월 8일에 자아 정화를 위한 3주간의 단식을 시작했지만 그날 그는 석방되었다. 영국은 이미 7일간의 단식으로 쇠약한 그가 다시 긴 시간 단식하다가 감옥에서 죽는 것을 원치 않았다. 그는 석방되자 시민불복종운동을 6주간 중지하였다.

간디의 지적인 수용성과 융통성은 힌두교 정신의 특징이다. 힌두교로서의 정통성은 있지만 그것이 특징은 아니다. 힌두교에는 고원한 종교적 열망이 있고 그것은 대상이 아니라 그 자체가 종교이다.

1927년에 간디의 막내아들 데바다스가 라자고팔라차리의 딸 락슈미와 결혼하기를 원했다. 그러나 라자고팔라차리는 브라흐만이고 간디는 바이샤이다. 서로 다른 카스트는 결혼할 수가 없었다. 연애는 허용되지 않았으며 혼인은 부모가 정하는 것이 관습이다. 그러나 그들은 5년이나 헤어져 있었음에도 결혼을 원하였다. 결국 그들은 양가 부모의 축복 속에 혼인식을 올렸다. 간디는 송가 책과 손수 짠 목도리를 선물로 주었다.

전통과 인습 타파주의가 간디를 중심으로 통합되었지만 앞날은 예측불허였다. 간디의 불가촉민제도에 대한 공격은 성공적이었고, 수천 년 존재한 힌두교에 가장 혁명적인 변화를 일으켜 놓았다. 불가촉민제도를 폐지하면 그 당연한 결과로 카스트의 폐지로 이어진다. 카스트 힌두와 카스트에서 제외된 불가촉민이 서로 어울려 지내게 되면 카스트의 장벽이 붕괴될 것은 확실하다. 그러나 간디는 수년 동안 카스트제도 자체가 자연스럽고 또한 본질적인 것이라고 생각했지만 1932년에는 카스트제도는 힌두 사회를 약화시키는 것으로 보았다.

3. 국민회의

네루는1936~1937년 국민회의 의장이 되어 그리 흔치 않은 명예와 무거운 책임을 지게 되었다. 그는 간디가 국민회의의 정신적 의장이라고 하였다. 국민회의는 간디를 따르고 있었다. 하리푸라Haripura의1938년 2월 회의에서 간디가 제안한 대로 참석자 2만 5천 명에게 유기농 식사를 제공했고 모두 카디를 입었다. 그는 국민은 물론 국민회의의 지도자 대부분을 장악하고 있었기에 그가 원하면 국민회의가 취할 행동을 지시했고 또는 국민회의의 결정을 거부하기도 했다. 37년의 경우, 간디가 동의한 후에야 국민회의는 영국의 새로운 통치법에 의한 선거에 참여했다. 1939년 초 국민회의 당원은 4백47만여 명이었다. 그는 국민회의가 권력과 자리를 차지하려는 자들로 말미암은 부패를 두려워했다. 간디는 부패가 자리잡아가고 있는 것을 보았고, 대중 가운데는 비폭력이 널리 인식되고 있지만 그들 중 대중을 조직할 사람이 충분치는 않기에 시민불복종을 일으킬 수는 없다고 자인하고 있었다. 이는 국민회의의 지도자들에 대한 실망을 반영하고 있는 것이었다. 1939년 국민회의 연례회의에서는 수바스 보스Subhas Chandra Bose를 의장으로 선출했지만 그가 51두의 황소가 끄는 고대에나 볼 수 있는 수레를 타고 온 것을 보고는 간디는 그로 하여금 사임토록 하였다.

간디는 또한 국민회의가 장악한 지방정부가 파업과 종교 폭동이 일어났을 때 무력을 사용한 것을 비난했다. 1930년대를 지내면서 간디는 평화주의에 대해 더욱더 단호해졌다. 네루, 보스도 평화주의자가 아니었다. 간디는 1930년대에 중국, 아비시니아, 스페인, 체코 그리고 특히 독일에서 암운이 닥쳐오고 있는 것을 보고는 그의 순수한 평화주의에 대한 열망은 더 커졌다. 뚫고 들어갈 수 없는 어둠 속에서 자신의 신념은 가장 밝았다고 9년 뒤에 말했다.

4. 세계대전

제2차 세계대전이 발발하자 영국은 인도와의 협상도 없이 포고령에 의해 인도를 전쟁에 끌어들였다. 인도는 분노하였다. 그럼에도 시믈라로 와 달라는 린리스고 총독의 요청에 간디는 델리로 향했다. 총독과 간디는 전쟁에 관해 의견을 나눴지만 회담은 실패했다.

국민회의는 인도를 독립시켜 주는 조건으로 참전할 것이라는 성명서를 발표하였고, 그 의견에 찬성하지는 않았지만, 지지를 표명하며 총독을 만났다. 총독은 전후에 연방으로 갈 수 있을 것이라고 했다. 국민회의 운영위원회는 영국의 지원을 반대하는 결의안을 채택했다.

서유럽 대부분이 독일에 함락되자 많은 이들이 이 기회에 독립을 쟁취하자고 했지만, 영국이 파멸의 위기에 처했을 때 독립을 추구하지 않는다는 입장을 밝혔다. 프랑스가 함락되었다. 은행에서는 예금 인출 사태가 일어났다. 간디는 질서 유지를 호소했다.

1940년 6월 말 총독과의 재면담에서 영국은 인도에게 더 많은 권력을 부여해줄 용의가 있다고 했고 국민회의는 그 제의를 검토했다. 간디는 찬성하지 않았지만, 인도의 완전한 독립이 허용된다면 인도는 연합국으로 참전하겠다는 라자고팔라차리Rajagopalachari의 결의안이 채택되었다.

총독은 국민회의가 무슬림의 동의 없이는 인도를 지배하도록 허용하지 않을 거라고 표명하자 간디는 시민불복종으로 답했다. 참전 반대 활동을 금지하는 정부에 대해 개별적으로 반대하도록 했다. 비노바 바브를 시작으로 네루, 파텔 등이 차례로 반전 활동 혐의로 체포되었다. 이렇게 해서 모두 2만 명 이상이 체포되었고 그들 대부분은 네루 지지자였다. 개인적 시민불복종은 1년 동안 계속되었다. 대중적인 열기는 거의 일어나지 않았다. 사람들은 감옥에 가는 것을 지겨워했다. 1년 뒤 국민회의 운영위원회 의원들은 석방되었다.

인도까지 전운이 감돌자 국민회의는 간디의 비폭력과 비협력을 지지하는 파와 참전하여 인도의 독립을 대가로 받아내자는 세력으로 양분되었다.

일부에서는 지금과 같은 상황이라면 독일과 일본이 인도에서 마주칠 가능성까지 제기될 정도로 연합국 쪽에 어두운 그림자가 드리우고 있었다.

미국의 루즈벨트는 특사를 인도로 파견하며 영국으로 하여금 인도가 참전할 수 있도록 압력을 가했고, 결국 내외의 압력에 굴복한 처칠 내각은 1942년 3월 리처드 크립스Stafford Cripps[2]를 델리로 파견했다. 크립스의 보따리에는 인도 제헌회의의 안이 들어 있었다. 하지만 그 안은 바로 국민회의를 비롯한 모든 인도 정파로부터 거부되었다. 그 제안에는 영국이 번왕들을 조종하여 계속 권력을 장악하려 하고 있으며, 어떤 지역이라도 인도연방에서 탈퇴할 수 있게 하여 인도 내 힌두·무슬림·번왕·시크 국가 등을 만들 수 있도록 한 것이다. 이는 인도를 잘게 쪼갤 수 있도록 하였다.

1942년 버마를 침공한 일본을 피해 영국, 미국인들과 수천 명의 인도인들이 버마에서 떠나고 있었다. 영국은 일본을 막아 인도를 방어할 힘이 없었다. 인도는 민족적 위기에 처했지만 인도인은 발언권도 행동권도 없었다.

간디는 견디기 어려운 상황으로 생각했다. 인도인들은 자신의 운명을 스스로 결정해야 한다고 믿었지만 이제는 그 희망이 깨졌다.

여러 가지 사정에 비추어 보면 1942~1944년은 분명 인도가 독립하기 가장 좋은 시기였다. 영국과 연합국은 전쟁 동안 인도에 군대를 주둔시킬 것이므로 임시 인도 정부로 권력을 이양하는 것은 폭동이나 혼란을 방지하고, 일본과의 단독 강화講和 없이 원활하게 이루어질 수 있기 때문이었다. 그렇다면 1947년 인도 독립 때 일어났던 수십만 명의 사망과 수백만 명의 고통과 비극은 미리 피할 수 있었을 것이다.

간디는 독립정부를 조속히 수립하기 위해 영국에 최대한 압력을 가하기로 결심을 하였다. 영국군 주둔에 어떠한 방해도 하지 않을 것이지만 그렇다고 적극적으로 돕지도 않고, 일본에 대해서는 소극적인 저항을 하기로 하였다. 그는 독립된 인도정부가 침략군을 비폭력으로 패배시키길 원했지만 네루는 적극적인 참전론을 옹호하였다.

그런 여망은 단지 희망에 불과했다. 국민회의 전인도위원회 회의는 독립정부를 원한다는 와르다 결의안을 약간 수정하여 채택했다. 인도정부의 지도 아래 모든 무력과 비폭력의 힘으로 침략에 대항할 것이라고 선언하였다. 네루와 아자드 파의 입장이 반영된 것이다.

간디와 네루 그리고 몇은 새벽에 연행되었다. 처칠 내각은 대화보다는 탄압을 선택하였다. 간디가 감금되자 폭동이 일어났다. 경찰서와 정부청사가 화염에 휩싸였고 전선망과 철로가 제거되었다. 영국관리가 공격을 받았고 몇 사람은 살해되었다. 조직적인 영국 저항운동이 전국을 휩쓸었다. 사회당 당원과 국민회의의 일부 회원이 주도한 강력한 저항운동이 드러났다. 시민들은 그들을 숨겨주고 자금을 제공하였으며 경찰은 이들을 수색하였다. 영국은 이미 통제력을 상실하였다. 틸락의 영향력이 강한 마하라슈트라 주 등 몇몇 지역에서는 1944년에 이르러서야 통제력을 되찾을 수 있었다.

영국은 이 저항운동에 대한 책임이 간디에게 있다고 보았다. 이에 간디는 무고한 자신의 추종자들을 투옥시킨 것에 대해 단식으로 항의하기로 했다. 이는 마지막 수단이었다. 단식 이틀 전 정부는 일시적인 가석방을 제안했지만 거절하였다.

5. 이별

　단식 6일째 되는 날 의사들은 간디의 상태가 악화되었다고 진단하였다. 인도 전역에서 간디를 석방하라는 요구가 빗발쳤지만 총독은 거부하였다.

　로이가 캘커타에서 간디를 간호하러 왔다. 영국의사들은 정맥주사라도 맞혀야 한다고 했지만 간디는 완강했다. 예라브다 감옥 주변으로 군중이 집결했다. 정부는 감옥 마당에 들어와 간디의 방 앞에 줄지어 행진하는 것을 허용했다. 21일 만에 단식은 중지되었다. 인도의 지도자들이 간디의 석방과 화해정책을 요구하며 간디와의 면담을 요구했지만 린리스고 총독은 이를 거부했다.

　영국은 간디를 체포하여 얻은 것은 아무것도 없었다. 간디의 체포로 그들은 분노하였고 영국은 인도에 권력을 분담할 의향이 없다는 인상이 널리 퍼졌다. 그리하여 반란이 일어났다. 1943년 벵골지방은 기근으로 150만 명이 아사했는데, 이는 반란을 더욱 심화시켰다.

　아가 칸 궁전에 함께 감금된 마하데브 데자이가 급성 심장마비로 죽고 말았다. 그는 24년 동안 비서로, 권고자로, 기록자로, 친구로, 간디에게 봉사했다. 간디는 그의 죽음을 매우 비통해 하였다. 매일 그의 유골을 묻혀 있는 궁전 마당으로 찾아가는 것을 일과로 삼았다.

　보다 깊은 슬픔이 그를 덮쳤다. 카스트루바이는 그 무렵 앓고 있었고 1943년 12월에는 만성기관지염으로 병세가 악화되었다. 민간요법과 서양의사들이 진료했지만 소용이 없었다. 정부는 그녀의 아들과 손자들의 방문을 허가하였다. 그녀는 장남 하릴랄 간디를 특히 보고 싶어 했다. 간디는 부인의 침상을 지켰고 동료 수감자들이 힌두 송가를 불렀다. 정부가1944년 2월 12일 급히 장남을 불렀지만 그는 만취한 상태라 그녀가 있는 곳에서 격리시켜야 했다.

다음날 그녀는 간디의 무릎에 머리를 묻은 채 숨을 거두었다. 장례식에서 간디는 힌두, 파르시, 무슬림, 기독교의 모든 경전에서 인용한 기도문을 바쳤다. 데바다스가 화장장 장작더미에 불을 당겼다. 그녀의 유골은 감옥으로 사용되고 있는 아가 칸 궁전 마하데브 데자이 무덤 옆에 봉안되었다. 화장을 끝내고 돌아온 간디는 침대에 앉아 침묵하고 있었다. 아내가 사망한 지 6주일 지난 뒤 간디는 말라리야를 심하게 앓았다.

간디의 석방을 요구하는 요구가 전인도를 휩쓸었다. 감옥 주변에는 중무장한 군인들이 배치되었다. 1944년 5월 6일 간디와 그 동료들은 석방되었다. 출옥 뒤 봄베이 부근 주후juhu에 있는 산티쿠마르 모랄라지의 집에서 몸을 추슬렀다.

6. 무슬림연맹

국민회의에 참여하였다가 인도 무슬림연맹에 참여한 무하마드 알리 진나[3]는 간디를 좋아하지 않았다. 그는 공공연히 간디를 "간디씨"라고 불렀다. 이 호칭은 대부분의 인도인이 간디를 "마하트마"라고 불렀던 것과는 달리 격을 낮춘 것이었다.

무슬림연맹에 자금을 제공한 지주들은 종교를 이용하여 무슬림 농민을 힌두 농민으로부터 분열시켜 놓았다. 당시 무슬림의 교육 수준은 타 종교인에 비해 열등하였고, 정부 공무원으로 취직하기도 힘들었다. 20세기에 대두하기 시작한 무슬림 중산층은 진나가 그들을 영국의 공직에 취업하게 해주기를 기대했고 또한 영국을 설득하여 무슬림에게 자격과는 상관없이 의무적으로 일정한 수를 채용하도록 하였다. 무슬림 중산층은 언제나 진나를 위해 일할 각오가 되어 있었다. 그러나 그들에게는 농민이 더 많이 필요하였다. 그들은 종교적 열정을 불러일으킴으로써 그것을 얻을 수 있을 것이라는 것을 알게 되었고 방법은 별도의 무슬림 국가 파키스탄을 만드는 것이었다. 그 국가에서는 무슬림이 공무원으로 충원될 것이며, 힌두와 파르시의 기업들은 불리해질 것이다. 무슬림 지주들은 자신들의 토지를 잃을 우려도 없었다.

힌두에 비해 삼분의 일에 불과한 무슬림은 종교적 목표가 정치를 지배하지 않고서는 정치적 다수를 쟁취한 희망이 없었지만 1909년에 민토Minto에 의해 종파별 선거제도가 도입됨으로써 그러한 결과는 저지되었다. 서북변경, 펀자브, 신드, 발루치스탄Baluchistan, 카슈미르, 벵골 등 수많은 지역에서 무슬림이 다수를 점했다. 진나가 구상한 파키스탄은 이들 무슬림이 다수를 점한 지역에 밀집해 있는 6천 만 무슬림을 포용할 것이다. 이들 지역에서 무슬림은 힌두의 지배로부터 안전할 것이다.

파키스탄을 성취하기 위해 진나는 무슬림의 종교적, 종족적 감정을 격앙시킨 것과 마찬가지로 힌두도 똑같은 감정을 고조시켜 힌두가 다수 점하는 지역에 산재해 있는 4천만 무슬림이 희생될 위험에 처해 있었다.

하지만 진나는 분리를 준비하고 있었다. 비종교적인 진나가 무슬림국가를 건설하기 원했지만 완전히 종교적인 간디는 세속국가를 원했다. 인도의 종교적 평화를 이룩하려는 희망은 간디, 네루, 아자드,

라자고팔라차리의 통합적 민족주의에 있었다. 물론 힌두와 무슬림간의 관계는 조정과 상호 양보가 요구되었다. 간디는 인간에 대한 깊은 믿음과 인내가 있다면 가능하다고 생각했지만 진나는 분리를 주장하였다. 간디는 민족주의의 응집력으로 하나의 인도를 원했고 그것은 사망하는 날까지 항상 그의 머리에서 떠난 일이 없었다.

간디는 이제 진나에 관심을 집중했다. 간디는 항상 국민회의와 무슬림연맹이 합의를 이루게 되면 영국은 인도에 독립을 부여할 것이라고 생각하였다. 간디는 무슬림이 다수 거주하는 발루치스탄, 신드, 서북인도와 일부분이 거주하는 벵골, 아삼, 펀자브에서 투표로 인도 연방으로부터 분리 여부를 결정하도록 할 것을 세 번이나 제안했지만 진나로부터 거부당했다. 그는 인도 독립 후가 아니라 영국이 있는 동안 분리할 것을 원했다. 그는 완전한 분리를 원했고 나름의 투표 계획을 수립해 놓고 있었다. 진나는 무슬림만이 투표하도록 하며 투표한 무슬림의 다수가 분리를 찬성하게 된다면 그 지역 전부가 파키스탄이 되어야 한다는 것이다. 영국의 인구 조사에 따르면 아삼 주의 무슬림은 3백4만 명이고 비 무슬림은 6백76만 명인데, 진나는 무슬림들만 투표하고 다수가 찬성하면 그 지역의 운명을 결정한다는 안이었다. 이러한 제안에 간디가 찬성할 수 없는 것은 명백하였다. 진나가 제안을 강제로 실행할 권력을 가지고 있었던 것은 아니었다. 영국만이 그 권한을 줄 수 있었다.

1. 브힘라오 암베드카르(Bhimrao Ramji Ambedkar, 1981~1956); 불가촉천민 출신으로 인도의 독립운동가, 법률가. 카스트 계급 철폐를 위해 헌신하였다.
2. 리처드 크립스(Stafford Cripp, 1889~1952); 영국의 정치가. 그는 인도의 통치법 개정안을 기초하였다.
3. 무함마드 알리 진나(Muhammad Ali Jinnah, 1876~1948); 인도 독립운동가로 이슬 람교 정치인이다. 영국령 파키스탄의 초대 총독. 1947년 인도가 영국에서 독립할 당시, 파키스탄을 인도와 분리하여 독립하는 데 기여하였다.

12

분열

분열

1. 시믈라 회의

영국은 2차 대전의 승리가 가까워질수록 인도의 정치 변동을 늦출 수 없다는 것이 더욱 뚜렷해졌다. 1945년까지 영국은 전쟁으로 피폐해 간디의 비폭력운동이나 간디가 통제력을 잃는 경우, 폭력 투쟁을 진압하는 데 필요한 인력과 재정을 투입할 여력이 없었다. 국력의 약화로 인해 그리스를 비롯해 전략적 지역에 대한 지배권을 포기할 수밖에 없었다.

처칠은 군인인 웨이블Archibald Wavell을 인도총독으로 임명했다. 그는 새로운 인도 계획을 가지고 뉴델리로 와서 국민회의 의장을 비롯해 그밖의 정치 인사를 석방하였다. 또한 시믈라로 인도의 저명한 정치인들을 불러들였다. 진나는 무슬림연맹 의장으로 알리 칸은 연맹 서기로 참가했다. 그밖에도 타라 싱Tara Singh이 시크교도의 대표로 시바라지Sivaraj는 하리잔을 대표하여 참가했다. 간디는 대표는 아니었지만 회의에 참석했다.

내용은 국방만 영국이 맡고 나머지 재정, 내무, 행정 등은 모두 인도가 맡기로 하고 총독자문위원회의 인도인 위원은 각 정당에서 선정하도록 했다. 그의 제안이 받아들여졌고 총독은 무슬림과 힌두를 같은 비율로 배정하자고 했다. 이는 국민회의를 분노케 했다. 국민회의는 무슬림연맹보다 큰 조직이다. 하지만 국민회의는 웨이블 제의를 수락하였다. 웨이블은 각 정당 담당자들에게 명단 제출을 요구했다. 진나를 제외하고 모두 명단을 제출했다. 진나는 모든 무슬림은 인도의 무슬림 대표인 자기가 지명해야 한다고 했다. 국민회의와 간디는 그의 대표성을 인정할 수 없었다. 국민회의에도 많은 무슬림들이 있었다. 국민회의 의장인 아자드도 무슬림이었고 국민회의는 그가 총독자문위원회에 임명되기를 원했고 펀자브의 전 수석장관인 하야트 칸도 진나를 반대하였으며, 파키스탄도 반대하였다. 저명한 많은 무슬림도 그의 대표성을 인정하지 않았다. 국민회의는 하나의 종교기관이 아닌 민족기관이고 종교공동체와 동일시되는 것은 허용될 수 없었다. 이런 배경으로 시믈라 회의는 성과 없이 끝나고 말았다.

1945년 5월에 2차 세계대전은 연합국의 승리로 종지부를 찍었다. 영국은 노동당이 보수당을 누르고 클레멘트 애틀리Clement Richard Attlee가 수상이 되었다. 노동당은 인도의 자치정부를 조기 실현하기 위해 입법기관을 만들고, 웨이블은 주요 인도 정당이 지지하는 행정자문위원회를 구성하여 민간정부를 만들 준비를 하였다. 투표 결과에 따라 웨이블은 통일 인도의 헌법을 제정하기 위한 의회를 구성할 것이다.

모든 정당이 선거에 참가하기로 동의했다. 국민회의는 의회의 비무슬림 의석에서 다수를, 무슬림연맹은 무슬림 배정 의석에서 다수를 얻었다. 교착상태는 그대로 잔존했다. 웨이블은 역사적인 이 시점에서 상호투쟁과 폭력을 피하자고 호소했다.

2. 임시정부

1946년 3월 영국 내각사절단이 뉴델리에 파견되었다. 사절단은 인도 지도자들과 교섭이 시작되었다. 두 달여 동안 국민회의와 무슬림연맹의 이해관계로 복잡했지만 5월 16일 내각사절단의 계획이 발표되었다. 영국은 통일된 인도정부를 수립한다는 제안이었다. 간디는 받아들였지만 진나는 사절단을 비판했다. 진나의 반대에도 불구하고 무슬림연맹은 내각사절단의 계획을 수락했다. 이제 국민회의의 결정만이 남았다. 국민회의 운영위원회는 숨막히는 무더위를 피해 휴양지 무수리Mussoorie로 자리를 옮겼다. 2주가 지났지만 국민회의에서는 어떤 공식적인 반응도 나오지 않았다. 그러자 6월 16일 웨이블은 국민회의와 무슬림연맹은 임시정부 구성에 관한 합의에 실패했으며 정부각료에 14명의 인도인을 임명하기로 했다고 발표했다. 국민회의는 이제 임시정부와 제헌의회에 참여할 것인지 결정을 내려야 했다.

드디어 6월 15일 국민회의는 비공개로 내각사절단과 웨이블에게 임시정부에는 간디의 권유로 참여하지 않고 제헌의회에만 참여하기로 했다. 국민회의 전인도위원회가 봄베이에서 열려 운영위원회의 결정에 대한 통과 절차를 가졌다. 운영위원회 타협안은 찬성 204표로 통과되었다.

1946년 8월 12일 웨이블은 네루에 위임하여 정부를 구성하도록 했다. 네루는 진나를 만나 무슬림연맹의 정부 각료 선정을 제의했지만 거부당했다. 네루는 카스트 힌두 5명과 하리잔 1명이 포함된 국민회의 위원 6명과 기독교 1명, 시크교 1명, 파르시교 1명 그리고 무슬림연맹 소속 외 무슬림 2명의 각료로 정부를 구성했다. 웨이블은 임시

정부에 무슬림연맹 측 5명을 지명할 수 있다고 발표했다.

무슬림연맹은 8월 16일부터 4일간 캘커타에서 폭동을 일으켰다. 공식 집계로 사망자 5천 명, 1만 5천 명이 부상당했다고 했지만 집계에 잡히지 않는 수가 더 많았다. 무슬림연맹을 탈퇴하여 임시정부에 참여했던 아흐메드 칸은 시믈라 외진 곳에서 피습을 당했다.

9월 2일 네루는 인도의 수상이 되었다. 크리팔라니는 국민회의 의장으로 "우리의 대표들이 권력의 성으로 들어갔다"고 선언하였다.

진나는 9월 2일을 애도의 날로 정하고 무슬림들에게 검은 기를 게양하도록 하였다. 다음날 진나는 소련이 인도 문제에 더 이상 방관하지 않을 것이라고 했다. 간디는 이런 징후를 제대로 읽었다. 아직 내란 중에 있는 것은 아니지만 이미 거기에 가까이 가고 있었다. 9월 내내 봄베이에서는 총격과 살인사건이 일어났다. 무슬림의 검은 기는 힌두에게는 붉은 기와 같았다. 소요騷擾는 펀자브, 벵골과 비하르를 뒤흔들었다. 무슬림연맹은 제헌의회에 참여하지 않을 것이라고 발표하였다.

전국 혼란으로 웨이블은 임시정부에 무슬림연맹을 참여시기기 위해 노력했다. 진나는 결국 동의했고 무슬림연맹 4명과 불가촉민 1명을 임명했다. 불가촉민은 힌두 카스트를 흔들어 놓기 위해서였다. 임시정부로서는 나쁜 징조였다. 임시정부의 재무상이자 무슬림연맹의 주요 대변인인 리쿠아트 알리 칸Nawabzada Liaquat Ali Khan은 그와 그의 동료들은 이 정부를 연립으로 인정하지 않으며 네루와 기타 국민회의 각료와 협력할 의무는 없다고 발표했다. 임시정부는 종교로 분할된 기관이 되고 말았다. 간디는 매일 두 종파간의 끝없는 폭력사태를 반대하여 설득하였다.

동벵골의 변방인 노아칼리Noakhali와 티페라Tippera의 농촌에서 힌두에 대한 무슬림의 대대적인 공격이 있었는데 이것이 간디를 놀라게 하였다. 인도의 촌락에서는 종교 간의 갈등이 그리 크지 않았기 때문이다. 간디는 많은 사람들의 반대에도 불구하고 분쟁지역으로 가기로 결심하였다. 자신이 그 폭력 사태를 안정시킬 수 없다면 삶의 가치가 없다고 보았다.

정부는 영국이 그랬듯이 특별 열차를 제공했다. 간디가 열차를 타고 가면 사람들이 그를 보기 위해 수 시간이나 출발을 지연시켰기 때문이다. 하지만 특별 열차라고 해서 별다른 것은 없었다. 도시에 정차할 때마다 대규모의 군중이 정거장을 메웠고 선로까지 밀려들었다. 한 정거장에서는 철도 당국이 밀려든 군중을 저지하기 위해 소화 호스로 사람들에게 물을 뿌리다가 간디가 탄 객차 칸을 물바다로 만들었다. 다섯 시간이나 늦게 캘커타에 도착했고 어수선한 소동으로 피곤하고 슬퍼졌다. 뉴델리를 떠나던 날 캘커타에서는 종교 폭동으로 32명이 살해되었다.

캘커타에 도착한 이틀 뒤 간디는 벵골 주 무슬림 수석장관인 슈라와르디Suhrawardy와 함께 자동차로 쓰레기 높이가 2피트대략 60cm나 되는 황폐한 거리를 살피고 지난 소요로 그리고 최근의 소요로 파괴된 수많은 상점과 가옥을 보았다. 간디는 인간을 짐승보다 못하게 변신시켜 놓은 그 대중의 광기에 무기력해졌다. 캘커타에 이어 노아칼리로 갈 계획이었다. 그곳에서는 무슬림들이 힌두들을 살해했고 힌두들을 강제로 이슬람교로 개종시키는가 하면 힌두 부녀자를 강간하고 힌두의 가옥과 사원을 불태웠다. 간디는 기도집회에서 차라리 여기서 죽을지언정 분란의 불씨가 꺼지지 않으면 벵골을 떠나지 않겠다고 다짐하였다.

3천1백만 명의 힌두와 5백만 명의 무슬림이 밀집한 인근 비하르에서 노아칼리와 티페라의 사태로 다수 종파 집단들이 분노했다. 10월 25일을 노아칼리의 날로 선포했다. 국민회의 의원들과 신문기사는 힌두들을 부추겨 광란의 상태로 몰아넣었다. 수천 명이 거리로 몰려 나와 "피에는 피로"를 외치며, 폭력시위로 살해된 사람이 무려 4천5백 명이 넘었다고 「런던타임즈」는 전하지만 1만 명이 넘었다. 살해된 사람들 다수가 무슬림이었다.

이 소식을 접한 간디는 비하르에서 성명을 발표하고, 진실로 참회할 때까지 목숨을 건 단식을 한다고 발표하였다.

비하르의 폭력시위에 대해 벵골에서의 복수극을 예상하여 네루를 비롯하여 임시정부의 두 무슬림 각료가 급히 델리에서 캘커타로 향했다. 웨이블도 왔다. 이슬람 축제가 가까워졌기에 팽팽한 긴장감이 감돌았다. 시민들에게 평온을 호소하였다. 군인들이 도심과 외곽을 순찰했다. 네루와 파텔은 간디의 죽음에 이르는 단식을 만류하였다.

3. 참상

캘커타로부터 각료 넷이 비하르로 왔다. 네루는 그 사태에 대해 보고를 받고는 격노하여 힌두들이 만약 살인을 중지하지 않는다면 비하르에 대해 공중폭격을 하겠다고 하였다. 하지만 간디는 그것은 너무나 영국적인 방식이며, 군대로 폭동을 진압하는 것은 인도의 자유를 억압하는 것일 뿐만 아니라 국민회의가 시민들에 대한 통제력을 상실한 것을 스스로 자인하는 행동이라고 하였다.

이드Id축제이슬람교의 창시자 무함마드의 탄생일을 축하하는 최대의 축제가 캘커타와 그밖의 지역에서 조용히 끝났다. 비하르에서는 별다른 일이 일어나지 않았다. 간디는 무슬림의 폭력으로 놀란 힌두들이 도피하고 있는 노아칼리를 진정시켜야 했다. 공포는 자유와 민주주의의 적이다. 비폭력은 폭력에 대한 교정 수단이다. 그는 노아칼리의 힌두들에게 비폭력의 용기를 가짐으로써 용감해져야 한다고 했다. 마찬가지로 무슬림들의 비폭력과 비非보복 그리고 형제애의 정신을 회복하지 않는다면 진정 자유로운 통합 인도는 불가능하다고 하였다.

그는 노아칼리로 가기 위해 단식까지 포기했다. 11월 6일에 캘커타를 떠났다. 노아칼리는 인도에서 가장 가기 힘든 지역이다. 그곳은 갠지스 강과 브라흐마푸트라 강이 합류하는 삼각주의 침수지대에 있다. 대부분의 촌락은 작은 배로만 갈 수 있었고, 수레조차 이곳을 갈 수 없었다. 인구밀도가 높아 2백5십만 명이나 살고 있으며 대부분이 무슬림이다. 이곳은 종교적 증오로 가득 차 있었다. 어떤 마을들은 황폐화되어 있었다. 두 달이나 지났다. 예측할 수 없는 사태에 대비하고 있었다. 이곳에서는 평화가 아니면 죽음만이 있을 뿐이다.

뱅골정부 각료 몇 사람과 간디의 비서와 보조원 등이 노아칼리로 왔다. 간디는 제자들을 여러 마을로 분산시켜 보냈다. 먹을 것은 직접 만들고 마사지도 혼자 하겠다고 했다. 친구들은 경호원이 있어야 한다고 했지만 간디는 단호히 거부했다. 모두 각각 한 마을에 또는 외딴 마을에 정착하여 그들에게 모범을 보이고 사랑으로 마을이 폭력에서 벗어나도록 했다. 원칙은 간디에게도 똑같이 적용되었다. 그는 노아칼리에서 지내는 동안 49개 마을에서 살았다. 새벽 4시에 일어나 맨발로 6~8㎞를 걸어 마을에 도착하면 그곳에 하루에서 사흘 정도 머물면서 주민들과 이야기를 나누고 기도하고는 다시 다음 마을로 향했다. 그리고 무슬림 오두막을 찾아가 일행과 함께 묵기를 청했고 거절당하면 다음 오두막에 가서 다시 시도하였다. 먹는 것은 그 지역에서 나는 야채와 가끔 양의 우유로 때웠다.

간디는 사실 걷는 것이 힘들었다. 동상에 걸렸지만 샌들을 신지는 않았다. 노아칼리 사태는 비폭력으로 치유하지 못한 잘못으로 받은 벌로 생각했고, 속죄의 마음으로 신을 신지 않았다. 때로는 파손된 유리조각, 가시넝쿨, 오물이 있기도 했다. 하지만 이를 탓하지 않았다. 많은 지역이 습지 위에 놓은 다리를 건너야 했다. 다리는 3~4m 높이의 대나무 위에 세워져 있고 대나무 막대기 네댓 개를 줄로 감아 묶어 놓았다. 이처럼 엉성하고 흔들거리는 구조는 보조 받침대로 보완해 둔 곳도 있고 그렇지 않은 곳도 있었다.

이 지역의 사태에 대해 벵골 정부는 노아칼리와 티페라에서 밝혀진 사망자 수만 2백 명이 넘었고, 두 지역에서 약탈당한 가옥은 1만여 채에 달했다. 티페라에서는 1만여 명에 가까운 사람들이 이슬람으로 개종되었다. 무슬림 여인들은 힌두 여성을 개종시키기 위해 힌두 여성의 팔지, 발찌를 없앴고 힌두남자들은 수염을 기르도록 했고, 무슬림 의상과 코란을 낭독해야 했다. 수천의 힌두 부녀자들은 강간을 당했으며 강제로 무슬림과 결혼해야만 했다. 최악의 사태는 힌두에게 소를 먹도록 했다. 힌두교들에게 소는 신성한 동물로 여겨지며, 그 고기를 먹지 않는다.

간디의 무슬림 제자 암툴 살람Amtul Salam은 무슬림들이 힌두를 살해하는 데 사용한 칼을 스스로 내놓을 때까지 목숨을 걸고 단식하였다. 칼은 발견되지 않았지만 그녀가 단식한 지 25일째 되는 날 간디가 그 마을에 도착했다. 무슬림들은 무엇이든 동의할 준비가 되어 있었다. 간디는 진지하게 마을의 종교 지도자들과 수 시간에 걸친 토의 끝에 다시는 힌두들을 괴롭히지 않는다는 서약에 서명하도록 하였다.

간디는 날마다 다른 마을에서 보냈고 사람들은 그의 말을 듣기 위해 오두막으로 모여들었다. 나라안푸르 마을에서는 한 무슬림이 밤을 지낼 자리를 마련해 주었고 음식도 제공했다. 공개적으로 그에게 감사를 했고 그런 환대는 조금씩 빈번해졌다. 어떤 이는 진나와 정치적 타협을 하는 것이 더 낫지 않느냐고 물었다. 지도자는 그의 지지자들에 의해 만들어지며 평화에 대한 사람들의 소망이 그들의 지도자들에 의해 반영되는 것이라고 답했다.

파니알라 마을 집회에는 5천 명이 참석했다. 이 마을은 수주일 전 힌두들과 무슬림, 불가촉민이 함께 모여 만찬을 열었다. 무레인에서 개최된 집회는 순례 중 최대 규모였다. 간디는 살람의 단식 덕분이라 했다. 가난한 무슬림들이 집회에 많이 참석했다. 부자 무슬림들은 간디를 반대하는 포스터를 내걸었고 즉각 티페라를 떠나라고 했다. 하지만 집회에 모이는 군중은 점점 더 늘어났다. 라이푸르에서는 한 힌두 상인이 힌두, 무슬림, 하리잔, 기독교도 등 2천 명을 초대한 만찬을 개최하기도 하였다.

간디는 노아칼리를 떠나 비하르로 갔다. 노아칼리에서 힌두와 무슬림의 완전한 공존을 실현하지 못했다고 생각했다. 병폐는 매우 깊었으나 폭력이 일어나는 일은 드물어지고 일시적인 것으로 그쳤다. 지역사회가 외부의 정치적 선전으로 동요하지 않는다면 평화로울 수 있을 것이라고 했다.

간디가 노아칼리로 간 지 얼마 지나지 않아 인도의 정치적 시계는 점점 인도 분할로 향하고 있었다. 인도의 분할은 1300만 명의 피난민을 만들었고, 카슈미르에서는 전쟁이 일어났다. 간디는 인도가 힌두와 무슬림간의 분리되는 것을 막기 위해 노아칼리에 갔고, 비하르로 향하게 했다. 항상 그는 파괴된 무슬림의 집이나 살해당한 자나 부상한 무슬림을 먼저 찾았고, 종파 집단 쌍방이 서로 친근해지고 더 이상 그의 봉사가 필요치 않게 될 때까지 그 지역을 떠나지 않아야겠다고 생각하였다.

간디는 힌두들이 도피한 무슬림들을 불러들여 그들의 오두막을 지어주었고, 그들이 다시 사업을 할 수 있게 해주어야 한다고 주장했다. 그가 마슈히 마을에 도착한 날 폭동사건에 연루된 지명수배자 50명이 자수했다고 들었다. 간디는 그것을 환영했고 다른 사람들도 그러기를 희망했다. 그의 자동차가 지방을 지날 때 힌두들이 그에게 무슬림 지원을 위한 기부금을 전했다. 이것이 바로 군대와 경찰의 도움에 의해서가 아니라, 폭력을 중지시키는 방법이었다. 그는 힌두들에게 무슬림을 안심시키기 위해 공개적으로 마음을 바꾸도록 당부했다. 힌두들에게 인도인들은 독립 절호의 기회를 놓칠지 모른다고 호소했다. 비하르에서는 펀자브 힌두들과 시크교들에 대한 무슬림의 공격을 복수해야 한다는 선동이 나돌고 있었다. 이에 간디는 "여러분들이 다시 미친다면 나를 먼저 죽여야 할 거"라고 절규하였다. 이때 간디는 비하르에 체류한 지 4주나 되었다.

1947년 3월에 인도의 마지막 총독 마운트 벤튼이 뉴델리에 도착했다. 그의 과제는 1948년 6월까지 인도의 독립이었다. 하지만 현실은 그리 간단하지 않았다. 무슬림연맹의 진나는 분리 주장을 굽히지 않았고, 간디와 국민회의는 단일 인도를 원하였다.

총독과의 면담을 위해 잠시 뉴델리에 머물던 간디는 다시 비하르로 돌아갔다. 비폭력을 위한 행동과 증오를 반대하는 행동이 이제는 의미 있는 유일의 정치적 활동이었다. 그가 힌두들과 무슬림들이 평화롭게 살고 있다는 것을 입증할 수 없다면 진나가 옳고 파키스탄은 불가피하게 될 것이다. 비하르, 벵골, 펀자브에서 비폭력이 승리한다면 통합 인도에 대한 국민회의 사람들의 투쟁이 성공을 가져올 것이다. 이는 투표에 의해서가 아니라 그들의 행동에 의해 주요 문제를 결정하는 것이며 간디는 여전히 그들의 행동을 바꾸게 되기를 희망하고 있었다.

진나의 힘은 내란으로 위협하는 것이고 폭동은 그 예고였다. 인도의 통일성을 유지하는 유일의 희망은 인도인들이 평온을 회복함으로써 진나의 위협이 공허한 것이라는 것을 입증하는 것이다. 간디는 그 자신 홀로 그리고 머뭇거리지 않고 이 일에 정진하였다.

4. 분할

1947년 4월의 비하르는 무척 더웠고 간디는 많은 마을을 돌아다닌 나머지 과로로 견디기 힘들었다. 그러나 힌두들이 참회하지 않고 공포로 도피했던 무슬림들이 돌아오지 않는다면 계속 마을을 돌아다녀야만 했다.

국민회의 운영위원회가 중요한 역사적 결정을 위한 회의를 연다고 네루가 간디에게 급히 델리에 돌아오라고 했다. 간디는 급행 열차로 1000㎞를 여행했다. 마운트 벤튼은 국민회의에 인도의 분할을 허용할 것인가를 물었다. 이에 대해 네루는 이미 "그들이 원한다면 파키스탄을 가질 수 있지만, 인도의 다른 지역을 원해서는 안 된다"는 조건을 내걸었다. 간디의 강력한 반대에도 불구하고 국민회의는 파키스탄 분할을 승인했다.

파키스탄은 국민회의가 독립을 위해 지불한 매우 비싼 대가였다.

간디는 그의 분함을 감추지 않았다. 영국이 파키스탄을 찬성하지 않는 한 파키스탄은 불가능하며, 또한 국민회의가 수락하지 않는 한 파키스탄은 없을 것이라고 보았고 또한 영국은 진나와 일부 지도자를 위하여 인도를 분할한다고 생각하였다. 하지만 아무도 간디의 말을 귀담아 듣지 않았다.

1947년 5월에 간디는 네루의 초청에 응하여 다시 뉴델리로 돌아왔고, 마운트 벤튼은 결심을 굳혀 런던으로 갔다. 인도는 분할될 것이며 그 계획이 곧 발표될 것이라는 소문이 나돌았다.

마운트 벤튼은 인도의 분할뿐만 아니라 벵골, 펀자브, 아삼인들이 원한다면 그곳도 분할하도록 준비하고 있었다. 마운트 벤튼은 영국을 떠나기 전에 처칠을 만났고 처칠은 하원에서 그 계획을 지지하기로 약속했다. 바로 그 다음날 애틀리 수상이 그 계획을 하원에서 발표했고 마운트 벤튼은 뉴델리 방송으로 이를 알렸다.

네루, 파텔 그리고 국민회의 운영위원회는 그 계획을 승인했다. 32년 동안 일한 결과 불명예스런 종말이 오고 있다고 간디는 말했다. 1947년 8월 15일에 인도는 독립하게 될 것이다. 그러나 그 승리는 냉혹한 정치적 타협에 불과했다. 즉 인도인들은 영국인이 앉아 있었던 그 자리에 앉게 될 것이며 삼색기가 영국 국기를 대신해 나부끼게 될 것이다. 그것은 자유의 공허한 외피였다. 그것은 비극과 함께 한 승리였다.

간디는 8월 15일의 축하행사에 참석할 수 없다고 발표하였다. 마운트 벤튼은 1948년 10월, 왕립제국협회에서 이렇게 말했다.

"수백만 명이 마하트마를 숭배했고 간디의 발에 입 맞추거나, 그가 지나간 자리에 입 맞추었다. 그들은 간디에게 맹세했지만 그의 가르침은 거부했다. 그들은 간디의 몸을 신성하게 생각했지만 그의 인격을 더럽혔다. 그들은 외형을 찬양했고 본질은 무시했다. 그들은 간디를 믿었지만 그의 원리를 믿지는 않았다."

독립일인 1947년 8월 15일 바로 그날 간디는 폭동이 일어나고 있는 캘커타에 있었다. 그는 하루 종일 단식하며 기도했지만 어떤 메시지도 없었다. 국가 탄생의 공식적인 정식 출범식에 반드시 참가해 달라는 간곡한 초청이 있었지만 간디는 참석을 거부하였다.

자유가 인도에 도래했다. 하지만 간디는 곤혹스럽고 염려되었다. 그의 78세 생일이 가까워지고 있었다.

영국은 인도를 떠났다. 인도인의 뜻에 따라 마운트 벤튼은 인도연방과 파키스탄의 총독을 겸하여 인도 통합의 상징이 되도록 하였다.

파키스탄은 인도를 분화시켰으며, 파키스탄도 양분화 시켰다. 인도를 둘로 나눈 경계는 가족뿐만 아니라 공장의 원료로부터, 농산물을 시장으로부터 군대도, 국고도 분할되었다. 파키스탄의 비무슬림들은 그들의 장래를 걱정했다. 인도연방의 무슬림들은 불안했다. 각 영역마다 지배하는 다수와 놀라고 있는 소수간의 싸움이 벌어졌다. 하나의 인도가 되었다면 평화로웠을 것이다. 생체해부로 생명 유지에 필요한 동맥이 잘렸고 거기에서 인간의 피가 흘렀고 종교적 증오의 독이 퍼졌다.

캘커타의 벵골주의 서쪽은 인도연방, 동벵골은 파키스탄으로 편입되었다. 캘커타 인구의 23%가 무슬림이었다. 힌두들과 무슬림들이 서로 싸움을 벌였다.

파키스탄 분리 이전 1938년 당시 만해도 그런대로 조용하고 정상적이었다. 그러나 1947년에는 거주자들이 불결한 빈민굴에서 높은 인구 밀도로 빈틈없이 서로 엉켜 비집고 살고 있었던 캘커타와 같은 도시에서는 긴장이 최고조에 달했다. 그와 더불어 무슬림 소녀가 힌두

소녀의 머리채를 잡아 넘어뜨리는가 하면 힌두 소년이 무슬림 소년에게 욕설을 퍼붓는 등 사태가 악화되고 급기야 사투死鬪의 폭등으로 몰아넣었다. 격정과 빈곤의 사람들을 부싯돌로 바꾸어 놓았다.

간디는 캘커타에 도착1947년 8월 9일했다. 켈커타는 진나가1946년 8월 16일 직접 행동일을 선언한 이래 일 년 동안 유혈투쟁으로 평온이 파괴되고 있었다.

간디는 슈라와르디와 함께 종교적 광란으로 긴장된 거리를 걸었다. 그들이 지나가는 지역마다 폭력이 사라진 것 같았다. 수천 명의 힌두와 무슬림이 서로 껴안고 "마하트마 간디 만세, 힌두 무슬림의 통일 만세"를 외쳤다. 수천의 군중이 매일 열리는 간디의 기도집회에 참석하여 형제애를 다짐했다. 8월 14일 이후로는 캘커타에서는 난동이 없었다. 간디가 폭풍을 진정시켰던 것이다.

8월 31일 밤, 간디는 무슬림의 집에서 잠자리에 들었다. 밤 10시경 그는 소란스러운 소리를 들었다. 그는 가만히 누워있었다. 슈라와르디와 마하트마의 부녀 제자 몇이 침입자를 달래고 있었다. 그러다 유리가 깨어지고 창문이 돌과 주먹으로 부서졌다. 젊은 사람 한 무리가 집에 들어와서는 문을 차기 시작했다. 간디가 침대에서 일어나 방문을 열었다. 그는 화를 내고 있는 폭도들과 대면했다. 간디는 두 손을 모아 인사를 했지만 간디에게 벽돌을 던졌다. 돌은 간디 곁에 서 있는 무슬림 친구에게 맞았다. 폭도 중 하나가 곤봉을 휘둘렀으나 간디의 머리를 간신히 스쳐 지나갔다. 마하트마는 슬퍼하면서 머리를 흔들었다. 마침 경찰이 도착했고 간디에게 방안으로 들어가도록 권했다. 경찰들이 주변을 정리했다. 한 무슬림이 힌두의 칼에 맞은 것 때문에 이런 일이 생겼다고 했다.

간디는 단식을 결심했다. 만약 캘커타에서 평화가 가능해진다면

352 간디

펀자브에서도 가능할 것이다. 그는 저녁 8시부터 단식을 시작하며 캘커타에서 평온을 되찾을 때까지 단식을 하기로 했다.

그것은 죽음을 각오한 단식이었다. 캘커타가 평온을 찾지 않는다면 마하트마는 죽게 될 것이다. 모든 종파 집단과 많은 지도자들이 마하트마를 방문했다. 간디는 그들을 모두 맞이했고 그들과 대화를 나눴다. 간디는 종파 집단 간의 화해가 회복되지 않는 한 단식을 중단하지는 않을 것이라 했다. 저명한 무슬림들과 파키스탄선원동맹의 간부가 간디를 방문하여, 그들은 평온을 유지시키도록 하겠다고 약속했다. 무슬림들이 더 많이 왔다. 간디의 단식이 그들을 감동시켰다. 단식은 무슬림들의 안전을 위한 것이었다. 또한 무슬림들의 파괴된 가옥들을 재건하기 위한 것이었다.

9월 4일에 시 관계자는 간디에게 24시간 동안 캘커타는 완전한 평온을 찾았다고 했다. 또 종파 간 평화를 위해 경찰관 5백 명이 직무를 계속하면서 24시간의 동정 단식을 시작했다고 하였다. 폭도들의 지도자들이 그의 침대 곁에 꿇어 앉고는 울면서 평소에 그들이 저지른 행동을 참회하며 더 이상 폭력을 행사하지 않겠다고 약속했다. 힌두와 무슬림, 기독교도 대표들, 노동자들, 상인들, 가게 주인들이 그에게 와서 캘커타에는 더 이상의 난동은 없을 것이라고 서약했다. 간디는 그들을 믿는다고 하고 이번에는 문서로 약속하기를 원했다. 그리고 만약 그들의 서약이 깨지게 되면 그는 죽을 때까지 단식을 할 것이고, 그 누구도 단식을 중지시키지 못할 것이라고 하였다. 캘커타의 지도자들이 잠시 물러나 숙의하였다. 그들은 책임을 의식하고 있었다. 그들은 서약서를 작성하고 서명하였다.

간디는 9월 4일 오후 슈라와르디가 건네준 라임 과즙을 마셨다. 73시간의 단식을 끝낸 것이다. 그날 이후 수개월 동안 펀자브와 다른 주에서는 종교적 학살로 진동했으나 캘커타와 벵골의 분할된 두 지역은 폭동 없이 지냈다. 벵골은 서약을 충실하게 지켰던 것이다.

간디는 캘커타를 떠나 펀자브로 가는 도중 뉴델리에 도착했다. 많은 사람들이 마중을 나왔지만 그들의 얼굴은 어두웠다. 델리 전역에 폭동이 일어나고 있었다. 펀자브의 난동을 피해온 시크교도와 힌두의 피난민들이 델리에 넘쳐나고 있었다. 그들은 마하트마가 머물곤 했던 불가촉민의 거주지를 차지하고 있었다. 간디는 이곳을 으리으리한 비를라 저택이라고 불렀다. 방문자들은 마룻바닥에 앉아야 했고 간디는 방 밖의 테라스에서 자야만 했다.

저택에 도착하자 간디는 신선한 과일이나 야채가 마련되어 있지 않다는 것을 알았다. 델리의 폭동으로 생필품 공급이 되지 않고 있었던 것이다. 죽음의 도시와 같았다. 그는 오직 델리와 펀자브를 정상으로 돌리는 데에만 오직 열중하였다.

간디는 신변에 대한 안전에 아랑곳하지 않고 뉴델리를 하루 종일 다니며 폭동이 일어나고 있는 지역과 뉴델리 시내와 외곽의 피난민 캠프를 방문했다. 그리고 보금자리를 잃고 고난을 겪고 있는 수천 명의 시민들을 찾아가 하루에도 여러 차례 연설을 했다. 90여 킬로 길이의 피난민 대열은 적어도 1천5백만 명의 사람들이 도보로 수백 킬로를 이동한 대규모 이주였다. 그들은 새집과 기회를 찾아 나선 게 아니라, 살기 위해 이동했지만 죽기도 했고 질병에 시달리기도 했다. 펀자브에서 파키스탄으로 확정된 곳에서는 수백만 명의 힌두와 시크교도들이 무슬림의 곤봉과 칼부림을 피해 뉴델리로 이동했다. 인도연방으로부터는 수백만 명의 무슬림들이 힌두들과 시크교도들의 칼과 곤봉이 무서워 파키스탄을 향해 이동했다. 경찰의 보호는 생각도 할 수 없었다. 검찰과 군대까지도 마치 침략자와 같은 열정에 휘말렸고 때로는 약탈과 살인을 방조하기도 하였다.

몇몇 경찰과 젊은 자원봉사자들이 하는 일이라는 게, 대열에서 처진 사람들의 무질서한 도피 행렬을 구분하는 것이 전부였다. 그들은 소달구지로 도피하거나, 그것을 빼앗기도 했다. 피난민들은 어른들은 아이들을 업고, 병자들은 바구니에 담고 늙은이들은 어깨에 짊어지고 걸었다. 때로 병자는 버려져 더러운 진흙탕에서 죽은 채 방치되기도 했다. 콜레라, 천연두 그밖의 질병이 이주하는 난민들을 괴롭혔다. 며칠, 몇 주를 시체를 뒤로 하고 한발씩 그들의 길을 재촉했다. 독수리들이 지쳐버린 난민들을 기다리며 행렬 위를 날고 있었다. 건강을 지탱할 수 있는 음식을 가진 가족은 거의 없었다. 음식은 거의 훔치거나 또는 싸워서 빼앗는 것이었다. 잃어버린 자들은 굶주렸고 이긴 자들은 조금 더 오래 살아남았다. 때로는 적대적인 대열이 각각 반대방향으로 가다가 밤에는 서로 가까운 곳에 야영을 하고는 무의미한 복수의 살인극이 끝없이 되풀이 되고 있었다.

네루정부는 델리 외각에 난민 캠프를 설치하여 델리에 들어오기 전에 유민들을 모아놓고 돌보아 주었다. 그러나 끊임없이 수천 명이 차단선을 뚫고 도망쳤다. 그들은 시내에서 강탈할 수 있는 것은 무엇이든 가지고 갔다. 문간과, 안마당에서, 도로에서, 길가 집 처마 밑에서 길거리에서 자기도 했다. 그들은 기진맥진하여 도로 위에 드러눕고 말았다. 주의를 하지 않으면 차량이 그들을 덮칠 수도 있었다.

파키스탄으로 간 무슬림이 살던 델리의 집은 합법적인 전리품이 되었고, 피난민들이 점령했다. 무슬림의 상점들이 약탈당했다. 무슬림이 저항하는 곳에서는 폭동이 일어났다. 원시적인 생활로 전락하게 된 난민들은 원시적인 감정에다 자포자기에 빠져 있었다.

죽음과 광기의 이 도시에서 간디는 사랑과 평화의 복음을 전하려고 노력했다. 그는 "무슬림들은 고통을 당하더라도 머물러 있어야 하며, 무슬림을 괴롭히는 힌두들과 시크들은 그들의 종교를 욕하는 것이며 인도에 회복할 수 없는 해악을 저지르는 것"이라 하였다. 주로 힌두들과 시크교도들로 구성된 기도집회에서는 "인도연방 내의 모든 무슬림들이 각자 자기 집에 돌아가 평화롭고 안전하게 살게 될 때까지 그리고 힌두들과 시크교들이 그들의 집으로 돌아갈 때까지 자신은 결코 쉬지 않을 것"이라고 하였다.

하지만 힌두들과 시크교도들은 파키스탄으로 돌아가는 것을 두려워했고, 또한 간디가 파키스탄으로 도피한 무슬림들이 돌아오도록 권유했지만 힌두들과 시크교도들은 그 무슬림들의 집을 포기하려고 하지 않았다.

간디만이 홀로 분노의 격류를 거슬러 가고 있었다. 간디는 힌두교 급진주의 무장단체 라슈트리야 세와크 상가Rashtriya Sewak Sanga들이 모인 집회에 가기로 했다. 그들은 간디가 무슬림을 보호하고 있다는 이유로 격렬히 간디를 반대하였다. 그러나 간디는 그들에게 그들의 주장은 힌두교를 말살하게 될 것이라고 하였다.

1947년 10월 2일은 간디의 89세 생일이었다. 마운트 벤튼 부인과 각국 외교관들이 그를 축하하러 왔고 축전이 해외와 인도 전역에서 답지했다. 무슬림들도 많은 축하를 보냈다. 부자는 돈, 피난민들은 꽃을 보냈다. 간디는 호소했다.

"어떻게 축하가 오는 것일까. 조의를 보내는 것이 더 적절한 것이 아닐까. 내 마음속에는 고뇌밖에 없다. 여태껏 대중들은 나의 말을 따라주었다. 하지만 지금의 내 말은 공허한 외침이다. 장수하고자 하는 의욕을 잃어버렸다. 증오와 살인이 팽배한 지금 나에게는 삶의 의욕이 없다. 나는 오직 지금의 광기를 버리기를 호소한다."

간디는 난민 캠프를 방문했다. 추운 계절이 다가오고 있었다. 그는 집 없는 사람들에게 담요, 이불, 시트 등을 보내주도록 호소했다.

편자브는 인도의 곡물창고였다. 그곳의 소요사태로 수확이 짓밟혔고 불모의 땅이 되고 말았다. 인도연방은 그 어느 때보다도 큰 기근을 겪게 되었다. 간디는 편자브로 떠나기를 희망했지만 델리는 여전히 시끄러웠다. 한 무슬림 가게 주인이 사태가 안정된 것으로 생각하고 가게를 열다가 총에 맞아 죽었다.

잔인한 이야기가 들려왔다. 어떤 폭도는 아이를 벽에 던졌고, 어떤 폭도는 아이를 찢어버렸다. 무슬림 폭도가 마을을 포위했고, 오랜 저항 끝에 힌두와 시크들이 항복했는데, 부녀자들을 잡으로 오자 마을 우물로 부녀자들이 차례로 뛰어들어 무려 73명이 우물에 빠져 익사했다고 한다. 이런 소식이 전해지자 새로운 잔학행위가 뒤따랐다.

광범한 지역이 증오와 살인 그리고 수백 만의 이동으로 격동에 휩쓸렸다. 마운트 벤튼 부인이 한 피난민 캠프를 방문하고는 간디에게 메시지를 가져왔다. 피난민들이 그를 보고 싶다는 것이다. 같은 메시지가 다른 캠프들에서도 왔다. 간디는 가능한 한 자주 갔다. 매일같이 난민들이 동서 편자브로부터 들어오고 있었다. 간디는 난민 캠프를 향해 라디오 방송으로 난민들에게 최선을 다해 봉사할 것이니 질서와 위생을 지켜달라고 호소했다.

5. 패배

간디는 구체적인 대안 없이 반대만 하는 일은 거의 없었다. 그는 국민회의당과 독립 인도의 정부를 비판했다. 그가 무엇을 제한했던 것일까. 그는 인도가 어떻게 민주주의를 유지할 수 있을 것인가 고민하였다. 오직 하나의 정당만 있으며, 국민회의당은 간디, 네루, 파텔의 정당으로 독립을 쟁취하였다. 힌두대연합이나 공산주의자 등의 기타 정당은 별 의미가 없었다.

그는 국민회의당이 과연 정부를 지도하고 견제할 수 있을 것인가 고민이었다. 만약 인도의 유일한 중요 정당인 국민회의당이 정부에 대해 독자적이고 비판적인 태도를 유지하지 않는다면 정부에 생길 수 있는 독재적 경향을 그 누가 견제할 수 있을 것인가 하는 것이다.

1947년 11월 15일 크리팔라니가 국민회의당 의장직을 사임할 것이라고 일렀다. 정부는 권력이 당으로부터 나왔는 데도 당을 무시하고 있다고 주장했다. 그의 후임자를 선택하는 것은 매우 중요한 문제였다. 정부에 복종하는 꼭두각시를 선출하면 효과적인 정치적 반대가 사라지게 될 징후가 있기 때문이다.

간디는 새 의장을 선출할 당운영위원회의 회의에 참석했다. 그 날은 침묵을 지키는 날이라 쪽지에 그가 추천하는 후보자를 네루에게 건넸다. 네루가 대독한 후보는 사회주의 지도자인 나렌드라 데브Narendra Dev였다. 네루만 지지했고 모두 반대했다.

운영위원회의 오전 회의는 오전 10시에 끝났고 투표는 행해지지 않았다. 정오에 네루와 파텔, 라젠드라 프라사드Rajendra Prasad는 간디와 상의 없이 그를 의장 후보가 되어줄 것을 요청했다. 그는 인디고 소작민 투쟁 때 참파란에서 처음 간디를 만났던 변호사였다. 프라사드는 비를라에 있는 간디를 찾아가 그 사실을 알리고 동의를 구했지만 간디는 반대하였다. 그는 간디에 동의했고 의장 입후보를 철회하겠다고 약속했지만 결국 설득을 당해 마음을 바꾸었다. 결국 그는 국민회의당의 새 의장이 됐다. 그는 점잖고, 겸손하고, 남을 영도하기보다는 봉사하는 성향을 가지고 있었다. 그때 그의 나이 63세였다.

간디는 국민회의 기구와 정부에 패배 당했다. 간디는 이제 다른 방법을 시도했다. 1947년 12월 전반기 동안 그는 정부 밖에 있는 그가 가장 신임하는 협력자들과 일련의 회담을 가졌다. 그들은 수년에 걸쳐 간디가 설립한 몇몇 조직들을 이끌어온 건설적 일꾼들이었다. 사업의 목적은 불가촉민제도의 폐기, 힌두스탄어를 표준어로 사용하도록 보급하는 것, 기초 교육의 연장, 식량 재배의 개선, 촌락 공업의 발전, 수직 면사 뽑기의 장려 들이었다. 건설적 사업 일꾼들은 비폭력에 헌신하는 사람들이었다. 즉 그들은 간디가 인도의 정치적 독립을 위해 영도하는 선도자이기 때문만이 아니라 그들은 그를 인도의 사회개혁을 위한 주요 지도자로 생각하고 있었기에 간디를 신뢰하고 있었던 것이다. 간디는 이들 모든 조직이 통합되기를 원했다. 그러나 그는 건설적 사업 일꾼들이 정치권력에 빠지는 것을 원치 않았다.

국민회의를 움직일 수 없게 되자 간디는 정부를 밀어주고 긴급사태에서는 정부의 짐을 져주는 새로운 견인 기구를 만들려고 했다. 그것은 최후의 수단이 아닌 정치권력을 추구함이 없이 정치에 들어가도록 한다는 것이다. 투표의 찬성을 얻으려고 하는 대신 대중에게 그들이 투표를 현명하게 행사하도록 가르치는 것이 중요했고 견실한 정치 후보군을 만들고 싶었다. 권력의 유혹에 자유로운 사람이라야만 권력자들을 가장 잘 반대할 수 있다고 생각했다.

벵골에서 구호활동을 하면서 간디를 만났던 영국인 친구 리차드 시몬스Richard Symonds가 뉴델리에서 장티프스를 앓게 되었다. 간디가 그를 비를라로 초대했고 시간이 허락하는 한 성의껏 그와 같이했다. 시몬스는 카슈미르의 사정을 논의하고 싶어했다.

그곳은 힌두 번왕이 지배하고 있었다. 1947년 9월 신생 파키스탄 정부가 서북 변경주와 아프카니스탄 접경의 부족 전사들로 하여금 카슈미르에 침입하도록 선동했다. 뒤이어 파키스탄의 정규군이 카슈미르를 침략했다. 무력한 번왕은 그 지역을 인도연방에 편입시켜 줄 것을 요청했다. 10월 29일 병합이 공식 선언되었고 인도는 군대를 급파했다. 서둘지 않았다면 카슈미르는 파키스탄이 병합하였을 것이다. 이어서 카슈미르와 인접지역 잠무Jammu도 인도와 파키스탄의 소규모 전쟁의 장이 되었고 이로 인해 양국의 재정과 군사력이 심각하게 고갈되었다. 무슬림들은 이 전쟁을 성전이라 불렀다.

6. 오, 라마여!

마하트마 간디가 그의 마지막 단식을 시작한 것은 1948년 1월 13일이었다. 그것은 인도에 각인된 것이었다. 델리에서는 살상이 중지되었다. 간디가 있었기에 가능한 일이었다. 하지만 그는 여전히 고민에 빠져 있었다. 재키르 후세인Zakir Hussain과 같은 사람이 무슬림이라는 이유만으로 델리에서 자신처럼 자유롭고 다닐 수 없다는 것은 참을 수 없었다. 간디는 파키스탄에 있는 힌두와 시크교도들을 돕기 위해 그곳으로 가기를 원했지만 델리의 무슬림들도 정착하지 못하고 있는 형편에 어떻게 그럴 수 있는가 생각했다. 그는 무력감에 빠졌다. 하지만 그는 자신의 생애에 무력감을 참는 일은 없었다.

그래서 죽음을 각오한 단식을 선택했다. 네루나 파텔뿐만 아니라 그 누구와도 의논하지 않았다. 그는 "이 단식은 인도연방의 힌두교인들과 무슬림들 그리고 파키스탄의 무슬림들 모두의 양심에 호소하는 것"이라고 하였다. 그는 새로운 폭동의 조짐을 직감하고 있었다. 마음에서 폭풍이 일고 있으며 언제든지 몰려올 수 있다.

그는 3일 동안 사태를 숙고하였다. 이윽고 단식을 결심했고 그 결심이 서자 수개월 만에 처음으로 행복감을 느꼈다. 자신이 죽을지도 모르지만 힌두교, 시크교, 이슬람교의 살상에 대해 무력한 목격자로 남기보다는 죽음을 택하는 것이 나을 것이라 생각했다.

단식 첫날 그는 평소대로 기도를 인도했다. 서면書面으로 누가 단식과 관련해서 비난받아야 하는가라는 질문에, "비난 받을 자는 아무도 없지만 힌두교도들과 시크교도들이 델리에서 무슬림을 쫓아내야 한다면 그들은 인도와 그들의 종교를 배반하는 것이며, 어떤 이들은 내가 무슬림을 위해 단식하고 있다고 하는데, 그 말에 동의하며 자신의 전 생애를 통해 소수의 곤궁한 사람들의 편을 들었으며 모든 사람이 그래야만 한다"고 했다. 또한 간디는 "델리가 진정 평화로워진다면 단식을 중지할 것"이라고 했다.

단식 둘째 날, 의사들이 기도회에 나가는 것을 말렸다. 하지만 참석을 결심했고, 송가와 경전의 낭송이 있고 난 뒤 기도 참석자들에게 연설을 했다. 여러 곳에서부터 메시지가 답지하고 있었다. 그 가운데 가장 기쁜 소식은 파키스탄의 라호르Lahore에 있는 무둘라 사라바이의 전보에 의하면 무슬림연맹과 파키스탄 정부의 각료 등이 간디의 안전을 염려하고 있으며 그들이 무엇을 해야 할 것인가를 알려달라고 했다는 것이다. 이에 간디는 "단식은 자기 정화의 과정이므로 모두 자기정화에 참여하라"고 했다.

그는 이제 물을 마실 수 없었다. 구토가 일었다. 구토를 막기 위해 물에 주스와 꿀을 섞어야 한다고 했지만 거부했다. 기운도 많이 잃었고, 체중은 매일 2파운드씩 줄었다.

단식 3일째 되는 날 결장 세척을 받았다. 그날 간디는 비를라 숙소 울타리 입구에 있는 오두막으로 옮겼다. 대부분의 시간을 쭈그린 자세로 누워 있었다. 몸은 흰 카디 천으로 덮여 있었다. 그의 눈은 감겨 있었고 잠자는 것처럼 보이기도 했고 또는 반의식 상태인 것 같기도 했다. 끝없이 줄지은 사람들이 간디와 34m 떨어진 곳에서 그를 보기 위해 행렬을 이루었다. 외국인들이 간디를 보면서 연민의 정을 느끼면서 감동했으며, 흐느껴 울었다. 그들은 낮은 목소리로 기도문을 외우며 두 손 모아 합장을 하기도 했다. 그의 얼굴에 극심한 고통이 역력했지만 그는 고통을 순화시키고 있는 듯 했다. 신앙의 기쁨으로 고통을 진정시키고 있고 봉사를 의식함으로써 고통을 완화시키고 있었다. 그에게 내재한 신은 그가 평화에 공헌하고 있으며 그러기에 그는 그 자신과도 평화로운 관계를 유지하고 있는 것으로 보였다.

오후 5시의 기도회를 앞두고 의식을 회복하였으나 기도회 쪽으로 걸어갈 수는 없었다. 그래서 그로 하여금 침대에서 마이크로폰으로 말할 수 있도록 준비하였고 이를 확성기를 통해 전국으로 방송하도록 올 인디아 라디오All India Radio 방송국이 준비해 놓았다. 그는 약한 목소리로 각자 내면으로 들어가 자기 자신을 정화할 것을 촉구했다.

1월 18일, 간디의 상태가 좀 나아진 것 같았다. 그는 가벼운 마사지도 허용했다. 단식을 시작한 6일 만에 각 종파 대표자 위원회들, 여러 조직들 그리고 델리의 피난민들이 진정한 평화를 확립하기 위한 노력으로 신임 국민회의 의장 집에서 모임을 가졌다. 그것은 단지 협정서를 만든다고 되는 일은 아니었다. 그것으로 간디를 만족시킬 수 없었다. 그들은 보다 구체적인 서약서를 만들어야 했다. 그 서약이 깨진다면 그는 죽을 때까지 단식을 할 것이 뻔한 일이었다. 그 책임의 무게감 때문에 일부 대표들은 합의 내용을 숙고했다.

드디어 18일 아침, 서약 초안이 작성되어 서명했으며 1백 명 이상의 대표들이 간디에게 갔다. 프라사드가 그들의 서약은 실천을 위한 약속과 계획을 포함하고 있다는 것을 설명하며 간디가 참석한 가운데 무슬림의 생명과 재산, 신앙을 보호할 것이며 델리에서 일어난 불상사는 다시 일어나지 않도록 할 것임을 서약했다. 이를 듣고 있던 간디는 고개를 끄떡였다.

프라사드와 여러 사람들이 간디에게 단식을 중단할 것을 간청했다. 그는 간이침대에 조용히 앉아서 생각에 잠겼다. 집회 참석자들이 기다리고 있었다. 조금 뒤 간디가 단식을 중단한다고 발표했다. 파르시와 무슬림의 경전이 낭독되고 난 다음 힌두 송가를 읊었다.

허위로부터 진실을
어둠으로부터 밝음으로
죽음으로부터 불멸로 나를 인도하소서.

간디가 단식을 시작한 지 6일 째 되는 1월 18일이었다. 단식을 끝낸 간디는 만약 서약이 지켜진다면 그의 소원을 되살려 죽을 때까지 인류를 위해 봉사할 것이라고 말했다.

파키스탄과 인도연방 간의 국경은 인도의 가슴을 절단하며 치유될 수 없게 되었고 우호관계를 성취하기는 어렵게 되었다. 그럼에도 불구하고 간디의 마지막 단식은 델리에 평화를 가져다주었을 뿐만 아니라 양국을 통해 종교적 폭동과 폭력에 종지부를 찍는 기적을 낳았다. 전 세계적인 문제이기도한 이 문제의 해결은 생명에 집착하기보다는 봉사의 소망이 보다 큰 한 사람의 도덕적인 힘을 각인한 기념비가 된 것이다. 그러나 죽을 각오를 통해 그는 봉사할 능력을 회복했고 거기에 행복을 느꼈다. 단식을 끝낸 뒤 12일 동안 간디는 행복하고 기뻤으며 더 일할 계획으로 가득 찼다.

단식이 끝난 이튿날도 첫날과 마찬가지로 의자에 실려 간디는 기도회에 가야했다. 기도회에서 간디가 말을 하고 있을 때 폭발소리가 들렸다. 군중들은 동요했고 간디는 동요하지 말고 자신의 말을 들으라고 했다. 비를라 근처에 간디를 노린 사제폭탄이 날아들었다.

그 다음날 기도회에서 간디는 어제 폭탄을 던진 젊은이를 나무라지 말라고 했다. 그는 마단 랄Madan Lal로 펀자브에서 온 피난민이었고 델리의 한 사원에 임시 숙소에 있었는데 간디의 뜻에 따라 경찰이 무슬림 사원을 정리하면서 그곳에서 쫓겨났었다. 그는 재판에서, 힌두교도가 무슬림들에게 무참히 학살당한 것을 보았고 이에 격분하여 간디를 죽이려 했던 것이다. 그가 간디를 제거하지 못하자 그의 공모자 나투람 고드세Nathuram Vinayak Godse가 델리에 왔다. 35세인 그는 푸나에서 힌두 마하사바가 발행하는 주간지의 편집자였다.

간디의 마지막 단식이 성공한 것이 특히 고도세를 더욱 자극했다. 그도 마단 랄과 마찬가지로 난민들을 무슬림 사원에서 내보내고 무슬림에 대해서는 어떤 요구가 없는 것에 대해 분노하고 있었다. 고도세는 비를라 숙소 주변을 서성거리며 무엇인가 기다리고 있었다. 그가 입고 있는 카키색 재킷 속에는 작은 권총이 있었다.

1948년 1월 25일 일요일, 간디의 기도집회에는 이례적으로 많은 사람들이 참석했다. 간디는 기뻤다. 그는 겨울이라 바닥이 차니 밀짚 매트나 두꺼운 카디를 깔고 앉도록 권하며 힌두들과 무슬림들이 다시 결합한다는 말을 들어 기쁘다며 앞으로 기도회에 올 때는 무슬림 한 사람씩 데리고 오라고 촉구했다. 그것을 간디는 형제애의 구체적인 증거로 생각했다.

간디는 그의 단식에 따른 사태완화에도 불구하고 정부의 최고 지도자 네루와 파텔이 걱정이었다. 그들은 견해가 일치한 적이 없었고 항상 갈등이 있었다. 그런 것이 걱정이었다. 과연 네루와 파텔이 함께 일할 수 있을 지 회의가 되었다. 파텔은 오랜 친구로 그리고 유능한 행정가였고, 네루도 사랑하였다. 마침내 간디는 그 두 사람은 서로 없어서는 안 될 사람이라 결정하고 네루에게 메모를 보내 두 사람이 나라를 위하여 서로 단결해야 한다고 했다.

1월 30일 오후 4시에 파텔이 그 메시지를 듣기 위해 비를라 숙소로 간디를 찾았다. 오후 5시 5분, 간디는 기도시간에 늦을까봐 파텔을 떠나 아브하Abha와 마누Manu의 팔에 기대로 기도회장으로 서둘러 갔다. 고도세가 그의 손을 호주머니에 넣어 작은 권총을 쥐고 집회 앞줄에 있었다. 고도세가 머리를 숙이고 집회 참가자들이 경의를 표하여 머리를 숙인 데 대해 간디는 두 손을 모아 답례를 했고 웃으면서 그들에게 축복을 했다.

그 순간 고도세가 방아쇠를 당겼다. 간디는 쓰러지며 "오, 라마여! 오, 신이여!"라고 낮은 목소리로 속삭이듯 말하면서 유명을 달리했다.

고도세는 자신의 선고 공판에서 간디에게 "개인적인 원한은 없었고, 총을 쏘기 전에 그의 안녕을 바랬고 경의를 표하여 그에게 머리를 숙였다"고 했다.

필자가 처음 인도를 만나게 된 것은 1971년이었다. 고려대학교 아세
아문제연구소 동남아연구실의 연구원으로 재직하고 있었던 당시 김준
엽(金俊燁) 선생께서 그 무렵 연구소에서 처음으로 시도하기 시작한 지역
연구의 일환으로 특별계획을 세워 인도의 뉴 델리 소재 헌정연구소(The
Institute of Constitional and Parliamentary Studies)의 연구원(Parlianmentary Fellow)으로
파견시켜 주어 이루어졌다. 1971년 10월부터 7개월 동안 강의와 세미나
에 참가하였고 그 연구 성과로 영문 논문(Role & Parliament in Political Dovelopwent
in India, March B, 1972 by kee Hoon Kim, Parlianmentary Fellow 1971~1972)을 제출하였다.
귀국 후 영문 논문을 보완하여 「인도의 정치발전과 의회의 역할」이라는
제목으로 아세아문제연구소에서 발간하는 『아세아연구』(제ⅩⅦ권 제1호,
통권 제53호, 1975)에 게재하였다.

그 당시 인도는 비동맹 외교를 내세우고 있었지만 실제로는 소련
편향의 외교를 추구하고 있어 우리나라로서는 금기시 되어 있는 나라
중의 하나였고 필자는 이를 현장에서 실감하여 매우 긴장되기도 했다.
그때는 일반적으로 인도에 대한 관심은 거의 없었고 학계에서도 인도

연구는 거의 전무의 상태였다. 인도 연구를 개척한다는 생각도 했지만 연구 생활의 어려움도 겪어야 했다. 카스트제도 등 힌두의 사회 제도, 힌두교의 생활 양식과 사고 방식이 뿌리 깊이 내려 있어 세속주의를 내세우고 있지만 힌두교의 종교적 가치관이 깊숙이 자리 잡고 있기 때문에 전통과 현대가 공존하면서도 서로 갈등을·겪고 있었다. 민주주의를 지향하고 있지만 사회주의 정치 이념에 치우쳐 있었고 '혼합 경제'라고 말하고는 있지만 사실상 사회주의적 통제 경제를 실시하고 있어 경제적 침체가 계속되고 빈곤에서 벗어나지 못하고 있는 것이 그 당시 인도의 현실이었다.

더군다나 영국 식민통치의 유산이 아직도 잔존하고 있어 인도인의 사고와 행동은 좀체로 이해하기 어려운 점도 없지 않았고 인도인과의 인간관계는 어려움을 느낄 수 있었다. 그러나 헌정연구소에 참가한 인도인 8명(필자와 모리셔스인 2명 포함 총10명)은 모두 인간성이 좋은 사람들이었고 차츰 친근감도 생겼다. 헌정연구소에 체류하고 있는 동안, 처음 느꼈던 그로테스크한 분위기와 문화적 충격이 가라앉기도 했고 인도 고유의 문화에 대한 호기심과 흥미가 생기기도 했다. 그러나 작열하는 무서운 더위와 끝내 가시지 않는 문화적 충격으로 지치고 실망하여 귀국 후 인도 연구는 두 편의 논문으로 그치고 말았다. 극히 아쉬운 일이었다.

그러나 잊혀진 인도가 기억 속에 다시 되살아났고 1999년부터는 인도 고전과 인도 역사를 다시 섭렵하면서 인도 현대사는 마하트마 간디를 배제하고는 의미가 없다는 것을 절감하게 됐다. 2002년 11월부터는 간디에 관해 집필하기 시작했고, 2007년 9월에 일단 마무리 지었고 그뒤 2008년 4월까지 추고를 계속했다. 마하트마 간디에 관한 저서는 수없이 많지만, 대부분 그의 자서전 *The Story & My Experiment*

*With Truth*를 인용했기에 필자도 주로 자서전을 인용하였다. 그러나 그 자서전이 끝나는 1925년 이후로는 간디 전기로는 정평이 있는 루이스 피셔(Louis Fischer)의 저서 『마하트마 간디의 생애』*The Life & Mahatma Gandhi*를 참조하였다. 그래서 필자는 본서 『간디』를 '편저'라고 하였다. 집필과정에서 간디의 사상에서 제시된 힌두교 사상 등의 풀이는 주로 편저자주로 보완하였고, 참고한 자료들을 소개하였다.

마하트마 간디를 연구하게 된 것은 그가 종족, 언어, 종교의 다양성 속에서 그리고 영국 식민지하에서 어떻게 인도의 통일성을 가져 오려고 노력했고 어떻게 인도라는 정체성을 확립하는 중심적 역할을 할 수 있었는가 하는 문제의식에 따른 것이었다. 간디의 사상이 고대 힌두교 등 인도 전통 사상의 원천에서 대영 독립 투쟁과 내부 정화운동의 사상적 근원과 행동 원리를 도출해 냈다는 것과, 영국과 유럽, 러시아의 사상으로부터 영향을 받으면서도 인도 고전에 깊이 의존하고 있었다는 것도 찾아 낼 수 있었다. 특히 힌두교의 주요 경전인 『바가바드 기타』*Bhagavad Gita*를 기본으로 하는 독특한 사상 체계를 확립한 것이 인상적이었고, 또한 대영국 투쟁을 전개하면서도 영국에 대한 충성과 인도총독과 대화를 유지하며 때로는 타협도 불사하는 등 매우 탄력적이고 신축성이 있었다는 것이 돋보였다.

특히 아힘사(ahimsa: 불살생)와 사티아그라하(satiagraha: 진리 추구), 그리고 브라마차리아(brahmacharya: 금욕)에 입각한 비폭력운동과 자정운동은 간디의 특유한 행동 원리였으며 단식은 대영 투쟁을 이끄는 데 있어서나 힌두와 무슬림의 대립 갈등을 해소시키는 데에도 기여한 바 컸다는 것도 특이할 만 하다. 사티아그라하는 진리의 힘(truth-force), 또는 사랑의 힘(love-force)를 의미한다고 설명하고 "상대에 대해 고통을 가하는 것이 아니라 각자 자신에게 고통을 줌으로써 진리를 증명하는 것이다"라고 강조하고 있다. 그것은 '자아 억제'를 요구하는 것이며, '평화로운 것'이라고 한다. 사티아그라하는 분쟁 당사자들로 하여금 궁극적으로는 화해를 이룬다는 관점을 가지고 서로 호혜를 끊임없이 주고 받도록 하는 것을 당연시한다. "폭력, 모욕, 과열된 주장은 이러한 성취를 방해하는 것이다"라고 간디는 천명하고 있다.

간디는 브라마차리아는 브라흐마(Brahma: 궁극적 실체, 또는 신)를 추구하는 것이며, 성적 자제를 포함하지만 이를 초월하는 것이고, "식사, 감정 그리고 언어의 자제까지" 포함한 것이라고 하였다. 그것은 "증오, 분노, 폭력 그리고 비진리를 배제한다"고 선언하고 있으며, 또한 "평등성을 조성하고, 무욕망성"이라고 강조한다. 뿐만 아니라 자아 정화의 완전한 순수성을 획득하려면 사상, 언어, 행동에 있어 사랑과 증오, 애착과 반감의 상호 대립되는 감정을 뛰어넘어야 한다고 역설하고 있다.

마하트마 간디는 성취와 좌절, 성공과 실패의 명암이 엇갈리는 생애였지만 인도의 정체성과 세계 사이의 균형을 결코 잃지 않았다. 그는 영국 지배에 반대하여 투쟁하면서도 "나는 그들(백인들)에 대해 '분노'하지는 않습니다. 나는 오직 그들의 무지와 좁은 마음을 가련하게 여길 뿐입니다"라고 하였으며, 인도 동포들의 '악습'에 대해서는 끈기 있게 계몽하였다. 뿐만 아니라 그의 투쟁에는 악의나 허위 그리고 증오 없이 사랑으로 싸웠다는 것은 역사상 그 어떤 정치인도 할 수 없었던 종교를 정치에서 실현시키려 한 종교가일 것이다.

Andrews, C. F, *Mahatma Gandhi s Ideas: Including Selections from his writings* G. Allen of Unwin, 1929

Berman, William, *Gandhi and Nonviolence,* Albany, State University & New York 1986

Besant, Anmie, *The Bhagavad Gita: The Lord's Song Text in Devangari and Translated,* Ekventh Adyar Edition, 1967, The Theosophical publishing House Adyar, 20. INDIA

Black, Henry Campbell, *Black's Law Dictionary,* St.Paul, Minn West Publishing Co. 1990

Borman, William, *Gandhi and Non-Violence*, State University & New York Press. 1986

Brock, Peter, *The Mahatma and Mother INDIA: Essays on Gandhi's Non-Violence and Nationalism,* Navajivan Pub. House 1983

Brown, Judith M., *Gandhi's Rise to Power: Indian Politics* 1915~1922, Cambridge, The University Press. 1972

Brown, Judith M., *Gandhi and Civil Disobedience: The Mahatma in Indian Politics,* 1928~34, Cambridge, Cambrdage University Press. 1977

Dasgupta, Surendranath, *A History & Indian Philosophy,* Vol. I 1951. Vol. II 1952. Vol. III 1952. Cambridge, Cambridge University Press

Doren, Charles Van, editor. McHenry, Robert, associate editor, *Webster's American Biographies,* A Merriam-Webester, G d c. Merriam Co. Massachusettes, 1975

Encyclopaedia Britannica, Inc. *The New Encyclopaedia Britannica,* 1989, 15thed.2003. Chicago, The University of Chicago

Erikson, Erik E., *Gandhi's Truth; On the Origins of Militant Non-Violence*, Norton, 1969

Fischer, Louis, *The Life of Mahatma Gandhi,* Harperd Row Publishers, New York, 1983

Gandhi, Mohandas K., *An Autobiography; The Story of My Experiments with Truth,* Beacon Press, Boston, 1962

Hick, John, Hempel, Lamont C., *Gandhi's Significance for Today*, St. Martins Pr. 1989

Iyer, Raghavan, *The Moral and Political Writings of Mahatma Gandhi.* Vol. I , Vol. II , Vol. III. Clarendon Press, Oxford 1986

Kinder, Herman. Hilgemann, Werner, *The Penguin Atlas of World History*, Vol. II From the French Revolution to the Present Penguin Books Ltd, Harmondworth, Middlesex England 1982,

Kripalani, Krishna, *The Modern Mahatma*, University of London, 1970

Kripalani, Krishna, *Gandhi: A Life*, National Book Trust, India, New Delhi, 1985

Langer, William L. Compiled and edited by *An Encyclopedia of World History* Revised edition 1952. Holighton Miffin Company, Boston, USA

Majumdar, R.C. Raychaudhuri, H.C. Datta, Kalikinkar, *An Advanced History of India*, PartIII Modern India, London Macmillan of Co. Ltd, 1956

Publcatin Division, Ministry of Information and Broadcasting, Government of India, *The Collected Works of Mahatma Gandhi*, Vol. IV(1903~1905), Navajivan Trust, Ahmedabad, 1960

Sharp, Gene. *Gandhi as a political Strategist: With Essays on Ethics and politics*, P. Sargent Publishers, 1979

Shridharani, Krishnalal, *War without Violence: A Study of Gandhi's Method and its Accomplishment,* Victor Gollanz, Ltd London, 1939

Smith, Vincent A. edited by Percival Spear, *The Oxford History of India*, 3rd ed. Oxford University Press, 1958

Spear, Percival, *A History of India.* Vol. 2, Penguin Books Ltd, Harmondsworth, Middlesex, England. 1978

Webster's Third New International Dictionary of The English Language Unabridged
G. d C. Merriam Company, publishers. Springfield, Massachusetts, USA. 1981

간디

2017년 5월 10일 초판 1쇄 인쇄
2017년 5월 20일 초판 1쇄 발행

편저자	김기훈
펴낸이	정창진
펴낸곳	도서출판 여래
출판등록	제2011-81호.(1988.4.8)
주소	서울시 관악구 행운2길 52 칠성빌딩 5층
전화번호	(02)871-0213
전송	(02)885-6803
ISBN	979-11-86189-63-4 03910
Email	yoerai@hanmail.net
blog	naver.com/yoerai

값은 뒤표지에 있습니다.